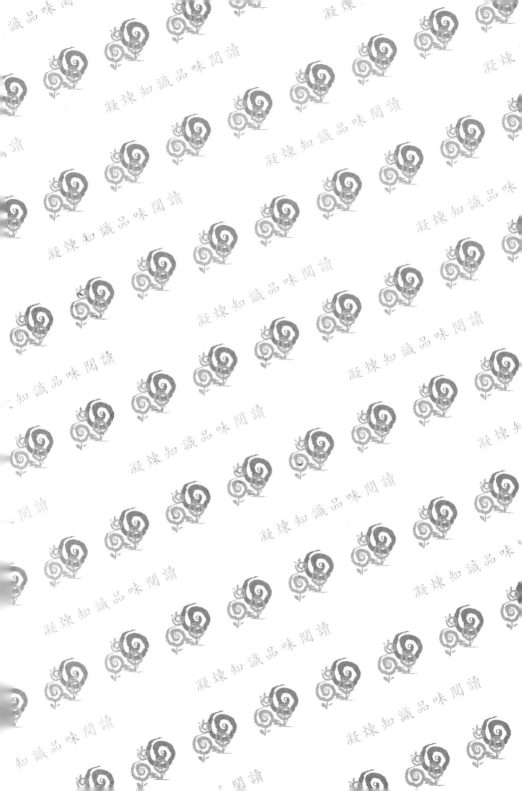

解構美國

世界霸權的過去、現在與未來

何思因 主編

黎建彬、翁履中、李念祖、陳純一、王德育、高　朗、王業立、王宏恩
劉嘉薇、吳崇涵、吳重禮、劉大年、顏慧欣、任中原、馬瑞辰、冷則剛
李河清、李大中、楊念祖、丁樹範、陳永康、袁念熹、李克成、林坤達 著

五南圖書出版公司 印行

蘇起序

這本書的誕生純屬機緣。二〇二三春節前我整理書架想找幾本閒暇能看的書，眼前赫然跳出厚厚將近七百頁的「美國」巨冊。那是三十一年前由政大國際關係研究中心出版、何思因教授主編，總共二十章的學術集成著作。當年那是唯一多方面介紹美國的專書。回想三十一年至今，它好像仍然是市面上唯一的相關著作。我於是動念請思因兄重啓爐灶，再度邀集一群知美菁英，爲國人畫出美國最新圖像。感謝他爽快同意並立即著手規劃。

我和他都深刻感受到今天的美國已經不是我們以前認識的美國。它的國內政治、經濟、國防、社會、文化等面向，在這三十年間全都發生了巨大的變化，無一例外。三十年前的美國人如果移民地球某角落，不問家鄉事，現在回鄉探親，一定會瞠目結舌，不知所以。身在台灣的我們對今天的美國更需要全面理解。我強調「全面」，因爲台灣與美國交往非常密切，留學、經商、旅遊讓許多人對美國都不陌生。但如捫心自問「我眞的對美國的眾多面向都理解嗎？」答案恐怕轉爲負面。畢竟它是世界超強，幅員遼闊，家大業大，地理、種族、宗教、經濟情況極其複雜，任何人都很難「全面」掌握，頂多較熟悉自己常接觸的少數面向。所以一本能夠幫助國人認識美國多個面向的專書實有必要。另外，我強調「理解」，因爲最近幾年蔡政府大政方針轉爲「反中抗中」後，台灣對美國的依賴已經更甚於以往。再經過某些媒體的刻意放大或縮小，許多國人不自覺地對美國常常產生不符實際的浪漫聯想。作爲公共知識份子，我們認爲有必要就事論事，還給國人一個原汁原味的美國，讓大家能夠理性冷靜地看待今天美國的一切，從而研判台灣及讀者個人的未來取向。

要全面理解，就要找到各個領域的高手，這是一大難關。三十多年前，我擔任政大國研中心副主任，奉主任邵玉銘之命創辦《美國月刊》時備嘗其苦。當時國內學術環境雖稱蓬勃，但願意深入探討美國的仍屬鳳毛麟角。所以身爲主編的我經常爲了邀稿一事傷透腦筋。好幾次不得已借助「外文中譯」來滿足每月的出版需求。所幸幾年下來也累積一些作者，培養了國內美國研究的基本能量。

思因兄這次邀集的作者群眞乃一時之選。有長期研究美國的台灣一流學者，有具備與華府或州政府打交道經驗的前政府官員，也有將近三分之一作者是身在國外大學開設相關美國課程的資深教授。這個組合在今天的台灣絕對是個難得一見的黃金拍檔。思因兄特別拜託他（她）們「要深入淺出，因爲本書不是學術著作，而是半學術、半科普」，「要控制字數，因爲太長了讀者會累」。這對滿肚子學問的作者群來說，眞的是太委屈了！

《解構美國：世界霸權的過去、現在與未來》是我主持台北論壇基金會十餘年來獨立出版的第一本書。我要特別感謝基金會創辦人程建人部長（也是我大學老師）當年把基金會傳承給我，感謝錢復院長等國內外、跨黨派董事對我長期的鼓勵與鞭策，感謝眾多捐款人慷慨熱心無私地資助，感謝以華志豪主任爲首的助理群的貼心服務。最後要感謝思因教授拔刀相助，不但不支酬擔任基金會的執行長，還承擔編輯本書的重大任務。

希望下一本有關美國的台灣著作不必再等三十年！

作者簡歷（按各章排序）

主編　何思因

美國加州大學聖塔芭芭拉分校政治學博士。曾任政治大學政治系教授、政治大學國際關係研究中心主任、淡江大學國際事務與戰略研究所教授、國家安全會議副秘書長。現任台北論壇基金會執行長。

黎建彬

美國愛荷華大學政治學博士。現任美國德州山姆休士頓大學政治系教授，兼任人文及社會科學院院長。專長國際關係、同盟國際政治。

翁履中

美國德州大學達拉斯分校政治學博士。現任美國德州山姆休士頓大學政治系副教授，兼全球拓展計畫召集人。美國亞太和平研究智庫創始執行長。

李念祖

理律法律事務所所長、中華民國律師、加州律師。臺灣大學政治系、東吳大學法學院兼任教授。曾任國際法學會、仲裁協會、台北律師公會理事長。著有《人國之禮：憲法變遷的跨越》、《司法者的憲法》、《案例憲法》等書。

陳純一

美國杜蘭大學法學博士（S.J.D.）。現任國立政治大學特聘教授，外交學系與法律學系合聘教授，兼任蔣經國國際學術交流基金會執行長。

王德育

美國紐約州州立大學布法羅校區政治學博士。現任美國伊利諾州立大學講座教授，政治與政府學系系主任。《亞洲與非洲季刊》（*Journal of Asian and African Studies*）共同主編。研究領域爲美國對華政策、國家認同、政治穩定。

高朗

美國馬里蘭大學政治學博士。香港恒生大學社會科學系主任，臺灣大學政治學系名譽教授。曾任總統府副秘書長。主要研究領域爲比較政府、國際關係。

王業立

美國德州大學奧斯汀校區政府系博士。國立臺灣大學政治學系教授。專長爲選舉制度、投票理論、比較政治、地方政治。

王宏恩

美國杜克大學政治系博士。美國內華達大學拉斯維加斯分校政治系助理教授。專長爲政治心理學、比較政治、實驗方法論。政治科學科普網站《菜市場政治學》共同創辦人。

劉嘉薇

國立政治大學政治學博士。國立臺北大學公共行政暨政策學系教授。研究領域包括政治傳播、選舉與投票行爲、民意調查和網路大數據分析。

吳崇涵

美國南卡羅萊納大學政治學博士。曾任華府史汀森中心訪問學者。現任國立政治大學外交系教授兼系主任。

吳重禮

美國紐奧良大學政治學博士。中央研究院政治學研究所特聘研究員兼所長。研究領域爲美國政治制度、都市暨少數政治、國際關係。

劉大年

美國康乃爾大學經濟學博士。現任中華經濟研究院區域發展研究中心主任。曾任國家安全會議副秘書長。研究領域爲國際貿易投資、區域經濟整合。

顏慧欣

美國威斯康辛大學麥迪遜校區法學博士。現爲中華經濟研究院世界貿易組織及地區貿易協定中心副執行長。研究專長爲世界及區域經濟整合政策、美中科技對抗、供應鏈與經濟安全等議題。

任中原

國立政治大學國際貿易研究所碩士。歷任工商時報國際新聞中心主任、經濟研究室主任、工商時報主筆、聯合報及經濟日報國際中心顧問。

馬瑞辰

麻省理工大學畢業、東京大學碩士、北京大學博士。現任清華大學兼任教授。專長領域爲金融和房地產。

冷則剛

美國維吉尼亞大學政府與外交博士。中央研究院政治學研究所研究員、國立政治大學政治系合聘教授。

李河清

美國紐約州立大學奧爾巴尼校區政治學博士。國立中央大學教授。研究領域爲氣候談判、環境外交、永續發展等跨領域議題。並持續參加聯合國峰會COP13-28。

李大中

美國塔夫茲大學佛萊契爾法律外交學院博士。淡江大學國際事務與戰略研究所教授兼所長。專長美國外交政策、中國外交政策、國際組織。

楊念祖

中山大學退休助理教授。曾任國防部副部長、部長、國家安全會議諮詢委員。專長兩岸美國軍事議題。

丁樹範

美國聖母大學政治系博士。政治大學名譽教授、國防大學兼任教授。研究領域爲中共安全和國防議題。

陳永康

海軍官校一九七四年班。曾任國防大學校長、海軍司令及國防部軍政副部長。研究範圍包括括地緣戰略、國家安全、國防政策。

袁念熹

海軍官校一九八七年班。曾任海軍教準部副指揮官、司令部督察長。研究專長爲電腦兵棋、戰備整備、武器測評。

李克成

成功大學企管系學士、淡江大學國際事務與戰略研究所碩士。曾任法務部調查局調查員、情報編審、駐美法務秘書、高雄市處及台北市處主任、秘書室主任、國際處處長、研究委員。

林坤達

美國威斯康辛大學麥迪遜校區政治學博士。現任喬治亞理工學院國際事務學院助理教授。

執行編輯　曲姵蓉

中正大學法律系學士、淡江大學國際事務與戰略研究所碩士、淡江大學國際事務與戰略研究所博士生。研究領域爲美中關係、美國治外法權。

目次

Part 1

美國政治

第一章　被制衡的權力：美國總統

黎建彬

美國總統在美國甚至全球的政治體系裡扮演最重要的角色。由於美國的經濟和軍事的實力，以及其在全球的政治地位，使當代的美國總統自然而然地享有其他政治人物所難及項背的威望。他在白宮的橢圓形辦公室作出各項攸關國計民生的重大決定，出行所乘坐的空軍一號和豪華轎車，都配有最先進的通訊設備和保安措施；他有大批助理、記者和特勤局特工隨行；他與各大企業的領導人會面，並與知名的電影明星、體育明星、藝術家交往；他舉行國宴，招待來訪的外國政要；他可避開外界的干擾，在馬里蘭州的大衛營度假，放鬆身心。這一切的待遇，在公眾的心目中，更增添了美國總統職位的權威。他們的一言一行，一舉一動，都是全球媒體關注的焦點，甚至第一家庭各個成員的動向，也都可能成爲公眾的熱門話題。

在一般人的想像中，美國總統位高權重，擁有絕對的政治權威。歷任總統在就職之初，通常也都信心滿滿，有理想有願景，而民眾也對他們寄予厚望，但理想與現實之間，很快就出現差距。除了個人的領導特質外，他們最終的成功或失敗，可能被黨派政治的氛圍所左右，可能受到國內外社會和經濟因素的影響，還有可能因爲突發事件，必須在極度壓力下做好危機處理。美國總統的職位本身，也充滿了互相矛盾元素。

美國總統一職，實際上融合了兩個互相衝突的角色：他既是國家的元首，也是政府的行政首長。作爲一國的元首，美國總統象徵了國家的合一，他有責任超越黨派之爭和政治操作，促成全國人民的團結。當他在白宮接見大學男女籃球隊的總冠軍，或是受邀爲春季的職業棒球賽開球，這些儀式都有「合一團結」的象徵意義。但另一方面，總統作爲行政首長，也有責任帶領龐大的聯邦政府官員，制定預算和執行公共政策。而預算的編列和政策的選擇，不僅涉及經濟資源與社會價值的分配，而且也反映出總統個人的政黨和意識形態的偏好。特別是因爲現代的各項問題大都沒有簡單的解決方案，因此，美國總統作爲行政首長，無可避免地會捲入政策的辯論，陷入黨派的爭議。當政黨競爭或意識形態極端化時，社會就會出現尖銳對立。許多選民的政治立場，可說自始即與總統站在反對面。這些相互衝突的責任和角色，對任何一位總統來說，都是難以兩全的政治困境。

美國近年來政治立場激化對立的情況，可以從二〇二一年一月六日對國會山莊的襲擊事件一葉知秋。二〇二〇年美國總統大選之後，川普總統拒絕承認敗選，並反覆宣稱選舉存在大規模舞弊。當國會二〇二一年一月六日認證二〇二〇年總統大選的結果時，一些川普的支持者突破安全系統，闖入國會大廈，衝突的結果導致數人死亡，超過一百四十名執法人員受傷。民調顯示，兩黨支持者對此一事件的態度呈現很大的分歧。接近百分之八十的民主黨人認爲這些抗議者使用了暴力，但僅有不到百分之三十的共和黨人同意這種看法。二〇二一年六月三十日，由民主黨掌控的美國聯邦眾議院投票通過，對該事件成立一個由七名民主黨提名的眾議員和自願的兩名共和黨籍眾議員組成的調查委員會，但共和黨並沒有提名成員參與。經過一年半的工作並聽證了一千多名目擊者，調查委員會在二〇二二年十二月發布部分最終報告，公布和批准四項針對前總統川普的指控。共和黨方面則針鋒相對，指責民主黨玩弄政治。眾議院新任的議長共和黨人麥卡錫也表示，共和黨控制的眾議院會會對該調查委員會的工作進行審查。

國會山莊事件反映出美國社會對政治制度及其運作規範，出現了嚴重的信心危機。在缺乏最基本的互信的情況下，政黨之間或政府部門之間很難彼此進一步眞誠地合作。然而，美國當初的三權分立的立憲原則，恰恰是建立在三權互相監督，彼此制衡，但也需要彼此協力合作的設計上。

總統制的立憲背景

美國在一七七六年獨立戰爭之後，爲了避免過去英國殖民時期皇權集中的問題，在一七八一年通過的邦聯條例中，刻意將國家主權分散在各州。各州不但自訂關稅，也擁有自己的貨幣和軍隊，以致當時所設立的中央邦聯政府，名存實亡，既無權力課稅，又無能力維持社會秩序，或調解各州間產生的各種衝突。因此，加強中央政府的行政效力，使其能適切處理當時美國內政和外交上所面臨的各項挑戰，成為各州代表們在制憲會議時的第一要務。不過，制憲代表們對於未來政府的制度，並沒有一個計畫周全的藍圖或清晰的願景，也沒有可供參考的先例。他們一方面要加強中央政府的行政能力，另一方面也擔憂一旦行政權力過分集中，會使人民的權利與自由受到侵害。

在制憲會議的討論過程中，雖然有代表提出一個由數人組成的行政會議來執掌行政權，但多數的代表支持設立單一的行政首長，才能有效地採取行動。但他們不希望總統變成君王，所以憲法的原始設計，是在三方面限制總統的職權。首先，總統在聯邦的層級，會受到立法和司法部門的監督及限制，彼此牽制，互相平衡。他既無法保證國會一定會通過其所推動的重要法案，也不能期望最高法院會作出對他有利的判決。其次，總統的產生，是透過各州議會選出的「選舉人」來投票推選。這種間接選舉的方式，意在使各州都能參與總統的選舉，選出合適的人選。在聯邦制下，各州也在特定的領域，享有一定的權力，總統也無法對州政府發號施令，要求他們完全遵循聯邦的政策法令。最後，憲法第二條第一款的最後一段，是總統的誓詞，宣誓他將忠誠地執行總統的職務並盡最大的能力維護、保護和捍衛憲法。這是美國憲法中，唯一出現的誓詞。

美國總統的職權和選舉方式，主要規定在聯邦憲法第二條，一共四款，十三段。與憲法第一條有關國會的詳細規定相比（計十款，五十一段），總統職權的內容顯得相當簡短，也相對模糊。這種對比，反映出當時參加一七八七年費城制憲會議的代表們對行政權的疑懼，以及他們希望以國會爲政府運作中心的用心。

不過，制憲代表們未能預見美國歷史的發展及制度的演變。在十九世紀，美國的憲政運作與當初制憲代表們的設計相近，是威爾遜總統所說的「國會政府」的時代。十九世紀，美國國土不斷擴展，人口逐漸增加。一八六五的南北戰爭結束後，美國經濟快速工業化，國力日漸增強。二十世紀初的美國，一躍而成世界強國，與獨立建國之初，不可同日而語。這些發展，使政府的治理權責向行政部門傾斜，超越了其他兩個部門和州政府，也使總統一職，益發重要。

總統選舉

如前所述，立憲之初，總統由各州議會選出的選舉人選舉產生。各州依其聯邦參議院和眾議院的席位總數選出同數的「選舉人」。在選舉中，這些選舉人可以投票給兩位候選人。得票最多的候選人贏得選舉，成爲總統，而第二高票的人成爲了副總裁。這種透過州的選舉人團的間接選舉方式，乃是當初制憲代表出於多種不同考量後的折衷選擇。

這種折衷首先是基於大州與小州間的平衡。每個州都按照其參議員和眾議員的人數總合獲得選舉人票。前者對小州有利，因為無論大小，每個州都有兩名參議員；而後者則對大州有利，因為眾議員的數量取決於該州的人口。其次，制憲代表對於應由國會或州議會來選舉總統也有不同的看法。希望加強聯邦權力的人支持由國會來選總統，而擁護州權的人則主張由州議會來選。最終達成妥協，建立一個由各州選出的獨立團體，即選舉人團，來選擇總統。最後，這個制度也反映出制憲代表們對全民直接投票選舉的疑懼。當時受過良好教育的仍屬少數，所以希望選舉人團能夠代表民眾，仔細考慮總統一職的人選，作出最明智的決定。

不過，依憲法最初的選舉方式所選出的總統和副總統可能互為政治上的競爭對手，有礙彼此的合作，因此一八〇四年通過了憲法第十二條修正案，規定選舉人必須對總統和副總統候選人分開投票。之後，政黨日漸興起，選舉人不再由州議會選舉產生，而由各政黨提出自己的選舉人名單。選民們在選票上雖然看到的是總統候選人的名字，但他們的選票實際上投給了承諾支持某個候選人的選舉人。

目前大多數的州都實行「贏者通吃」制度，將各州所有的選舉人票全部投給在該州的總統普選投票中勝出的人，不論是勉強險勝還是高票勝出。哥倫比亞特區及四十八個州皆採行此一方式，由該州勝選的候選人囊括所有選舉人票，只有內布拉斯加州和緬因州依據每個候選人在州內得票的比例來分配選舉人票，允許一名以上的候選人贏得選舉人票。

若總統候選人獲得全國五十個州和華盛頓特區總共五百三十八張選舉人票的一半（二百七十張）以上即可當選。各州的選舉人於十二月集會，將他們的選票投給總統和副總統。投票結果被送交參議院議長，即美國副總統。國會於一月初計票，隨後由參議院議長宣布勝選者。

由於各州選舉人票的數量互有差異，以致可能出現在全國普選中獲得的較少選票的候選人，因得到足夠的選舉人票而當選總統。美國歷史上曾發生五次這種情況。前三次都發生在十九世紀，最近的兩次，一次是二〇〇〇年，民主黨候選人高爾雖然在普選的得票多了五十多萬票，但他的選舉人票卻輸給小布希；另一次是二〇一六年，川普的大選得票雖然比希拉蕊．柯林頓少將近三百萬張，但是獲得多數的選舉人票，因而當選。

傳統上，如果勝選的總統是以巨大差距當選的，通常被認爲他所提出來的政策已獲得大眾許可，擁有選民的「授權」。相對而言，以較小優勢獲勝的總統則被認爲缺乏授權。這種說法的前提，是假設選民是依候選人所提的政綱或政見而投票的。但實證研究顯示，美國選民的投票率相對較低，而投票的選民通常是依照個人的政黨認同或候選人的人格特質來投票，而非其政見。雖然「授權」一說已經行之有年，但在兩黨對立越趨尖銳的今日，它的象徵意義或實質意義，都不大了。

相對於大多數民主國家所採用的直接普選，美國選舉人團的選舉方式明顯的是一個例外。儘管常有要求改革的呼聲，而國會也有議員提案，但最後都沒有成功。在可預見的未來，要取消或改變此一制度，確實有困難。正式的修法，是依程序由國會提出憲法修正案，並交由各州批准。憲法修正的門檻很高，必須由國會參眾兩院分別以三分之二的多數提出，再由五十個州中至少三十八個州（四分之三）的州議會批准。而廢除選舉人團制度影響各個小州的利益，阻力極大，不易完成。

另一個方法，則是透過「全國普選州際協定」。美國憲法只規定了總統選舉應採用選舉人制度，各州選舉人票應該如何分配，則是由各州自行立法規定。此一協定，即是試圖透過各州之間的合作默契，繞過修改憲法的方式，間接地實現全民普選。參與協定的各州承諾，一旦所有加入協定的各州其所持有的選舉人團票總數超過全國總數的一半（二百七十張），他們就會把州的所有選舉人票投給全國普選票中的勝出者，即使該候選人並未贏得本州的普選。而在以上條件尚未達到的情況下，各州依然按照現行制度投票，保持現狀不變。至二〇二三年，有十六個州及哥倫比亞特區已加入此一協定。他們目前掌握了二百零五張選舉人票，還差六十五張票才能達到二百七十票的目標。不過，即使最後有足夠多的州加入，此一協定能不能通過最高法院的憲法審查，還在未定之天。

總統的職權與權力

職權是比較狹隘的法律概念，涉及憲法或法律上可行或不可行的事項。權力則是一個相對廣泛的概念，一般是指影響他人行爲或事件發展的能力。歷任的總統，在憲法上享有相同的職權，但一個有權力的總統，可能因他的魅力、感召力或領導力，而實質上擴大了他的職權範圍，使其他人或組織，即使不情願，也不得不照著他的期望而行。如前所述，美國憲法對總統職權的規定相當簡短，也很模糊，因此自開國的華盛頓總統以來，歷任總統都需要不斷地去摸索、測試他們權力的眞正界限。

此外，也有學者認爲美國總統在不同的領域，擁有不同的權力。一般而言，總統在內政上，通常面臨更大的挑戰。兩個主要政黨和眾多的利益團體對國內大多數的政策問題都已經有固定的立場。總統的任何倡議，不管是稅制、醫療保健、環境保護、或社會福利，都會得到一些人的支持和另一些人的反對。如何引導公眾輿論，創造條件，特別是得到行政體系和國會的配合，是總統重要的課題。

總統通常比較容易在外交政策上貫徹他的意志。與內政相比，涉外事務的利益團體，其結構及力量相對薄弱。一般大眾對外交事務的知識和了解有限，通常會認爲總統擁有更多的資訊和情報，因此更願意支持總統的外交決策。特別是當問題牽涉到美國的戰略和安全利益時。

內政的總統

依據憲法第二條第一款：「行政權屬於美利堅合眾國總統。」但是憲法並未明確地規範「行政權」的內容和範圍。當此一條款與第二條第三款，要求總統「確保法律得到忠實執行」的條款相結合時，行政權力條款實際上包含了隱含的權力，超過了制憲代表們所預見的範圍。

依據「確保」條款，總統有責任執行國會制定的法規。從表面上看，國會制定法律，然後交由總統執行，這好像是很簡單的分工。實際上總統在執行法律方面，擁有很大的裁量權。國會所通過的法律，通常闡明立法的方向和目標，但卻難以涵蓋所有的方法及細節，更無法預見執行過程中可能出現的各個問題。因此，國會通常將這些事項授權行政部門來決定。由於這種彈性，即使面對同樣的法律條文，總統和他的行政團隊仍可依其意識形態和政黨觀點來影響執行的範圍。比如說，布希政府對「濕地」的認定，就比較狹窄，以利商業開發；而柯林頓政府則剛好相反，認定標準比較寬，以強調環境的保護。執行法律上的變化和差異，也出現在平權措施、移民政策及其他大小政策上。自雷根政府以來，總統常利用簽署法案的場合發表聲明，以影響外界對國會通過的法律的解釋和執行。

總統對行政官員的任命，不僅牽涉到他對龐大的聯邦官僚體系的掌握與管理，也對於他在執行法律及推動政策目標上，有直接的影響。美國政府行政部門分布在全國各地，涉及十五個主要部會和一百四十個獨立機構，其中約一千一百個職位的任命需要參議院同意。研究顯示，總統通常傾向於任命忠於他政策議程的人。然而，「忠誠」並不是唯一的條件。顧慮到參議院的審查，總統也需要考慮被提名人的學經歷背景、專業能力和才幹，使他們不但能順利地獲得認可，也能更有效地管理龐大而複雜的聯邦官僚機構，處理各種挑戰。總統的行政團隊通常會在「忠誠」和「能力」之間，求取平衡。如果一位內閣首長有完整的公共政策背景，但對華府的政治生態不熟悉，總統的幕僚會找一位熟悉華府決策過程的副手協助，反之亦然。

參與立法

總統和國會之間的關係，相當程度地影響到總統職權的行使和權力的大小。依據憲法第二條第三款：「總統應不時向國會報告聯邦國情，並向國會提出他認爲必要而恰當的措施供國會審議。」憲法的這一規定使總統參與國會立法過程，有了正當性，並可以理所當然地引導、設定其立法議程。這也成爲總統制定公共政策，影響國家大政的重要法律依據。總統可以採取主動，藉著他在公共政策空間的話語權，引導輿論風向，列出政策優先順序，及設定國家的政策議程。

近代美國總統影響公共政策有一個重要平臺，就是向參眾兩院的聯席會議發表的國情咨文。「國情咨文」的稱呼，始自小羅斯福，在此之前，一般稱爲總統的年度報告。首任總統華盛頓第一次向國會的報告，只有一千多字，歷時十分鐘完成。傑弗遜在一八〇一年將之改爲書面報告，之後歷任的總統也仿效而行。一直到一九一三年，威爾遜打破了一百多年的慣例，決定親自到國會發表年度報告，以顯示總統對民意的直接回應。

之後，隨著大眾傳媒如廣播和電視的發展，此一演講的地位和重要性也漸漸增加。一九二三年，柯立芝透過收音機向全國演說。新媒體電視在一九四七年第一次播放了杜魯門的演講。在詹森的遊說下，國會同意將「國情咨文」的時間，移到電視的黃金時間，也就是美國東部時間的晚上九點，讓全國大部分地區都能收看。從那時起，國情咨文演講就成爲一項高收視率的電視節目，也是華府年度的重要政治活動。國會議員、各部門首長、最高法院法官，以及外國政要和受邀嘉賓，都一起出席此一盛會。當總統講話時，電視鏡頭從各個角度捕捉國會現場的反應。演講結束後，各媒體記者和政治觀察家不僅評價總統的表現，也會討論咨文內容和總統所提出的提案。「國情咨文」也開始成爲總統塑造公眾輿論和推動政策支持的重要平臺。這是他們號召、鼓勵國人支援他們政策目標的絕佳機會。甘迺迪的登月計畫、詹森的平權措施和「大社會」的觀念、雷根的稅制改革的理念，都是透過這個場合宣布的。

相對於積極地向國會提出法案建議，總統也可以透過否決權來制衡國會。依憲法第一條第七款，國會通過的每一項議案，在成爲法律前須送交總統。總統如批准該議案，應予以簽署；如不批准，則應將該議案連同其反對意見退回最初提出該議案的議院。國會可以選擇修改該法案，或者以參眾兩院三分之二的票數重新通過原來的法案，推翻總統的否決。推翻總統的否決並不容易，所以否決權可以成爲總統與國會談判協商的手段。眞正行使否決權反而對總統是一個雙刃劍，它固然可以顯示出總統堅定不妥協的領導風格，但也曝露出他在立法過程中沒有辦法說服國會的事實。

參與司法

總統也可透過特赦和提名聯邦法官，參與司法過程。憲法第二條第二款授權總統對危害美國的犯罪行爲給予緩刑和特赦的權力，但彈劾案除外。緩刑是暫時推遲司法判決的效力，以便行政部門有時間考慮特赦請求。總統的特赦，無論是發生在正式司法裁決之前還是之後，都會抹去過去的紀錄，並使得到特赦的人成爲法律眼中的「新人」。

聯邦法官的任命對總統的歷史定位，具有重要意義。因爲聯邦法官終身任職，通常在提名他們的總統卸任後繼續任職多年。而法官所作出的裁決，常常涉及政治上的爭議事項，因此找尋和自己政治理念相近的法官，以確保總統政策的持續性，至爲重要。聯邦的參議員，互爲同僚，因此彼此尊重。當某一州的聯邦職位出缺時（比如地方法院或上訴法院的法官），他們通常會依照本州的兩位參議員的意見來投票。總統在提名前，也會考慮優先徵詢本州參議員的意見，特別是如果他們與總統同屬一個政黨。

在所有的法官職務中，最高法院的法官，是重中之重。在十九世紀，國會拒絕了約三分之一的總統提名人，但在過去五十年，國會通常尊重總統對大法官的提名，除非當事人涉及醜聞。近代的美國總統當中，在最短時間任命最多位大法官的，當屬尼克森。他在執政的頭四年，就任命了四位大法官，而川普在四年任期中，也任命了三位大法官。雷根在八年的任期，任命了三位新任的大法官，並把一位現任的大法官提升爲首席大法官。

外交的總統

美國在世界上成爲軍事和經濟強國之後，軍事外交也成爲歷任總統一展抱負的領域，國會則越來越難以制衡總統在軍事和外交上的權力。依憲法第二條第二款規定，總統有權締結條約，但須諮詢參議院並取得出席參議員總數的三分之二的同意。爲了不受這三分之二的門檻限制，總統們常透過簽署行政協議來取代條約。行政協議具有與條約相同的法律地位，但不需要參議院確認，它們僅在總統任期內有效，除非得到其繼任者的確認或更新。

總統另一個擴權的管道來自他三軍統帥的身分。制憲代表們特意將戰爭權分割給了立法部門與行政部門，以尋求廣泛的政治共識，避免一個人或一個機構獨享戰爭的決定權。憲法第二條第二款規定：「總統爲合眾國陸海軍和奉調爲合眾國服現役的各州民兵的總司令。」而國會在憲法第一條第八款被賦予「供給和維持」陸軍和海軍以及「宣戰」的責任和權力。制憲的代表們將是否投入戰爭的決定交給國會決定；國會宣戰之後，戰時的軍事行動則交由一位文人總統負責。然而，當國家的存亡面臨危機和挑戰時，兩者之間權力，就難以清楚地界定了。

南北戰爭期間，林肯即主張他三軍統帥的職責加上維護國家安全的使命，使他即使事先沒有獲得國會批准，也仍然有權力可以動用資源，增加軍事支出。第二次世界大戰期間，在美國正式參戰之前，儘管國會宣布中立，羅斯福仍然派遣美國海軍保護向英國運送重要物資的商船，置美國於戰爭邊緣的險境。第二次世界大戰之後，美國和蘇聯之間的冷戰情勢，也爲總統擴權創造了有利的環境。一九五〇年，杜魯門下令美國空軍和海軍協助韓國，對抗入侵的北韓。之後，在未經國會事先批准的情況下，美軍被派遣到越南以及世界各地，以圍堵共產主義的擴張。

越戰之後，國會在一九七三年不顧尼克森的反對，通過了《戰爭權力決議》，旨在對憲法中立法與行政部門之間戰爭權力的劃分，提出一個釐清的架構。它規定總統在發動戰爭前必須通知國會，在國會同意「以書面形式授權宣戰」或者「國家面臨緊急狀況，例如美國領土，財產或其軍隊遭受攻擊」的情況下，得由總統發起軍事行動。《戰爭權力決議》規定總統在派出軍隊前的四十八小時內必須通知國會，未經過國會授權或者宣戰的軍事行動不得在當地停留超過六十天，到期後於三十天內撤離。

儘管有了此一決議，但分歧與爭議並未完全解決。行政部門目前仍然主張憲法允許總統在兩個情況下，可以不經國會同意而逕自使用武力：一、如果總統可以合理地確定該項軍事行動符合重要的國家利益；二、如果軍事行動的「性質、範圍和持續時間」極其有限，不太可能構成憲法上所指稱的戰爭。美國二〇一一年對利比亞的空襲行動，二〇一八年對敘利亞的襲擊，都是依此為辯護。不過，到目前為止，無論是「重要的國家利益」或是「性質、範圍和持續時間」，行政部門都沒有清楚而具體的定義。

在可見的將來，由於美國超級大國的角色和憲法制度上的模糊空間，使作為三軍統帥權的總統，在實際上行使戰爭權時，可能仍要取決於當時的時空背景，而不是法律的論證。

結論

儘管美國的制憲代表當初所設計的體系，是以國會爲中心。但自二十世紀初，美國漸漸成爲世界強權。而當代社會所面臨的政治經濟問題也日趨複雜，需要迅速有效的管理與回應。政府的治理權責開始向行政部門傾斜，也使總統一職，越發重要。

面對憲法分權和制衡的設計，歷任總統在行使職權時，不僅需要掌握行政資源，也必須積極參與立法甚至司法過程。在這個過程中，總統常借助自己的政黨和訴諸輿論來擴展其政治影響力。然而，當前美國政黨與意識形態的對立，日趨嚴重。民眾對政府制度的運作普遍缺乏信心，當代的總統在內政的政策空間十分有限。依照美國憲法，總統既是行政首長，也是一國元首，相對於其他民選的聯邦公職人員如參議員或眾議員，總統是唯一由全國公民選舉產生的官員。如何兼顧這兩個憲法所賦予但時而矛盾的角色，是美國總統在政府治理上的重要責任。

第二章　顧大我還是顧小我？美國國會

翁履中

位在美國華盛頓特區的國會山莊，是個圓頂建築，其上矗立自由女神。從一八〇〇年十一月十七日在此召開第一次會議之後，兩百多年來，國會山莊作爲美國立法部門的核心，歷任的國會議員們，根據美國憲法規定，在三權分立的原則下，制定影響美國，甚至全世界的法律。然而，二〇二三年九月，美國國會再次因爲兩黨對於預算的意見不同，負責預算審查的撥款委員會無法順利完成審議，聯邦政府因此面臨能否繼續開門運作的危機。隨後更因此爆發了史上首次議長遭罷免的案例，而且是被同黨議員罷黜。對於美國人民來說，這不是第一次面對國會混亂。美國政府從八〇年代以來，已經因爲兩大政黨在國會無法形成共識，關門高達了十次之多。人民對國會的不滿程度長期居高，但是，不論人民是否滿意國會，在三權分立的體制，國會的功能不可或缺。因此，要了解美國政治，就要了解國會的立法和運作方式。本文介紹美國國會參眾兩院的差異，國會的權責及立法方式，並且以軍售爲例，分析國會如何影響美國外交政策，最後討論美國國會遭遇的挑戰。

美國憲法將立法權一分爲二，以參議院和眾議院相互協商制衡，代表民意立法。這是一七八七年制憲會議中，由最早獨立的北美十三州代表達成的妥協。當時的爭議在於人口較少的州，擔心按照人口比例來分配國會席次，小州的權力會被削弱，因此主張每個州的國會席次相同才算平等。然而，在紐約和維吉尼亞等當時人口較多的州，以及南方人口增加速度較快的地區，則支持以比例代表制來決定國會代表權的多寡，因爲比例代表制之下，才能凸顯人口優勢。大小州之間經過長達幾個月的辯論，最終達成協議，確定眾議院的席次按各州人口比例劃分，參議院則維持各州相同席次，每州兩席。至今爲止，國會議員的人數因爲美國擴張而大幅增加，議員由全民普選產生，國會議員的組成背景變得多元。但是，美國國會的兩院制，以及參眾兩院相互協商制衡來反映民意的機制，仍遵循當年的憲法設計。

根據美國憲法，參眾議院各有權力和責任。不論參眾兩院所提出的法案，都必須分別在兩院獲得過半數同意票通過並協商之後，才能交到白宮，由總統簽署生效。當前美國國會共有五百三十五名具有投票權的議員，其中一百名爲參議員，由五十個州分別選出的兩位參議員，每一名參議員有六年任期。其餘四百三十五名則由各州依人口比例由各州劃分選區選出，任期兩年。以目前美國的三億三千萬總人口數來說，每一個眾議員的選區，平均大約是七十萬的人口。另外，眾議院還有六名無投票權的成員，分別代表華盛頓特區，以及美國其他領土或殖民地，包括：波多黎各、美屬薩摩亞、關島、北馬里亞納群島和美屬維爾京群島。

眾議院：反映選區民意

雖然參眾兩院都是國會議員，但是兩者有不同的執掌。依據美國憲法第一條第二款，要成爲眾議院議員的條件是必須年滿二十五歲，並且成爲美國公民至少七年以上。每一位眾議員的任期爲兩年，即每兩年就需要競選連任，連任次數沒有限制。憲法設計的目的是爲了讓眾議員能夠持續反映最新民意。美國憲法也透過選區的劃分，讓眾議院根據選民的背景來分配席次，確保不同族裔和地區的利益都能被保障。選區規劃依據的是每十年一次的全美人口普查資料，席次和選區因此可反映新的人口結構。以目前人口最多的加州爲例，因爲近年人口外移，導致加州在眾議院的席次，從原本的五十三席減少爲五十二席。同樣的情況也發生在紐約州，該州二十七席議員席次減少爲二十六席。相對地，德州則因爲近年人口大量移入，從原本的三十六席增加到三十八席。而人口最少的幾個州，即使全州人口數可能低於全國選區平均選民數，但仍保持至少一席眾議員席次。

眾議員席次的變化，根據的是美國憲法百年來不變的比例原則。然而，自十八世紀以來，地方民意代表往往利用有利於各自政黨，而不是單純以選區內部人口結構的方式繪製國會選區界線，把選區劃得奇形怪狀，就是要用自己黨最少的選民，選出自己黨最多的席次。近年來，隨著科技進步，地方民意代表設計選區的過程變得更加精確。經由高度政治考量的選區重劃，導致許多選區在地圖上看起來比例非常不合理。舉例來說，在馬里蘭州，民主黨籍的地方民代，將共和黨支持者較多的地區盡可能集中在一個選區，使得民主黨候選人可以在八席的眾議員中，輕鬆贏得七個席位。然而，以馬里蘭州的政黨支持比例來看，高達三分之一的人口是共和黨支持者，可是只有八分之一的眾議院議員是共和黨人。不過，同樣的情況也發生在共和黨控制州議會的地區，例如德州州議會近期提出的選區重劃提案，目標是將該州三十八個眾議員選區中，盡可能地打造成選民結構有利於共和黨的選區，更進一步降低目前十二名民主黨議員進入國會的機會。德州的政黨支持比例雖然以共和黨居多，但近四成民主黨支持者的分布集中於城市，透過選區重新劃分的提案，未來民主黨在德州更難在眾議員選舉中勝出。不難想像各政黨如果掌握選區劃分的主導權，多半都會在各自具有政黨優勢的區域，盡可能擴張自己黨的影響力，並且限制對方陣營在國會競選中的勝算。科技發展和選舉策略主導了選區劃分，也就主導了政黨在眾議院勢力的消長。當然，選區重劃如果搞得太過分，就可打官司討回公道，法院可以要求州議會重劃選區地圖。

因爲一任兩年，眾議院的議員只有兩年的時間來展現自己的能力，可想而知每位議員都會全力爭取自己選區的利益。這也讓眾議院內的競爭更加激烈，如果沒有一定的決策機制和領導人，想要達成共識，作出集體的決定是難上加難。因此，眾議員在每一屆任期正式開議之前，先由眾議院多數黨推舉出議長，並且由議長協調派任各委員會及附屬於國會的辦公室人員，協助眾議員們在立法過程中遵循規範，並且得到立法過程中所需的協助。雖然眾議院議長也是國會成員，但是因爲議長掌握了主導各委員會的權力，加上參議院的議長是由副總統兼任，所以眾議院議長等於全美民意的最高代表。而美國憲法也將眾議院議長排在副總統之後，爲國家元首的第二順位接替人選。不過，權力越大，代表面對的爭議也越多，在當前兩極化的美國政治氛圍中，議長寶座任何人都很難坐得安穩。

除了立法權之外，眾議院也擁有憲法賦予的彈劾權，負責對於可能犯有可彈劾罪行的政府官員展開調查，包括調查總統以及其他聯邦行政部門官員。值得注意的是，眾議院的彈劾權，較類似於檢察官的權責，可以進行調查，並根據調查結果指控政府官員的犯罪行爲。在眾議院調查之後，再由參議院扮演彈劾過程中陪審團和法官的角色，經由參議院彈劾聽證會的「審判」之後，如果認定行政官員確實有不法的犯罪事實，則彈劾案生效，被彈劾者得被免職。川普總統就被眾議院彈劾了兩次，但未被參議院「定罪」，因此並未因彈劾被迫去職。

參議院：重視政策一致

眾議院議員的任期短，選區範圍小，重在反映小我民意；參議院的設計則是希望參議員因爲任期長，選區大，可以更謹愼地思考大局。根據美國憲法第一條第三款規定，參選參議員的年齡門檻爲三十歲，必須成爲美國公民至少九年，目的就是希望參議員對於美國有更深入的了解。長達六年的任期，則是希望參議員們可以有更長的時間來思考國家政策，而不是僅僅針對自己的選區爭取短期的利益。依據規定，美國五十個州不論任何條件，都有兩個參議員名額，總共一百名參議員。因爲各州人口多寡與在參議院的代表席次無關，因此即使是人口較少的州，也能夠在參議院享有與大州一樣的政治影響力。乍聽之下似乎與票票等值的平等權利概念相違背，但是，考量到美國獨立之初，爲了建立一個規模較大的聯邦體制，要求人口數較少的州放棄自己的自治權，一定要有提供相對應的保障。參議院的席次規劃，可以說是爲了建立聯邦制度的關鍵妥協。

除了與眾議院相似的立法權力之外，參議員另一項重要職權，就是對總統提名的最高法院大法官、下級聯邦法院法官以及行政機構重要職位的人選行使同意權。總統提名的人選，必須通過參議院的審議，經由參議院多數同意後才能獲得任命。正因爲參議院的責任重大，因此在憲法中明確規定，參議院必須是「延續性組織」，確保重要決定具有一致性。憲法規定，全體參議員被分爲三組，每一個州的兩名參議員分在不同組別，每兩年重新選出一組共三分之一席次的參議員，確保每兩年有三分之一的議員任期屆滿，需卸任或經選舉連任。這種交錯任期的機制可以確保參議院中始終有一定比例的資深議員，同時也可以保證參議員也能反映民意。

另外，參議院議長由副總統兼任。但是，因爲副總統並非民選的立法代表，因此美國憲法規定參議院另外設置「臨時議長」一職，由多數黨議員中最資深的參議員來擔任。臨時議長的主要功能，除了在副總統無法出席會議時擔任主席之外，比較值得注意的是，臨時議長在美國總統繼任順位中，僅次於副總統和眾議院議長之後，是總統繼位人選的第三名。不過，臨時議長在參議院雖然有主持議事的功能，但卻不像眾議院議長一樣享有直接主導議事的影響力。加上參議院人數較少，兩黨黨團對於委員會的安排以及提案的方向有更直接的影響力，因此兩黨的黨團領袖，才是參議院中最關鍵的角色。

國會的權力與委員會的功能

美國憲法正面表列了國會的十八項權力。不過，美國憲法同時也負面表列了國會不能做什麼。美國憲法第一條第九節提到八大項國會無權干涉的內容。有一些項目從今日的角度來看也許不合時宜，但它們顯現的是美國獨立初期的社會情況。例如，憲法規定國會在一八〇八年之前，不能阻止輸入來自非洲的奴役。當年的憲法不允許國會討論奴隸貿易的道德、經濟或暴力問題，反映出在一七八七年撰寫憲法時，仍有多數的政治菁英認爲美國應該允許奴隸。雖然這樣的條文挑戰了美國獨立時所強調的「人應生而平等」的理念，但美國憲法限制國會介入「人口販運」，正顯示美國自建國開始，就已經認知到，理想跟現實的民意有差距。雖然政治領袖可以試著改變民意，但在改變之前，必須先願意向民意妥協。

國會議員既然是被選區內的人民推舉出來爭取權益，提出對選民有利的法案，可以說是國會職責中最重要的一項。但是每一個議員所代表的民意都不盡相同，因此，美國國會建立了委員會制度，透過協調後的立法流程和規則，來確保議會立法效率。國會中的委員會大致可以分爲「常設委員會」、「特別委員會」和「聯合委員會」三種。「常設委員會」從一七八七年確立了國會職權之後就一直存在，不受選舉結果影響，延續固定的政策討論。目前眾議院有二十個常設委員會，參議院設有十六個常設委員會。每個委員會都有其重要性，但是外交委員會、司法委員會、軍事委員會、撥款委員會，以及預算委員會有高出一等的影響力。

除了常設委員會之外，「特別委員會」和「聯合委員會」，主要是處理當時的優先議題。舉例來說，重視氣候變遷議題的民主黨，在二〇〇七年掌握眾議院多數席次之後，成立了「能源獨立和全球暖化問題特別委員會」，這個委員會在二〇一一年共和黨掌權後解散，隨後又在二〇一七年民主黨重新控制眾議院後，成立了新的「氣候危機特別委員會」。然而，這個氣候危機特別委員會到了二〇一九年，又因爲共和黨反對再次解散。共和黨則重視美國的對外關係，近年中美關係緊張，帶來的軍事和能源競爭就是共和黨重視的議題。因此，二〇二三年一一八屆眾議院由共和黨控制眾議院多數席次之後，面對崛起的中國，共和黨立刻成立了「美國與中國共產黨戰略競爭特別委員會」，專門分析美中競爭、積極提案立法、以及制約中國對美國利益的損害。每個政黨都會向各委員會，提出自己政黨的成員；每個委員會也會針對各項子議題，將其成員分配到不同的工作小組。因爲每個委員會的主席，都由多數黨擔任，負責控制委員會的議程，因此多數黨在國會中往往享有明顯的議題主導權。這也是爲何兩黨都希望能夠拿下國會多數席次的原因。

國會對外交政策的影響：以軍售為例

一般而言，外交政策被視爲美國總統的權責。國會雖然不能直接做外交決策，但實質上卻常左右美國的外交決策。尤其當美國總統對國會的影響力不足，強勢的國會可以迫使總統必須尊重國會的要求。在波灣戰爭和九一一之後的反恐行動期間，因爲民意支持，總統就主導了國安問題，導致國會在外交政策的影響力低於總統。美國民眾多半支持國會監督外交事務，也因此讓許多國會議員在對外政策上更積極表現。參眾議員影響外交決策的方式，主要是透過提出法案要求政府採取特定行動或是監督政府外交預算。他們也可直接訴諸媒體，利用輿論影響行政部門，直接或間接對行政部門的外交決策造成壓力。行政部門往往也會因爲預先考量到國會可能作出的反應，先行調整外交政策。近年來，大部分的美國總統，爲了外交政策推動順利，多半願意考慮將國會的立場納入自己的政策提案中。不過，即使總統考慮國會反應而作出戰略性的妥協，國會中的反對黨對總統的外交政策也不會全然接受。畢竟，國會議員在政策上提出反對意見，引起輿論關注，不僅是政策考量，也是選舉盤算。

軍售是外交政策的重點項目。一九七〇年代中期，國會經由立法程序通過了武器出口管制法，賦予國會否決行政部門提出重大武器銷售的權力。國會雖然從來沒有眞正運用這個法阻擋行政部門提出的軍售提案，但透過提議否決來威脅行政部門卻很常見。從武器出口管制法在一九七六年通過以來，歷任總統都曾多次修改他們提議的武器銷售計畫，以消除國會的反對意見。以雷根總統時代的軍售案爲例，一九八一年十月十四日，眾議院通過決議，反對雷根總統提議向沙烏地阿拉伯出售搭載預警和控制系統的E3A飛機、響尾蛇導彈、波音七〇七加油機、以及和F15戰鬥機有關的零組件和後勤維修服務。然而，兩週後的十月二十八日，雷根總統針對打算出售的武器設備向國會作出一系列書面說明，參議院轉向支持總統的決定，否決了眾議院的提案。兩院隨後進一步修法，要求總統證明在交付預警機之前會履行對國會的相關承諾。

從這個典型案例可以看出，美國國會對行政部門提出的軍售計畫確實有影響力。對我國而言，國會對台灣的支持力道，是美國對台軍售的關鍵因素。基於武器出口管制法授予國會審查行政部門對外軍售的法定權力，國會可關切監督對台軍售，也可要求行政部門重視台灣及區域安全的需求。另外，國會在兩極化的政治氛圍中，兩黨議員還可以透過各財政年度的「國防授權法」，凸顯對於台灣問題的重視。除了軍售之外，國會也可以要求行政部門加強對台軍事交流。川普總統就任之後，美中關係的改變，讓國會對台灣的關注程度大幅提升。國會對台的外交支持和軍事援助案數量增加，售台武器的質量也都調升。按照慣例，美方通常會以規格低於美軍一個世代的武器出售給台灣，特別是具有攻擊能力的敏感性裝備。例如，當台灣希望獲得F-16C/D戰機，美國選擇出售次一等級的F-16A/B。過去美國對台軍售的原則和模式，從川普政府後期再到拜登政府都同意對台重大軍售，國會的大力支持，不遑多讓。

結論：如何看待美國國會政治

美國國會的立法機制雖然完備，但是近年來由於網路發達，資訊快速傳播讓訊息更容易傳遞給民眾。可是錯誤資訊也趁勢而起，更惡化了美國政治的兩極化。國會中出現僵局造成立法效率不佳變為常態。根據統計，過去二十年，每一屆國會能得到兩黨共識而通過的法案比例，不到提案數的百分之五。立法效率不彰是美國國會面對的一大挑戰，造成國會立法功能失調的根本原因，在於兩極政治的氛圍中，每個政黨內部溫和派的國會議員日益減少，兩黨少了交集，法案就更難通過。

一九六〇年代，國會議員在法案表決上，選擇跟自己政黨立場不同的比例超過一半。如今，八成以上的議員都跟自己政黨的主張一致。前總統川普遭國會發動彈劾，以及因為國會山莊騷亂事件，面臨政治風暴時，不能認同川普的行為，選擇站在對立面的共和黨國會議員，就有不少人在接下來的初選中，失去了政黨的支持而無法順利連任。美國的民主制度長期被認為是一種他國可以借鏡的理想制度，然而，近年來兩黨政治人物在國會的表現，卻令美國人民失望。共和黨內部意見分歧，導致議長被罷免下台之後，足足超過三個星期找不到替代人選。最後在民意壓力之下，推舉出爭議性最低，但卻是史上最資淺的議長強森來推動議事。在共和黨過半的眾議院內，連一位能被保守派陣營所共同接受的替代人選都如此困難，就不難想像任何法案要在當前的對立氛圍中過關，難度有多高。

簡而言之，美國國會對美國政治局勢有極大的影響。對我國而言，在中美關係進入結構型競爭態勢的情況下，國會對台灣表達支持將與美國對中政策高度連動。換句話說，當美國對中國的態度強硬，國會對台灣的支持程度就會上升；反之，對台灣的態度就會降溫。正因爲美國國會反映美國的政治風向，想要了解台美關係的走勢，就必須對美國國會影響外交政策有更清楚的認識。

第三章　司法的標竿：聯邦最高法院

李念祖

民主法治國家講究權力分立，但是三權分立型態各異，背景文化不同，發展路徑也有分別。英國的國會主權使立法權至上，成為其憲政的特徵與標誌。法國的行政權至上則是行政國家的代表。美國聯邦最高法院在憲政上獨有的地位，則是司法國家的範本。本章介紹美國聯邦最高法院在憲政歷史上扮演的角色，與其晚近的發展與變化。

歷史沿革

人類的憲法史，可以一二一五年英格蘭的大憲章為始點。而一七八九年的美國聯邦憲法，公認是成文憲法典的濫觴。這部沒有為帝王留出任何位置的憲法典，創立了嚴為區隔的立法、行政、司法三權分立。司法位於權力分配流程的末端，為憲法開列的權利清單擔任最終的把關屏障。

與各州法院系統有別，聯邦最高法院是涉及聯邦法律訴訟的終審法院。國會於一七八九年依據美國憲法第三條制定法院組織法（the Judiciary Act）所設置，聯邦最高法院於次年開始運作。當時由六位大法官組成，首任首席大法官約翰・傑（John Jay, 1745-1829）是制憲時期重要文件「聯邦主義文存」（*Federalist Papers*）的三位作者之一。大法官人數幾經更易，少時只有五人，多時曾爲十人。十九世紀南北戰爭後定爲九人至今。受理案件需有四位大法官同意；九人合議以普通多數即可作成判決。大法官由總統提名，經參議院之同意而任命，爲終身職。但得因犯罪而由眾議院提案彈劾、經參議院審判確認有罪後去職。國會以參議院審判眾議院所提出的總統彈劾案時，也由最高法院首席大法官擔任審判長。

史上大法官向以白種男性居多。一九六七年才有首位非裔大法官賽古・馬歇爾（Thurgood Marshall）獲得任命；首位女性大法官珊卓・奧康諾（Sandra Day O’Connor）則遲至一九八一年始獲任命。目前的陣容，除約翰・羅伯茨（John Roberts）首席大法官之外，有兩位非裔、四位女性；分布平衡，向所僅見。

美國每逢總統選舉，總有人提醒選民，總統職位重要，是因掌握最高法院大法官的提名權之故。總統連任，在位不過八年；最高法院大法官因是終身職，有在位數十年者，且其裁判經常影響深遠，足以左右政治、社會乃至歷史的長期走向。大法官的提名權確實至關重要。

美國聯邦最高法院判決對美國形成重大影響，首推一八〇三年馬伯利對麥迪遜

（*Marbury v. Madison*, 5 U.S. (1 Cranch) 137 (1803)）一案。該案原告要求政府任命其爲法官，首席大法官約翰・馬歇爾（John Marshall）主筆的判決中認定，國會立法賦予聯邦最高法院指示發布任職令（writ of mandamus）的初審管轄權，與憲法所規定的上訴審管轄權限牴觸。他拒絕適用違憲的法律。自此開始了法官審查法律是否違憲的歷史紀元。美國憲法並未明文規定「司法審查」，但從「聯邦主義文存」第七十八篇中可以看出，此點並不違反制憲原意。此案判決一出，世人矚目，隨後兩個世紀之中，立憲國家紛紛將司法審查法律違憲的制度明文載入憲法。我國亦是其一。

司法違憲審查的法理，源起於法院審查也控制應該依法行政的行政機關不得違法，這是英國的版本。但是光榮革命之後，英國崇尚國會主權，以人權清單入法，並依賴足以拘束國會的憲法慣例成就憲政主義。人民沒有制定一部成文憲法典來控制國會。因爲英國的憲政精神以立法權至上，英國法院也就不會針對國會立法從事違憲審查。美國的馬伯利一案，則因國會無權自行修改剛性憲法，而發展出可經司法審查來防止國會立法侵犯憲法，終而舉世仿效。

馬伯利一案的精微之處，在於約翰・馬歇爾基於自身負有憲法義務，以不作爲的姿勢拒絕動用憲法所未交付之權力，一方面避免了黨派政治中的權力傾軋，另一方面卻成功地彰顯了司法具有同時抑制行政部門濫權，也控制立法部門不得違憲的雙重憲法地位。此即聯邦最高法院的最高權威與憲法終極話語權。

法院法官不是民選的職位，卻可於審判個案之際，憑仗具有社會契約性質的民主憲法課予司法理性審議的責任從事司法審查，宣示民主國會立法違憲，進而拒絕於個案中加以適用。這是因為美國憲法不只崇尚民主，還崇尚共和思想，也就是靠正當程序的理性思辨，來防止濫權，避免代表多數民意的立法機關逾越權力界限，侵犯人民基本權利。

馬伯利案之後半個多世紀，最高法院才又在一八五七年作出宣告國會立法違憲的判決，亦即卓德史考特對桑佛德（*Dred Scott v. Sandford*, 60 U.S. (19 How.) 393 (1857)）一案，這個判決在憲政史上並不光采。此案宣告國會立法接納新成立的州加入聯邦時，確認其非裔州民為自由人係屬違反憲法（也就是在新加入州合法化奴隸制度）。羅傑・坦尼（Roger B. Taney）首席大法官主筆的判決，逕從制憲時憲法容認黑奴存在一點，推論出憲法並不容許非裔美人成為基本權利的主體，亦即以為非裔美人並非憲法上「人」的定義之所能及；要解放黑奴必須修憲。此案是林肯決定參選總統的立即原因，也成為南北戰爭的重要導火線。

戰後美國果然修憲禁止蓄奴，也賦予非裔美人平等的法律地位與選舉權，但是種族隔離的社會歧視仍然長期存在。一八九六年普萊西對佛格森（*Plessy v. Ferguson*, 163 U.S. 537 (1896)）一案，美國最高法院表示種族隔離的社會政策並不違憲，發明了「隔離但平等」的口訣，種族隔離又持續存在了近半個世紀。直到一九五四年，在艾爾．華倫（Earl B. Warren）首席大法官主持下，最高法院用布朗對托培加教育委員會（*Brown v. The Board of Education of Topeka*, 347 U.S. 483 (1954)）一案判決推翻前例，宣告隔離違反憲法上的平等，社會正義才得扭轉。再經半個世紀，二〇〇八年終於選出了第一位非裔總統歐巴馬。兩百年間，最高法院在此議題上的角色至爲關鍵。只是種族問題至今餘習未除，社會歧視仍未終結。

布朗案判決推翻了最高法院自身的先例，這是美國二十世紀首屈一指的司法範例。司法獨立是英美法系的傳統標誌，司法在政治上、社會上一向享有普受尊重的崇高地位，遠爲其他國家所不及。英美法系的法院還有依循先例的傳統，法院不願輕易更動先例，擾亂已成定局的寧靜太平。如果法官認爲先例與手邊案件的情形不同而不合用，就會進行區辨。只有在極其例外的情形，基於堅強正當的理由承認先例錯誤，才會不加依循而爲改判。法官之間的法律見解不同，是司法常態，但依循先例的司法傳統促成法官自覺自制。依循先例成爲習慣，可在最大的程度上避免司法態度搖擺，也可避免判決歧異傷害司法整體信用。依循先例也可促進法律的安定性、滿足司法公平性、增加司法可預測性、抬升司法透明度、顯示司法理性、體現司法謙抑，也可成就司法品格。司法整體的公信力，得以長期樹立，這是司法成就其憲政地位的重要隱形因素。

依循先例不是不許推翻先例，只是深知依循先例對於司法信用裨益極大，推翻先例很容易自我傷害。布朗案明白承認並推翻普萊西案的錯誤，挑戰黑奴制度深入社會肌理的種族歧視。此案判決已被瑪莎・米諾（Martha Minow）教授譽爲足與馬伯利案判決齊名，成爲憲政主義的量尺。其實普萊西案判決原是早期種族優越或是白人至上思想的遺緒，判決所持見解已與戰後修憲所樹立的價值體系明顯牴觸。布朗案中最高法院勇於承認前人的錯誤，展現司法理性，不但未傷司法信用，反而彰顯了司法品格，允爲推翻先例的傑作。

司法權 vs. 行政權

一九五二年的楊斯湯街對莎耶（*Youngstown Sheet v. Sawyer*, 343 U.S. 579 (1952)）一案是最高法院用憲法限制行政權的著名案例。當時韓戰方酣，遇到美國鋼鐵工人發動罷工，杜魯門總統惟恐鋼鐵生產影響作戰需要，下令接管工廠繼續運轉生產。但鋼鐵公司主張總統無權接管私人產業。最高法院判決，未經國會立法授權也無憲法依據的接管行動違反憲法。總統雖不以爲然，仍然迅速撤銷了接管命令。此案顯示，即使在戰時，司法也能依據憲法，發揮節制總統的行政權力。

最高法院在不告不理的前提下，雖可審查國會的立法與總統的命令是否違憲，但是政治部門也有防止司法權力過度擴張的手段。

一九〇五年最高法院在洛克那對紐約州（*Lockner v. New York*, 198 U.S. 45 (1905)）一案中宣告，紐約州法規定烘焙師傅工時上限，違反憲法保障的契約自由。前後約四十年間，最高法院頻頻宣告保護社會弱勢的經濟、社會立法違憲，史稱洛克那年代。其司法態度被視爲過度保守而又過度干預立法政策。羅斯福總統從一九三三年開始推行的新政措施也因此案判決而一再受挫。

一九三七年羅斯福總統透過國會議員提出改革司法程序的立法草案，又稱法院「塞裝」計畫。國會也就是要授權總統任命更多的最高法院大法官，以增加最高法院內支持總統新政立法的票數。總統企圖使用政黨政治的攻防來影響司法方向，不是憲政福音。同年最高法院在西海岸旅館對派瑞許（*West Coast Hotel v. Parrish*, 300 U.S. 379 (1937)）一案中以五票對四票確認規定最低工資的州立法合憲，一票之差而態度丕變，不再扮演社會福利立法的絆腳石。法院「塞裝」計畫旋在國會胎死腹中，未得通過。司法、行政及立法三者間的制衡關係，於此顯現無遺。

一九七四年的美國對尼克森（*U.S. v. Nixon*, 418 U.S. 683 (1974)）一案則是司法審查馴服總統的另一座里程碑。此案因水門事件而起，涉及追訴水門事件相關被告澄清眞相的訴訟證據。檢察官要求尼克森總統交出白宮的錄音帶檔案與相關資料；總統則主張享有行政機密特權，拒絕交出。最高法院全票通過判決，國家機密特權不能成爲總統拒絕交出資料供做刑事司法證據的理由，影響被告接受公平審判的基本權利。此案判決係由伯格（Warren E. Burger）首席大法官主筆，他正是尼克森總統甫一上任即行提名任命的首席大法官。判決之後，尼克森旋即辭職，此案是爲總統去職的關鍵原因。最高法院再次獨立於政黨政治之外，成功地制衡了仗恃機密特權爲護身符的總統。二〇〇八年時，此案也成爲我國大法官應陳水扁總統聲請而作成釋字第六二七號解釋的重要參考。

言論自由與新聞自由

言論自由與新聞自由的保障，是美國最高法院的招牌領域。這裡舉兩例說明。

一九七一年六月，紐約時報連續刊登經由機密消息來源獲得政府列爲高度機密的國防部越戰研究報告。三天後聯邦地方法院應政府之聲請裁發暫時禁制令，禁止紐約時報繼續刊登。華盛頓郵報跟進刊登同一份報告，也遭政府聲請法院禁止。聯邦最高法院旋以移審令接管此案，在一個月內以六票對三票迅速作成判決，廢棄下級審的禁制令，駁回政府原訴。理由是禁制令構成新聞自由的事前檢查，政府負有高度舉證責任，說明允許繼續刊登將會如何形成具體的、迫切的國防外交或國家安全風險，以致必須列爲機密。本案中政府並未盡到舉證責任，不足以說服法院。此判決已構成舉世憲法學上司法保障新聞自由的經典教材。

關於言論自由，一九八九年最高法院以五票對四票作成德州對強生（*Texas v. Johnson*, 491 U.S. 397 (1989)）一案判決宣布，懲治褻瀆美國國旗的刑事立法因違反美國憲法第一修正案（禁止縮限言論自由）而屬違憲，不得據之處罰當眾焚燒國旗的被告。此案一出，不只是德州的立法需要修改，四十餘州的類似立法同受波及，舉國震動，修憲之議鵲起。國會因爲修憲禁止焚燒國旗茲事體大，乃通過聯邦立法，改用禁止「毀損」國旗的字眼取代「褻瀆」詞彙。此法隨即又受最高法院審查，一九九〇年美國對艾克曼（*U.S. v. Eichman*, 496 U.S. 310 (1990)）一案依循先例而拒爲區辨或改判，再以五票對四票宣告該法違憲。該案判決認爲「毀損」一詞背後的立法目的，仍在限制針對國旗所爲的表意舉止，有違憲法。此案之後，就沒有任何修憲提案獲得國會支持。不得立法限制燒毀國旗的表意舉止，迄今仍是美國保障言論自由的重要原則。

原旨主義與非原旨主義

九位大法官表達的判決見解，常被外界使用不同的標籤加以區分：像是保守派與自由派、原旨主義與非原旨主義、司法積極主義與司法極簡主義等。其中爭執最烈的，當屬原旨主義與非原旨主義的辯論，已演成政治社會的重大分歧。

原旨主義者以爲依據憲法審判必須遵循制憲原旨，不能任由法官以憲法之名遂行己意；非原旨主義者則以爲憲法必須與時俱進，不能拘泥於兩百年前的時空背景膠杜鼓瑟。一九六四年最高院柔伊對韋德（*Roe v. Wade*, 410 U.S. 113 (1964)）一案，是條導火線。爭議的焦點是，女性進行人工流產是否屬於憲法保障、法律不得任意禁止的基本權利。柔伊案以七票對二票採取肯定說，以爲此中涉及應受憲法未以列舉方式保障的隱私權。原旨主義者以爲隱私權是制憲時不存在的觀念，柔伊案判決不符合憲法原旨。其實背後還有一個原因，聖經中認爲生命始自受胎，柔伊案判決不認爲權利主體包括未出生的胎兒，因而與聖經教誨扞格。到了一九九二年，由奧康諾大法官主筆的凱西案對柔伊案判決略行調整，基調不變，但認爲受憲法保障的是女性身體自主權。因爲宗教信仰上的觀點分歧，竟形成選擇論（女性可自由選擇墮胎）與生命論（胚胎已是生命，女性無權選擇拿掉）在美國社會中長期對峙，勢同水火。二〇二二年六月，保守派占六席的聯邦最高法院推翻了柔伊案判決先例，等於取消了婦女的墮胎權。婦女是否可以墮胎，取決於各州立法。保守派或是由共和黨主政的各州紛紛限制婦女的墮胎權。此舉造成婦女票流向民主黨，成爲共和黨選舉的痛腳。

積極主義與極簡主義

厄爾・華倫（Earl B. Warren）首席大法官在位期間（法界稱爲華倫法院一九五三—一九六九），最高法院曾經作出一連串引發重大社會改革的案件，例如前述的布朗案、馬普對俄亥俄州（*Mapp v. Ohio*, 367 U.S. 643 (1961)）、米蘭達對亞歷桑那州（*Miranda v. Arizona*, 384 U.S. 436 (1966)）等案。仰慕者譽爲改變美國歷史的時代，批評者則謂其侵越了應由民主決定的國會權力，而以過動的積極主義者相稱。然而華倫首席大法官能爲最高法院建立令譽，有個重要原因：無可質疑的司法獨立性。華倫原是共和黨內的重要人物，曾擔任湯瑪斯・杜威（Thomas Dewey）的搭檔參與一九四八年美國總統選舉失利。他也三度當選加州州長。一九五三年經由共和黨籍艾森豪總統任命進入最高法院，普受同僚的尊敬。他所做的許多重要裁判都與艾森豪總統的預期與意識形態大相逕庭，致使總統自認當初的提名選擇是平生的重大失誤。鑒於華倫法院的表現，有人誤以爲他是民主黨員，華倫則笑答自己只是民主人士而已。他也因此贏得跨黨派的信任，出任甘迺迪總統遭刺殺死因調查委員會的主席。超越政黨政治的司法表現，成就了司法整體的信譽。

凱西案中的奧康諾大法官，則是司法極簡主義的代表，與司法積極主義適成對照。她是美國歷史上的首位女性大法官，曾來台灣訪問。其審判風格別具，只從每案中找出足以解決爭執的關鍵問題入手，一擊中的，不必旁及其他；如此即能保持司法靈活，不致表態過甚，以致日後難以轉圜，作繭自縛。她雖然常被歸爲保守主義者，卻在法庭中形成可在左右兩端間游移自如的中間組合，舉足輕重。

積極主義與極簡主義，純爲司法理念的差異，而於政黨政治的立場無涉，也於司法獨立的信用無損。司法獨立，沒有政黨立場，以理折服，就是美國最高法院得能樹立信用，長期贏得尊敬的眞正原因。

近期發展

二十世紀接近尾聲之際，紐約時報曾將奧康諾大法官譽爲一言九鼎、首屈一指的法界人物。紐約時報挑選的依據是，美國是個法治國家，社會與政治上的重要爭議最後都會形成法律問題，交由最高法院作出裁決。最具爭議的案件往往正反見解相持不下，最高法院多以五票對四票定紛止爭。檢視統計數字，奧康諾大法官是九位之中最常在五票方出現的那位；從另一個角度看，最高法院意見高度分歧之處，有八成以上的案件都是隨著她的見解一槌定音，足見舉足輕重。透過此一分析，也可得知最高法院在美國社會生活中所累積的重磅地位。

布希對高爾（*Bush v. Gore*）

邁入二十一世紀的最高法院，以五票對四票作成影響美國政治走向至鉅的代表性案例，至少有二。其一是布希對高爾（*Bush v. Gore*, 531 U.S. 98 (2000)）。二〇〇〇年底的美國總統大選，激烈無匹。十二月八日佛羅里達州最高法院裁定重新計算該州總統大選約六萬餘張機器判讀的無效票。次日聯邦最高法院即應小布希之請求，裁定停止執行佛羅里達州最高法院的裁定。十二月十二日聯邦最高法院作成本案判決，認定重計部分選票違反美國憲法選舉平等，應立即停止重計；總統大選至是勝負底定。司法為總統選舉定調，決定誰是國家元首，自是法治社會的極致境界。然而此案九位大法官之間的歧見涇渭分明，與人們夙知其等的政治立場吻合。究竟是法院為政黨政治競爭拍板，還是政黨政治回過頭來滲透了法院？似也難以區別。聯邦最高法院向以不隨政黨政治起舞著稱，此案中司法羽毛有了政治沾染布希對高爾一案與前述美國對尼克森一案同樣決定了總統的升黜。其不同之處，在於布希案中大法官的見解南轅北轍，而尼克森案的大法官們均無異議，共識極高，完全沒有政黨政治因素介入的跡象。

歐巴馬健保是否合憲

另一個例子是二〇一二年的獨立企業聯盟對塞伯里亞斯（*National Federation of Independent Business v. Sebelius*, 567 U.S. 519 (2012)）一案。此案中受到質疑的是通稱爲「歐巴馬健保」的國會立法，規定國民須在時限內加入健康保險，否則須繳付罰鍰。富人不願加入者眾；民主共和兩黨的觀點高度分歧。「法律強制人民保險的憲法依據何在？」遂成疑問。最高法院以五票對四票，判決國會基於憲法明文授予國會的徵稅權，歐巴馬健保立法合憲。此案由羅伯茨首席大法官主筆，他是共和黨總統任命、立場被歸爲溫和的保守陣營。聯邦最高法院宣告此法合憲，與共和黨人的期待相左。但這印證了首席大法官的法律見解未與共和黨的立場亦步亦趨，也就維持了最高法院的司法獨立性。

推翻柔伊對韋德案

二〇一六年，川普入主白宮，情勢起了變化。他只在位四年，卻得到了提名三位大法官進入最高法院的機會。當他利用在位的最後時刻，匆促完成提名艾咪・巴芮特（Amy V. Barrett）擔任最高法院大法官的程序之後，最高法院內部意識形態的超然與平衡不再存在。傾向保守主義的六位大法官居於絕對優勢，共和黨人則引以爲政治上的利多。

本世紀最高法院最引起注意的，應屬二〇二二年杜布斯對傑克遜婦女健康組織（*Dobbs v. Jackson Women's Health Organization*, 142 S. Ct. 2228 (2022)）一案。大法官一舉以六票對三票推翻了近一甲子的柔伊案與近三十年的凱西案兩案所建立的憲法原則。其判決以爲胎兒的生命需要保護，數落了該兩案認定人工流產權或女性身體自主權不符制憲原旨，以爲應由各州自行立法決定是否限制人工流產。判決中以三十頁的篇幅解釋，什麼是依循先例所能接受的改判，說明其判決符合改判先例的五項原則。此案看似原旨主義的勝利，但也引起激烈爭議。除了支持與反對限制人工流產的正反意見益形對立之外，人們普遍的觀察是總統藉著新近任命大法官的機會，將政黨政治引入最高法院，動搖了司法獨立於政黨征伐之外的公共信用。此案中羅伯茨首席大法官的協同意見勸告同僚，判決限制人工流產的州法合憲即可，無需大張旗鼓推翻先例，多數並未接受；益顯得積極主義與原旨主義合流，捨棄了極簡主義的智慧。新任大法官甫一上任即以大刀闊斧推翻先例，難怪人們擔心司法陷入黨同伐異的政治漩渦。

此案一出，國會中有不以爲然者，重提當年羅斯福總統祭出法院塞裝計畫以謀對抗。雖未形成氣候，但是已可清楚看到，美國當今的政黨政治已斲喪了司法信用。

否定積極平權入學政策

二〇二三年夏，最高法院再以六票對三票作成引發輿論激烈討論的兩項判決，學生平權入學組織對北卡大學及哈佛大學（*SFFA v. UNC*及*SFFA v. Harvard*, 600 U.S. (2023)），推翻了已有四十五年歷史的加州大學對巴克（*Regents of the University of California v. Bakke*, 438 U.S. 265 (1978)）一案。原案曾有條件地容許大學招生的積極平權措施（可以依照積極比例收學生），現則遭到推翻。理由是數十年來社會更趨平等，大學教育中積極種族平權措施的歷史任務已告完成。此事保守派與自由派間立場分明，社會上的正反意見旗鼓相當，背景仍是揮之不去的種族歧視，在揭發與遮掩的對峙中繼續頑抗。美國社會早已習於擁槍自重，暴力衝突，社群仇恨有增無減。此際最高法院卻又態度決絕地推翻高度受人注目的判決先例，對社會分歧更是火上加油，加速折損了其公信力。這也印證了識者的憂慮，政黨政治已滲入了最高法院。

司法獨立的十字路口

司法至上是美式民主法治絕無僅有的特色，聯邦最高法院即是司法國家的標竿。「聯邦主義文存」第十、四十九、五十一等篇中一再提到，美國憲法崇尚禮讚民主，但也還有共和思想藉助權力分立，包括獨立的司法審判，基於理性思辨對話的程序來保障弱勢的個人（任何個人面對民主裡的多數都是弱勢）基本權利，免受牢固不變的多數所侵犯。此中歷久彌新的憲政至理是，主權在民當然是民主政治的正當性來源，但是民主而缺乏法治，即成民粹；民主仍具有不可測的權力風險，須受憲法控制。這也正是職司個案審判的司法，不能跟隨民意政治或是政黨選舉成敗起舞的制度理性之所在。法院一旦淪爲政黨政治的走卒，形同法治的覆滅；民主的災難恐亦不遠。美國近十餘年的政治發展中，驢象彼此仇視的現象明顯，民粹政治的氣氛濃烈。聯邦最高法院因人事變遷而捲入政治鬥爭的態勢日增，作爲憲政最後防線的司法，公信力日趨下墜，這是美國憲政隱患。

從另一個角度觀察，參與民主治理的政治人物，也是影響決定憲政與法治品質的重要因素。如果連最高法院的大法官也不能抗拒政黨政治傾軋的召喚，這就顯示司法人事的品質倒退。大法官的提名，取決於總統；總統的品質，也就足以影響大法官的品質。但總統的品質，又由選民的品質決定。民主能否維持不墜，決定者仍是人民自己。對於憲政忠誠而不是對於政黨或是政客個人忠誠，是選民必須具備的認識。民主政治的成敗，取決於此；聯邦最高法院的興衰，亦不例外。

第四章　繁中有序的法治：美國司法制度

陳純一

美國的司法制度常被譽爲是司法獨立的典範，一方面與人民的生命、財產和自由的保障休戚相關，一方面制衡行政和立法部門濫用權力。但是如果進一步了解美國的司法如何運作，會注意到它體系繁複，富有特色。例如，聯邦法院與州法院並存；成文法和普通法併用。所以如此，是因爲其歷史背景、政治制度和文化習慣使然。

本文對美國的司法制度提供全面性的簡介。全文首先介紹美國司法制度的基本體系，再分析過去的重要發展，最後觀察未來可能的變化。我先簡單回顧美國歷史和美國憲法的相關規定，這樣才能理解美國法院體系的特殊性。

歷史緣起與憲法相關規定

美國在獨立前的十三個殖民地基本上是沿襲英國的法律傳統，但是又各自因應需要自行立法。獨立後最初是採邦聯制度，依據邦聯條例，各州保留大部分權力。中央不具備實權，主要的中央政府功能都委由國會處理，行政與立法權不分，也沒有國家的司法制度，司法的運作散布在各州。

一七八七年，美國憲法對司法權作了原則性規定。憲法第三條指出，美國的司法權授予一個最高法院，以及國會日後可能制定與設立之下級法院。美國憲法第六條又規定，本憲法、依本憲法制定的美國法律，以及根據美國權力所訂立或將訂立的條約，都是全國的最高法律。所以，各州不得制定違反美國憲法和聯邦法律之州法。不過這並不表示各州的司法體系因此被廢除，而是聯邦法與州法並存。一七九一年通過的憲法第十修正案言明，凡憲法未授予美國，也未禁止各州的權力，皆保留給各州和人民。由於人民日常生活的法律問題大多是屬於州法問題，所以美國大多數的司法案件是在州法院解決。除了憲法之外，一七八九年美國國會頒布的「司法條例」則進一步規定了聯邦法院的組織體系和管轄權。

我們今日所熟悉的美國的司法制度就是在此一歷史背景下，依據美國憲法和「司法條例」的規範下逐步發展。

基本體系

當前美國司法制度的基本體系和特點如下：

雙軌制的法院系統。美國是一個聯邦制國家，但是大多數聯邦國家的法院制度通常審判是由州法院開始，上訴則到聯邦法院。但是美國法院系統不同，它採取的是聯邦法院和州法院並存的「雙軌制」。聯邦法院和州法院相互獨立，同時運作，適用各自的法律，管轄不同的案件和地域。雖然聯邦最高法院是全美國的最高法院，其決定對美國各級各類法院都有約束力，但是聯邦最高法院和各州州法院之間並沒有行政隸屬關係。聯邦法院和州法院並存的原因顯然是受到獨立之初，美國採取邦聯制度的影響，當時司法權是掌握在各州，而不屬於聯邦。

依據美國憲法，聯邦法院和州法院管轄權認定的基本原則是，非屬聯邦法院專屬管轄的案件，各州依舊可以管轄。在刑事方面，聯邦法院可以審理違反聯邦法律的犯罪案件。這些刑事活動範圍廣泛，包括非法輸入毒品、刺殺總統、違反國際法，甚至捕殺非當季候鳥都是。在民事部分，聯邦法院有管轄權可以審理的案件類型主要可以分爲三類：第一類是訴訟一方當事人爲美國的案件，這包括由國會授權的機關或是官員提告的案件。第二類是有關美國聯邦問題的案件，凡是因美國憲法、聯邦法律，或條約所產生爭議，都可以由聯邦法院管轄。第三類是美國不同州公民之間糾紛的案件，也就是爭議發生在不同州的當事人之間，或美國公民與外國或其公民之間，而爭議金額高於七萬五千美金的案件。

美國國會規定聯邦法院有專屬管轄權的案件是聯邦刑事案件、特定海事案件、破產訴訟，以及大多數的專利法和著作權法案件等。州法院不能審理這些案件。大多數的案件，聯邦法院不具有專屬管轄權，所以是聯邦法院與州法院競合管轄。在這種情況下，當事人可以自由選擇向州法院或是聯邦法院提起告訴。

聯邦法院系統在組織上是由地方法院、上訴巡迴法院和最高法院組成。每一個州至少有一個地方法院，但是加州、紐約，以及德州各有四個地院。每一個地方法院至少有一名法官；但紐約南區則有二十八名法官。至於上訴法院則有十三個，其中十一個是以州的地理分界劃分爲巡迴區，第十二個位於哥倫比亞特區，第十三個則是負責聯邦司法巡迴區。上訴法院受理的案件包括巡迴區內對聯邦地方法院、聯邦專門法院和某些具有部分司法權獨立機構判決或是裁決不服的上訴案件。由於最高法院有上訴限制，所以上訴法院實際上爲大多數案子的終審法院。美國最高法院是聯邦法院系統中最高審級的法院。

聯邦同時也有特別管轄的專門法院，如美國國際貿易法院、美國稅務法院等。美國沒有統一的行政法院系統，行政糾紛案件除由普通法院審理外，各獨立機構或是聯邦各部會內也有許多具有審議功能的單位有權受理和裁決，但是它們並不是行政法院。

如上所述，由於按照美國憲法的規定，凡是法律沒有明確授予聯邦法院的司法管轄權時，州法院即可以管轄，所以州法院的管轄權比較廣泛。美國大多數的訴訟都是在州法院系統進行審理。由於各州法院的體制是依照該州的憲法與法律成立，每一州有自己的歷史背景和環境，所以各州法院系統極不統一。一般的架構是由有限管轄權的初審法院、一般管轄權的初審法院、中級上訴法院，以及終審最高法院組成。

管轄權有限的初審法庭占州法院的主要部分，處理大多數的案件。它們名稱不一，常見的名稱有治安法院、郡法院、市法院、小額法院，或交通法院等。這些法院的權限很小，只審理次要案件，如刑事的輕微違法和輕罪的行爲。一般管轄權的州初審法院有稱高等法院、巡迴法院，或是一般性申訴法院等，專門審理比較嚴重的民刑事案件，也可能會接受有限管轄權初審法院，如郡法院的特定上訴案件。至於州上訴法院則是審理不服州初審法院判決的上訴案件，大多數州都有上訴審法院，通常稱爲上訴法院。州最高法院是州的最高審級，在大多數的州都稱最高法院；有些州則有其他名稱，如在紐約州的最高法院稱爲上訴法院。

美國最高法院的運作與司法審查制度。美國聯邦最高法院是唯一由憲法創設的聯邦法院，其他聯邦法院皆爲憲法授權國會立法創設。該法院位於美國首都華盛頓，人數完全由國會決定，目前由九名大法官組成，其中一人爲首席大法官。其功能包括審理聯邦上訴巡迴法院的上訴案件，審理各州最高法院及聯邦法律問題的上訴案件，以及審理憲法規定其可以直接審理的一審案件。審理案件時由九名大法官共同組成合議庭進行審判。

目前最高法院受理上訴案件的主要方式爲頒布移審令，這是指最高法院要求下級法院呈交完整案件紀錄給最高法院複審之命令。是否頒布移審令不是訴訟當事人的權利，而是取決於至少四名最高法院法官的同意。而最高法院法官考量頒布移審令的重點不是糾正下級法院的錯誤判決，而是要解決不同法院之間的歧異見解，或是針對聯邦問題提出解釋。在這種情形下，由於每一件案子都是經過詳細挑選，而且與政策議題相關，所以最高法院審判的案件不多，每年能提供完整判決意見的案件大約在一百件左右。

「司法審查」是經由美國最高法院發展出來的制度，是美國司法的特色。它是指美國法院可以裁判國會的立法是否合於美國憲法，並可以拒絕執行依其判斷違憲的法律。此一原則並非源於憲法的規定，而是由美國最高法院在一八〇三年之馬伯利對麥迪遜（*Marbury v. Madison*）案所確立，並已經被接受爲美國重要的司法原則。此一原則有三個特色：第一，不僅是最高法院擁有司法審查權，美國每一個法院都有司法審查權，不像許多國家，只有特別成立的憲法法院才能釋憲。第二，美國法院審查憲法上的疑義，必須是針對審理具體案件所產生的眞實爭議，而不像世界上有些國家，釋憲的啓動是經由申請方式爲之。第三，法院進行司法審查的原則是法律決定，而非政治考量，所以最高法院常常會強調不處理政治問題。

主要訴訟類型與審判方式。民事與刑事爲美國法院審理的兩種主要糾紛類型。民事案件的爭端主要是在私人間，不過政府有時也可能成爲當事人。民事訴訟案件量很大，但是基本上可以分爲契約、侵權、財產、繼承和家庭五個類型，而訴訟的目的主要是確定法律權利和決定適當的救濟方式。至於刑事案件則是由政府對涉嫌犯下侵犯社會罪行的被告提起刑事指控，例如謀殺。在刑事案件中，法院要決定被告是無辜或有罪。有罪的被告可能被處以罰鍰、入獄服刑、乃至於死刑。

民刑兩種案件類型之舉證責任標準不同。在刑事案件中，若被告「已無合理之懷疑」，則將被宣告有罪；而在民事案件中，對於被告僅需提出「證據優勢」即可。兩種案件的訴訟程序也有不少差異。例如在民事程序中，當事人不享有美國憲法賦予的律師辯護之保障；當事人也不似刑事案件的被告，可以引用憲法第五修正案拒絕作證。

聯邦和大多數州的法院系統都採用三級三審模式。所謂三級，是指法院建立在三個層級上，通常是第一審的審判法院、第二審的上訴法院和第三審的最高法院。此外，雖然有三審法院，但是實際上，在聯邦和大多數州，案子事實上大多只能上訴到第二審，因爲請求上訴法院再審是當事人的權利，但是請求最高法院再審則是由最高法院決定。不過有些州也有不同的規定，例如紐約州就有特殊的上訴規定。

關於審判，第一審一般都採用有一名法官主持審判並作出判決的「獨審制」；至於上訴審法院則普遍採用由幾名法官共同審理案件並作出判決的「合議制」。合議庭的組成人數各不相同，通常第二審上訴法院的合議庭有三名法官；最高法院則是九名。此外，根據案件的種類和當事人的意願，審判有法官審和陪審團審二種形式。

所謂法官審，就是沒有陪審團，由法官單獨進行審判。而陪審團審則是陪審團和法官共同審判，陪審團認定事實，法官適用法律。陪審團審是美國審判制度的特點。在刑事案件，檢察官求刑六個月以上的刑事起訴案，被告有權利獲得陪審團審判。在民事案方面，美國憲法第七修正案規定，在聯邦法院普通法訴訟中，如爭執標的超過美金二十元，當事人有權要求陪審團審判。但是和刑事案件不同，聯邦民事案件的陪審團審判必須由當事人申請要求。美國各州也都採取了民事訴訟的陪審制度。

無論是法官審還是陪審團審，審判進行都是依據當事人對立主義。它的精神是藉由訴訟雙方從對立的角度提出的主張和證據，法官和陪審團才能查明案件眞實情況，並公正地適用法律。因此，當事人對立主義包含二個主要部分：首先是訴訟雙方要分別提出主張和證據；其次是法官和陪審團在考量訴訟雙方的主張和證據後，要認定案件的事實和適用的法律。

除了以上所提，美國刑事訴訟程序還有其他特點，例如聯邦和若干州保留大陪審團審查重罪起訴的制度，非法取得的證據不得採納，以及審判前的認罪協商制度。

法院可以適用的法律。美國憲法、美國國會通過之法律、各州以及行政機關制定之法規都是法院可能適用之「成文法源」。其中，國會雖然依據憲法可以立法，但立法有限制。憲法第一條明文規定國會制定之法律不得溯及既往，也不得徵收出口稅。各州也可自行立法，但是州法不得牴觸憲法和聯邦法。

除了主動立法，國會也可以授權行政機關制定規範，例如食品暨藥物管理局即因國會授權而制定規範，合法行使權力。但是，被授權的行政機關仍須受法院之監督，以確保行政行爲之合法性。美國行政程序法的制定目的就是要規範行政機關在制定規則、裁決違法行爲時，同時並提供當事人尋求司法救濟之途徑。

法院審判時還可以適用「不成文法源」，藉以解決成文法源於特定案件中的不足之處。「不成文法源」主要是源於普通法，這是一個包括數世紀前英國法院判決、慣例與通則之體系，至今仍在不斷發展演進。由於美國各州立法機構通常不會制定適用於所有契約爭議之具體成文法，故普通法在此一領域扮演重要角色。此外，司法判例的重要性不容忽視，由於「遵循先例」原則，法院在判決時，會參考或依據過去法院對法律的解釋，以確保判決有一致性和可預測性。

法官、檢察官、警察與律師。美國的聯邦法院法官由總統任命，但須得到聯邦參議院的批准。州法官一般都由當地居民直接選舉產生。最高法院、上訴法院和地區法院的聯邦法官是終身制，專門法院的聯邦法官是任期制。大多數州的法官都是任期制而不是終身制，任期至少四年。

美國的檢察功能也是分別由聯邦和州平行獨立行使。聯邦檢察系統功能主要是調查、起訴違反聯邦法律的行爲，並在聯邦作爲當事人的民事案件中代表聯邦政府參與訴訟。美國司法部長的職權是雙重的，一方面他是總統和政府的法律顧問，應總統或是其他行政首長之要求而提供法律意見。另一方面，他制定聯邦政府的檢察政策並負責監督司法行政管理，並在少數聯邦最高法院和聯邦上訴法院審理的案件中代表聯邦政府參與訴訟。聯邦檢察系統和聯邦法院系統管轄區一致，每區設一個聯邦檢察官辦事處，由一名聯邦檢察官和若干名助理檢察官組成。美國的地方檢察系統以州檢察機關爲主，由州檢察長（由州選舉產生）和州檢察官領導的機構組成。州檢察官的司法管轄區一般以郡爲單位，他們是各州刑事案件的主要公訴人。市鎮檢察機關是獨立於州檢察系統的地方檢察機關，但並非每一個市鎮都有自己的檢察機關。

美國的警察機關分別隸屬於聯邦、州、郡、市鎮四級政府。聯邦負有警察功能的執法機關分別隸屬於司法、財政、內政、國土安全部和國防部。例如，聯邦調查局屬於司法部。美國各州警察機關依照各州的規定有不同的體制，它們和聯邦政府沒有任何的從屬關係，直接由地方政府領導。

美國律師多是美國司法的特色。在美國，律師資格的授予和管理主要由各州負責。實際上，每個州對律師資格的要求並不盡相同。美國既沒有全國的律師資格考試，也沒有聯邦的律師資格考試，所以在聯邦法院系統的執業律師是通過資格審查才得執業的。而各聯邦法院的規定不盡相同。美國律師的執業形式早期都是單獨開業，現在合夥制是美國律師事務所的基本組織形式。美國憲法修正案規定刑事案件的被告人都享有獲得律師辯護的權利，而且為了保證貧窮被告人得到辯護律師的幫助，美國各州都有由政府設立的公共辯護律師處組織。

晚近的變化

司法案件的數量與類型有別以往。過去二十年，隨著社會關係的演變，美國的法律體系不斷地在變化成長，不論是法律本身、法律人員、法律機構數目，以及司法訴訟案件數量都在成長。不僅是訴訟的數量，就連訴訟類型也在改變。

關於訴訟類型的改變，明顯的變化是在民事。以往案子多與普通契約、租賃糾紛、土地所有權以及遺囑糾紛有關，但是這些案件數量現在呈現下降之趨勢。另一方面，醫療過失與產品責任之案件則已經非常普及。有關性別、年齡、身障、宗教、就業與種族歧視之案件也很常見。會影響整體經濟市場的大型反托拉斯案件和團體侵權訴訟也不斷發生。此外，公法訴訟也在增加，在這種訴訟中，原告通常不再僅僅要求賠償損害，而是要求法院命令公共機構，如監獄、養老院和學校改善其違反法規、憲法權利或行政規定之行爲，不僅僅是單純賠償原告。例如，最高法院曾就關塔那摩灣拘留營被關押人員的人權待遇問題下達判決。換句話說，法院之目標在於試圖改變被告未來的行爲，而非僅追究被告過去的違法行爲。

這種司法案件數量和類型的改變產生下列影響：第一，由於案件種類增加，法院需運用不同程序和規則處理現代複雜型案件，並且希望同一種複雜類型案件能集中於同一法院審理，以避免裁判矛盾。第二，一九九〇年，國會通過了民事訴訟改革法，要求地方法院設計和執行減少民事訴訟成本和延遲的措施，改善民事訴訟制度，降低訴訟的費用和提高效率。第三，美國法院傳統係以對立主義進行審理，亦即使雙方當事人進行攻防，並由法官聽取過程獲致心證。惟爲降低訴訟案件，近期法官也已經在一些情況下，依照職權對於訴訟採取較爲積極的管理。第四，由於訴訟案件之增加，法院進而尋求替代解決爭議之方法以降低負擔，如利用受過培訓之調解人進行協商，或透過仲裁以解決爭議。最後，下列因素擴大了法律人員的就業機會：擴大刑事訴訟被告由律師辯護之權利，對貧民提供法律服務，環境保護勞工就業安全日益受到重視，少數族裔的權益持續被強調。

認罪協商制度廣爲應用。目前，美國州與聯邦絕大多數的刑事案件都不進行審理。例如，依據報導，針對法定刑一年以上有期徒刑「重罪」的審判率，聯邦法院二〇一六年的比率只有百分之二點八。所以如此，是因爲已經透過認罪協商制度取得有罪判決。所謂「認罪協商制度」，是指在審理日期前，檢察官與被告律師已針對被提出的正式指控和可能向法庭建議的刑罰種類達成協商。在這種情況下，法官的工作就是確保法律與憲法規定的程序未受侵犯，而審判也能妥善進行。

美國採取認罪協商制度就是要減少案件量，避免陪審制度所造成審判冗長和資源消耗。對被告來說，認罪協商的優點是避開了較嚴厲的刑罰和減少案件曝光度。對國家與社會整體來說，認罪協商的優點是定罪的必然性，地方檢察官和法官可省下準備審理案件和出庭的大量時間與精力，警察由於不需出庭作證，可以花更多時間防止和解決犯罪。

但是認罪協商制度也有可議之處。首先，認罪協商的結果可能會導致刑罰、案情與懲治罪犯的需要脫鉤，也不容易引起社會對於相關案件的關心。第二，認罪協商有可能讓無辜的人承受認罪的不當壓力。認罪協商的第三個不利之處，是檢察官可能在協商過程中提出比較嚴厲的指控，以期之後在與辯方律師協商時能獲得其欲達成的眞正目標。認罪協商制度的第四個缺陷是能見度不高，檢察官與辯方律師的協商並非公開，過程全憑雙方的道德良心。最後，認罪協商制度使得檢察官不需在法庭提出任何證據或證人，所以即使欠缺符合程序要求的證據，但是由於檢察官的虛張聲勢也可能讓被告定罪。

檢察官在認罪協商制度上，擁有了起訴被告、判斷證據、審判事實、量刑懲罰的司法權力，也還包辦了法官和陪審團的主要功能。

陪審制度重要性下降。從上世紀七〇年代中期開始，美國經由審判裁決的案子一直遞減，最近十幾年更急遽下降。根據統計，到二〇〇八年時，只有百分之一的民事案件經由審判結案。刑事案件也一樣，由於認罪協商制度的普遍應用，未經審判裁決的比率越來越高。審判減少，陪審團的重要性也在下降。陪審團制度的確面臨了一些當初建國先賢們未能遇見的問題，除了上述認罪協商制度外，還有種族對遴選陪審員的影響，隨機挑選的陪審員是否能充分了解複雜經濟和科技的事實，乃至於名人被告和新聞媒體對於陪審團都有深遠的影響。

目前，美國最高法院認爲，依照憲法，各州對於犯下刑罰在六個月以上的被告應給予陪審審判。爲了減少懸而不決與再審的數量，也爲了節省費用，各州分別放寬關於陪審團裁決需是共識決，以及陪審團必須由十二人構成的規定。目前有關陪審團的改革主張有二個重點：技術層面是准許陪審員做筆記，准許陪審員提問，陪審團族群組成應等同當地社區之人口比例。另外，陪審團未必一定要十二人構成。甚至主張所有的民事審判都廢止陪審，完全由法官審理，因爲可以節省訴訟時間與經費，一般公民的生活也不會因爲擔任陪審員而受到影響。

法官的任命與意識形態分歧。美國聯邦最高法院是美國憲法的最終解釋者，大法官由總統提名，享有終身任期。它固然享有盛譽，但是也有結構性問題。首先是法官組成缺乏代表性及多元性，以白人男性爲主，年齡多集中在六十歲以上至八十歲，多爲美國名校畢業，職涯路徑雷同，形成菁英文化。其次，法院黨派色彩越趨濃厚，小布希政府任命了數名保守派法官至聯邦法院，這些法官的觀點對於法律解釋和司法決策當然會產生影響。川普政府在他的任期內也任命了三名聯邦最高法院大法官和許多聯邦上訴法院和地區法院的法官，而這些法官通常傾向於保守立場。目前聯邦最高法院保守派和自由派大法官人數分別是六位與三位。

美國正面臨著建國兩百多年來最爲嚴重的兩極分化，整個社會在種族、教育、槍枝管制、婦女權益等各種問題上存在著根本性的分歧。希望經由司法體系解決分歧的想法可能無法達成，因爲法官們會根據自己的意識形態和政治立場解釋憲法。事實上，最高法院的判決常常就是分歧的導火線，例如二〇〇〇年美國大選，最高法院關於是否重新計票的判決，決定了小布希的總統資格。二〇二二年，美國最高法院有關女性墮胎權的判決，明顯是受到保守派大法官的影響。

各州司法之改革。美國各州法院由於受到立國精神的影響，不但審判業務獨立，而且司法行政亦不受其他機構監督，其結果爲法院組織富於多元性，過於複雜，管轄權又常重疊衝突，欠缺效率，不能有效運用司法資源。

在這種情形下，過去各州都厲行改革，想改進司法行政效率，並簡化審級過多的法院組織。改革重點之一是整合郡層級的下級法院，裁撤或合併治安法院等下級法院，建立一個全州三級制的法院系統。重點之二是強化各州最高法院的地位，縮減下級法院之職權，增加各州最高法院的司法行政監督權，並讓各州最高法院有權制定司法行政管理的統一規則，換句話說，是將司法行政從地方控制移歸到各州最高法院集中管理。重點之三則是司法財政預算單一化，州最高法院可以參與預算的過程，法院預算的分配是州的事務，不再由地方層次辦理。

除了以往的司法改革，各州現在關心和進行的項目包括：第一，採取措施避免極端量刑或是量刑過高，例如華盛頓特區通過法案，取消量刑下限、降低最高刑期。第二，改善種族不平等，例如加州允許若受刑人認爲其案件含有種族偏見，可向法院申訴並尋求救濟。第三，監獄行政是各州普遍關心議題，有些州採取措施，避免過多人員因違反關於緩刑和假釋的技術性規定而被監禁，例如佛羅里達州和奧克拉荷馬州。或是避免因爲美國「毒品戰爭」而導致急遽增加的監禁人數，例如肯塔基州立法允許非暴力犯罪的藥物濫用者，在特定條件下暫停案件執行，進行治療。但是也有些州反而擴大監獄服刑的範圍，例如印第安納州通過法案取消輕罪犯可關押在看守所而非監獄的規定。田納西州通過法案規定百分之八十五的服刑時間不可減免。

展望與結論

美國司法制度面臨許多問題，其中包括對犯罪者施加過度的刑罰、監獄擁擠、對少數族裔存在系統性的種族不公、錯誤定罪、有些人請不起律師，使得審判公正性受到影響。還有大數據和技術的迅速發展可能導致司法系統對個人隱私的侵犯。監獄和拘留設施的不良條件可能違反人權。部分地區的法院系統負擔沉重，導致許多案件拖延。

關於上述問題，如果本質上較不具爭議性，又不需要國會與總統採取行動，改變的可能性很高，例如提供各州刑事審判中的貧窮被告律師服務的判決被廣爲接受。另一方面，司法制度的基本原則不會改變，例如訴訟的當事人對立主義，陪審團制度，對於正當程序的要求，司法獨立的確保都不會變。至於希望重塑聯邦最高法院結構，限縮極端意識形態法官的影響力的想法，則很難推動。

由於特殊的歷史形成背景，和精心設計的三權分立政治制，美國司法制度的獨特性很難被模仿。不過美國的法院絕非萬能，對其期望過高有點不切實際。正如羅森伯格（Gerald N. Rosenberg）教授所指出的：「要求美國法院創造重大的社會變革，就等於忘記它們的歷史和忽略它們所受到的拘束。」

第五章　關鍵時刻：美國政黨政治的極化與民主危機

王德育

美國政治體系一向都被視爲是民主世界的典範。在聯邦體制下，美國兩黨政治的運作良好，加以雄厚的經濟力量，以及強大的軍事實力，使得美國成爲第二次世界大戰後的超級強國。自一九九〇年代初期以來，美國政治逐漸趨向兩極化。不論是政治菁英或是一般選民，在各項議題上分歧嚴重，彼此越來越沒有妥協的空間。這種政治極化的現象充分反映在美國政黨政治的運作上。

本章說明美國政治的極化，並探討其對政黨政治運作的影響。下面的討論先從制度上介紹美國的政黨，然後探討美國政治極化的現象，最後討論政治極化下美國民主政治的隱憂。讀者應注意的是，雖然美國兩個主要的政黨都呈現極化的趨勢，但是學術研究，主流媒體的報導與民調資料都顯示，共和黨極化的情勢以及其反民主的趨勢都比民主黨來得嚴重。所以下面的討論著重在共和黨的極化趨勢，以及美國前總統川普在這個過程中所扮演的角色。

美國的政黨體系

政黨是美國政治體系中不可或缺的組織，但是美國憲法對政黨毫無著墨。這是因爲美國的許多開國元勳都對政黨戒愼恐懼，希望政治運作不要有政黨或派系。他們認爲，像美國這樣一個新興的國家需要團結，擔心政黨紛爭會造成分裂。雖然如此，政黨政治仍然在美國發展起來。而形成當今以民主黨與共和黨爲主的兩黨體系。

美國的政黨屬於柔性政黨，不是剛性政黨。大體來說，剛性政黨的政綱與黨紀都很清楚嚴謹，具有一貫性。黨員入黨需經過登記，有些還必須經過考核甄選。黨員的權利與義務在黨章中有清楚的規定。中央與基層組織架構明確，上下的職權清晰。例如，台灣的民進黨與國民黨都屬於剛性政黨。相反地，柔性政黨的黨章與政綱都較模糊，欠缺一貫性。每次選舉時因爲選情的需要就會改變。柔性政黨的黨紀也很鬆散，沒有黨員登記制度，所以也沒有固定的黨員。美國選民在任何時候都可以宣稱自己是屬於某一個政黨，參加該黨的初選。選民的政黨屬性純粹是個人主觀上的認同。聯邦與各州地方黨組織的關係也較爲鬆散。所以美國的政黨原則上只在選舉期間活動，成爲動員選民的工具。這也就是爲什麼美國的政黨一般都稱爲是一部選舉機器。

正如台灣以藍綠來辨識國民黨與民進黨，美國則以紅色與藍色來區分共和黨與民主黨。通常在共和黨有高支持度的州被稱爲「紅州」，而民主黨有高支持度的州則稱「藍州」。例如，美國南方的德州、田納西州，以及中西部的堪薩斯州通常被歸類爲「紅州」。美國西部的加州與華盛頓州，東北部的紐約州與新澤西州，與中西部的伊利諾州則爲「藍州」。另外，還有少數州因爲近來兩大黨的得票率都很接近，沒有哪一黨擁有壓倒性的支持度，以致選舉結果難定。例如賓州、密西根州、與威斯康辛州，則被稱爲是「搖擺州」，或是「紫州」。自一九九〇年代初期以來，美國政治逐漸形成兩極化的現象，長期以來紅藍分明，這種極化的現象充分地反映在政黨的運作上。

政治極化與美國政治

每一個社會因爲歷史、文化或族群的原因，都存在一些具有爭議的事情。社會大眾因爲對這些事情有不同的立場，從而產生政治上的對立。這些相對立的政治立場就是一般所稱的「政治分歧」。例如，陳水扁總統執政時期的「台灣人／中國人」認同問題，以及當下的兩岸政策，都是台灣社會中重要的政治分歧。雖然政治分歧給人一個分裂的印象，但是對於民主政治的影響並不必然都是負面的。如果選民同時隸屬於數個不同的群體，在這種「相互交錯」的群體中，成員在不同的議題上，會採取不同的立場，人與人之間的利益會重疊，彼此的衝突因此不會太激烈。但是，如果社會大眾對一些具有爭議的事，完全跟隨著某一個意識形態或某一個政黨採取立場，社會上就會形成「我群」對「他群」的對立現象。當對立的傾向越來越嚴重時，就產生了政治極化的問題。

政治極化可以分成兩個層面。一個層面是在政策或意識形態上的對立，另一個層面是在情感上的對立。前者嚴重對立的結果，是在各項議題上越來越沒有政策妥協的空間，容易形成政治僵局。後者嚴重對立的結果，則對不同立場的人或群體，會有厭惡感，甚至產生敵意。輕者是彼此避免互動，老死不相往來，影響社會和諧；重者會發生暴力行爲，造成社會與政治的不安定。

在一九九〇年之前，美國民眾大多認同或隸屬於數個不同的群體。例如，一位住在美國南方保守地區的白人，也可能會支持立場屬自由派的民主黨候選人。可是自一九九〇年以後，美國社會中發展出若干極具分化性的議題，包括槍械管制、婦女的墮胎選擇權、氣候變遷與移民問題。大體來說，民主黨主張文化的多元化、族群平等與大有爲的政府。因此，民主黨主張要立法維護婦女的墮胎選擇權，保障同性婚姻權；主張以各種措施來降低社會裡的貧富不均現象，並保護外來移民；主張立法管制槍械，以維護社會安全；並採取積極的措施以面對氣候變遷對人類社會所產生的挑戰。這些是一般所稱的「自由派」政策立場。共和黨則注重個人的責任與自由，強調市場機制，主張要降低政府的管制，並注重基督教的價值觀。共和黨反對婦女有墮胎的選擇權，反對同性婚姻，認爲這麼做違反基督教的教義。因爲強調個人的自由與責任，共和黨反對政府管制槍械，主張削減或取消社會福利措施，也反對移民。這些是一般所稱的「保守派」的政策立場。在過去幾十年中，民主與共和兩黨的選民與政治人物在許多議題的立場上，相距越來越遠。雖然如此，研究顯示共和黨在過去十年中比民主黨變得更爲極端，而且反民主的趨勢也越來越明顯。

因爲兩大政黨在這些議題上採取截然不同的立場，美國民眾大多以兩黨的立場爲其本身的立場，對議題的看法便化約成對民主黨或共和黨的認同。當議題的極化轉化成政黨認同時，便形成目前政黨壁壘分明的現象。以致學界以「惡性的極化」來形容美國的政治。學界對美國政治極化的形成，主要有兩種解釋。第一種解釋是從經濟面。在全球化的過程中，許多教育水準低與工作技能差的美國人，成爲被遺忘的一群人，他們並沒有享受到全球化所帶來的好處。相反地，經濟的不平等與不安全感，以及相對剝奪感，讓他們覺得其困境乃是當前政治人物所造成的。所以他們反對既有的體制。他們也認爲其困境是外來勢力所造成，所以仇外情緒高漲。

另一個解釋著重在文化與認同的對立。近年美國社會中的文化與族群都有很大的變化。特別是年輕一代的美國人，對同性戀、性教育、環境保護、氣候變遷等議題，都抱持較開放自由，甚至是激進的觀點。美國社會中的族群也日趨多元化。抱持這些觀點的人多支持民主黨，甚至會支持該黨裡的激進派。但教育水準低，老一輩的白人與男性則厭惡這些自由或激進的觀點，覺得傳統的基督教價值與生活方式受到威脅。所以這些人特別能接受極右的說法，也特別會支持極右的政治人物。

下面將以幾個例子來說明美國政治極化的現象。

首先是婦女的墮胎選擇權。婦女的墮胎選擇權可以說是美國社會中最具爭議的議題。美國憲法並沒有明確地規定婦女是否有墮胎的權利，婦女的墮胎選擇權是聯邦最高法院在一九七三年的柔伊對韋德（*Roe v. Wade*）判例中確立。在後來長達半世紀的年代中，美國婦女的墮胎選擇權受到憲法的保障。但是該判例也引發了社會長期的爭議，正反雙方，僵持不下。二〇二二年六月，美國最高法院在保守派法官的支持下以六比三的比例，推翻柔伊案的前例，裁決墮胎並非聯邦憲法賦予的權利，將婦女是否有墮胎的選擇權交給各州自行立法決定。其結果是各州各行其是，許多民主黨主政的藍州繼續保護婦女墮胎的選擇權；共和黨主政的紅州則立法限制或禁止墮胎。

聯邦最高法院的這項裁決，讓已有數十年紛爭的墮胎問題，在美國社會中再度形成一場文化戰。正反兩派意見與政黨認同高度相關。高達百分之七十八的共和黨人贊成推翻柔伊案，限制婦女墮胎權。但是民主黨與獨立選民則分別只有百分之十七與百分之三十八贊成推翻柔伊案。在柔伊案被推翻後，立即準備實施墮胎禁令的都是共和黨支持者居多的

「紅州」。因爲墮胎權是極具爭議的議題，婦女墮胎選擇權便成爲民主黨凝聚基本盤的重要議題，也在美國二〇二二年的期中選舉中，發生了極大的影響力。一般觀察家相信，婦女的墮胎選擇權仍會在美國二〇二四年的大選中，扮演重要的角色。

第二個例子是槍械管制。除了婦女墮胎選擇權以外，另一個在美國社會極具分化性的議題是槍械管制。根據估計，美國有三點三億人口，但是民間卻擁有三點九億支槍。美國憲法第二修正案保障公民持槍的自由。因此人民可以合法持有槍枝，取得方式也很容易，使得社會中槍械普遍。根據一份二〇二三年調查估計，全美有百分之三十二的成人擁槍，而且共和黨選民（百分之四十五）擁槍的比例是民主黨（百分之二十）的兩倍半。

槍械普遍的結果是，美國社會中與槍械相關的暴力事件，層出不窮，案件發生的頻率，居世界之冠。尤其是近年突擊式的自動步槍，深受擁槍人的喜愛。這類槍枝，稍加改裝後就可以連發。配上可以裝十發子彈以上的大型彈匣，殺傷力驚人。這使得美國近年四人以上受傷或死亡的「大規模槍擊案」暴增，已從二〇一八年的三百三十六件上升到二〇二二年的六百四十七件。截至二〇二三年十月初，這些案件數量已達五百三十三件，平均每天都有大約兩件大規模的槍擊案發生。發生在學校的槍擊案也逐年增加。在這些槍擊案中，受害者從小學一年級的幼童、國高中生、中小學老師，到大學教授，無一倖免。截至十月二十七日止，全美二〇二三年因槍而死亡的總人數已超過三萬五千人。

雖然最近的調查顯示，百分之六十的美國人認為槍械暴力事件是當下很嚴重的社會問題，但這是否是因為槍械取得容易所造成的，則看法分歧。認同共和黨的人與認同民主黨的人，在這問題上的差別很大。大部分認同民主黨的民眾（百分之八十五）主張禁止販售突擊式的自動步槍與大型彈匣。但是認同共和黨的民眾，超過半數（百分之五十四）反對。因為許多共和黨議員來自的選區有大量的擁槍選民，為了贏得黨內初選，獲得提名，他們大多反對管制槍械的法案。此外，美國「全國步槍協會」是重要的保守勢力。該協會大量捐款，遊說共和黨議員，反對槍械管制法案，以致任何管制槍械的法案，幾乎都無法在國會通過。

美國在二〇二〇年舉行了總統大選，當時在任的總統川普代表共和黨，與民主黨的拜登競爭。美國總統是以選舉人團推舉，其方式是由各州公民先選出該州的選舉人，再由選舉人代表該州投票，選舉勝負是以多數決來決定。結果川普以二百三十二張選舉人票對拜登的三百零六票敗選。選舉過程競爭激烈，雖然拜登在若干州僅以些微票數勝選，贏得選舉人票，但是拜登在全美總選票數上大勝川普七百萬票。

民主政治中，選輸的人公開認輸，並表示支持勝選者，不僅顯示民主風度，更重要的是揚棄競選期間的紛爭，將國家社會重新團結起來，同時也給予勝選者合法性，以利民主政治的運作。美國歷屆大選的候選人都遵從這一個憲政傳統。但是，川普在二〇二〇年大選後，不僅不願認輸，還一直以不實的言論，或指控美國行之有年的選舉制度不公，或指控拜登陣營選舉舞弊。在大選剛結束後，川普陣營以各種手段企圖改變選舉結果。例如，川普親自打電話對喬治亞州州務卿施壓，要他想辦法「找到」足夠的選票以翻盤，但被該州州務卿拒絕。川普又要求副總統彭斯，在主持選舉人團開票時，判決投給拜登的選舉人票無效，然後以另一組支持川普的選舉人名單取代，但也爲彭斯拒絕。川普陣營又不斷提出選舉訴訟。在六十幾個訴訟案子中，或是川普陣營最後自行撤告，或是被法院判決敗訴。然而，川普仍不斷鼓動其支持者，宣稱拜登陣營舞弊，「偷了選舉」。最終造成其支持者在二〇二一年一月六日選舉人團在國會開票日，集體攻進國會大廈，企圖阻止拜登當選。結果造成國會開票中斷，並有數人死亡，一百多位員警受傷的事件。事後川普受到彈劾。因爲彈劾案需三分之二參議員的支持，門檻很高而未能通過，但美國眾議院「一月六日調查委員會」主席湯普森（Bennie Thompson）形容該事件是川普所主導的「不成功的政變」。事件發生兩年後，已經有上千人因而被捕起訴判刑。幾位川普的律師也在起訴後認罪。川普本人也因不當涉入喬治亞州選務，而爲該州檢調當局起訴。

雖然拜登最後順利就職，但是川普仍不斷宣稱選舉不公。不過，這些具有爭議的選舉結果都經過重複驗票後確認。川普執政時的司法部長也出面證明選舉過程沒有舞弊，結果正當。所以，美國主流媒體多以「大謊言」來形容川普及其支持者「停止偷竊選舉」的不實說法。在一個政黨認同極化的美國社會，川普的說法深深影響了共和黨選民。二〇二〇年選舉結果的爭議於是成爲美國社會中一個嚴重的分歧。民主黨的選民與共和黨的選民，對選舉結果有截然不同的看法。

上面的討論顯示，美國政治日趨極化，但是共和黨的極化尤其嚴重，並牢牢地爲川普與支持他的政治人物所掌控。

美國的民主危機

歐洲一個研究機構最近在一篇報告中，將美國列入「民主倒退」的名單。「民主倒退」是指一個經由正當程序選出的政府，以各種方法逐漸侵蝕與破壞民主制度、規章與傳統。民主倒退與政治極化有密切的關係，因爲當社會氛圍充滿了不信任，當權者就會利用機會，以各種合法或不合法的手法擴張權力。這篇報告將美國最近「民主倒退」的責任放在川普身上。報告指出，川普對美國二〇二〇年大選不實的指控，是美國民主史上的重要轉捩點。川普的謊言使得美國民眾對選舉制度及二〇二〇年總統大選的結果產生懷疑。

嚴格說來，美國政治極化與民主退化早在川普競選總統之前就已經開始。一篇研究論文以五十一項指標檢驗美國各州從二〇〇〇年到二〇一八年的施政，發現共和黨執政的州，其民主施政顯著地退步。這個趨勢始自二〇一〇年選舉。當時共和黨在州長與州議會的席次上，大有斬獲。然後利用其政治優勢，以選區重劃及更改選舉法規的方式，弱化了民主制度。這顯示共和黨不惜以弱化民主的方式，以達掌控權力的目的。在這個過程中川普確實扮演了一個催化劑的角色。學界與美國主流媒體對川普在美國政治上的影響，有深刻的研究與報導，這些研究與報導有下面幾個重點。

第一，川普的謊言。根據華盛頓郵報的統計，川普在任四年一共發表了三萬零五百七十三個不實言論，平均每天說了二十一個謊話，這顯示川普說謊成性。因此，美國新聞界常以「習慣性說謊犯」、「連續說謊犯」，或「病態說謊犯」來形容川普。一些極右的媒體也助長了川普謊言的影響力。例如，在二〇二〇年大選後，福斯新聞的若干政論節目主持人，大力附和川普的謊言，並報導兩家投票軟硬體公司作票的不實新聞。雖然三年後，福斯新聞以近八億美元的賠償金額與投票科技公司在法庭外達成和解，證明了福斯新聞的報導有誤，但是已對美國的政治造成不良的影響。

因為川普不實的說法，使得美國社會存在兩種「事實」。也就是除了基於現實的「事實」外，還有川普及其支持者所散布的「另類事實」。以致共和黨與民主黨民眾對事實的看法，南轅北轍。

第二，川普對美國選制不實的指控。為了了解川普說謊習慣對美國政治的影響，學界特別研究了他對二〇二〇年大選不實的指控。例如，一篇以〈川普及其謊言〉（Donald Trump and the Lie）爲題的文章，作者發現百分之六十的共和黨選民（或四分之一的美國民眾）受到川普「大謊言」的影響，認爲選舉有舞弊不公的情形，所以這些共和黨選民認爲拜登不是一個合法的總統。而且他們對拜登負面的看法還很不容易改變。結果川普雖然在二〇二〇年總統大選敗選，卻深深掌控共和黨，在黨內的支持度高居不下。許多共和黨政治人物爲了自己的政治前途或是身家的安全（避免川普支持者的暴力脅迫），對川普的不實指控，或者閉口不言，或是公開與川普唱和，以獲取黨內選民的支持。那些批判川普的共和黨黨員，或是受到黨內的排擠〔如伊利諾州的金辛格（Adam Kinzinger）〕，或是在黨內初選敗選，爲支持川普的政治人物所取代〔如懷俄明州的錢尼（Liz Cheney）〕，或者加入「反川普」的勢力〔如共和黨參議員隆尼（Mitt Romney）〕，形成劣幣驅逐良幣的現象。

整個共和黨也產生質變，成爲一個極右政治人物所掌控的政黨。極右派的議員在共和黨國會黨團的運作上，有很大的影響力。例如，隸屬共和黨的國會議長麥卡錫（Kevin McCarthy），在二〇二三年十月三日在支持川普的國會議員動議下，成爲美國歷史上首位被罷黜下台的議長，而且是由共和黨議員提案發動的。其原因是因爲麥卡錫與民主黨國會議員協商，就政府撥款達成協議，引起極右派國會議員的不滿。麥卡錫的罷黜顯示共和黨本身變得更爲極端，反映出美國政治更爲極化的現象。這也顯示美國民主政治運作的困境，因爲政黨間的協商，應是民主政治運作的常態。但是當其中一黨拒絕妥協，甚至不惜打破歷史傳統，在國會集會的會期中，罷黜本黨國會領袖，對繼任人又無共識，形成政治僵局。美國國會有長達三週的時間，沒有議長。以致許多重要國是，都延宕未決，對美國內政與國際社會（例如對以色列及烏克蘭的軍援撥款）的影響很大。

第三，川普鼓動暴力。民主政治與極權政治的一項重要的差別是，民主政治中的紛爭是以討論與協商來解決，而極權政治往往訴諸武力。政權的和平轉移是民主政治的重要特質。美國政治極化的另一個結果是，有越來越多美國民眾認爲政治上的爭議是可以用暴力來解決。這個趨勢涵蓋共和黨、民主黨與中立選民。不過，有將近四分之一的共和黨選民願意以暴力解決政治紛爭，比民主黨選民的比例多了一倍。川普在這方面又扮演了一個重要的角色。他除了散布不實的消息外，還與極右暴力團體保持關係，也經常在選舉造勢大會或社會媒體上，公開鼓勵其支持者施暴於反對者。一個著名的例子是民主黨的密西根州州長惠特梅爾（Gretchen Whitmer）所受的威脅。因爲她在新冠肺炎期間，施行一系列的防疫措施，引起極右團體的不滿。川普並在社群媒體上以英文大寫字體「解放密西根」，鼓動極右團體的反政府行爲。結果一群極右份子密謀綁架，並意圖殺害惠特梅爾。這些人現已被捕起訴，但川普兩手一拍，不干他事。

在川普鼓動之下，共和黨的政治人物也同樣受到極右團體的暴力威脅。川普常將反對他的共和黨政治人物標列爲「RINO」（Republican in Name Only；相當於台灣「藍皮綠骨」或「綠皮藍骨」的說法）。這些政治人物通常會收到騷擾或死亡威脅。例如，川普在任時的副總統彭斯，因爲不願與川普合作，違法推翻二〇二〇年選舉結果，而被攻進國會大廈的民眾標示爲「吊死」的對象。前面提及的兩位共和黨眾議員，錢尼與金辛格，因爲拆穿川普的謊言，其本人與家人也受到很多死亡威脅。

川普就任時，有刑事與民事的豁免權，但離職後，官司纏身。除了若干民事案件外，川普還面臨一系列聯邦與州的刑事起訴，起訴罪名合計達九十一項。川普成爲美國歷史上第一位被刑事起訴的前總統。川普在被聯邦與州檢察官起訴後，在社會媒體上以英文大寫發文稱「你對付我，我也會對付你」，顯然在威嚇執法人員，或法庭作證的證人。聯邦法官因此下令禁止川普發表威脅的言論。在本文撰稿期間，川普已兩次違反封口禁令，被法官罰款。這些例子顯示，共和黨支持者，在川普的鼓舞下，不顧憲政傳統，願意以暴力來達到政治目的。雖然川普與其支持者的作爲是違反民主規範，但是截至目前爲止，共和黨領袖都沒有公開發言聲討。

結論

自一九九〇年代初期以來，美國民眾在許多議題上的看法，南轅北轍，使得美國政治的極化現象，越趨嚴重。因為兩個大黨在許多議題上，採取截然不同的看法，許多選民大體以政黨的立場為其本身的立場，以致議題的極化逐漸化約成政黨的對立。研究指出，政治極化的結果是，執政的政黨會極盡所能地防止另一政黨取得權力。為達此一目的，執政黨往往會不擇手段，導致民主的退化。這說明了為什麼共和黨執政的州，其民主施政顯著地退步。

雖然前面的討論彰顯了共和黨的極端化，但是這不表示民主黨就未極化。民主黨內也有極左的激進派，不過民主黨極化的程度比共和黨小得多。民主黨的政治人物與選民大體遵守憲政規範，沒有以謊言塑造「另類事實」，也沒有鼓吹暴力。這也是為什麼學術界對美國政治極化的研究，多聚焦在共和黨及其對美國民主退化的影響。只是展望未來，在政治極化的情形下，為了鞏固本身的選民，美國兩大政黨不太可能採溫和的中間政策。當兩黨都往極端方向發展，其政治人物與選民更可能會妖魔化對方，以致雙方更無合作的空間。尤其二〇二四年美國總統大選仍是川普與現任總統拜登再度對決。但是拜登因為年紀的關係（八十一歲），聲望不佳，支持度不高。所以川普仍有再度當選的機會，美國許多有識之士，對這個情勢都表示擔憂。川普也明說了，他如果選上總統，不準備支持憲法。

但是，美國民主政治的前途並非毫無希望。川普所主導的「不成功的政變」，是一些政治人物及執法人員在重要時刻，把守關卡，擁護憲法，而使之瓦解，維護了美國的民主體系與傳統。這也顯示出美國民主制度的韌性。但是當下極化的政治態勢，無疑對美國的民主體系形成重要的挑戰。如何紓解極化的現象，尤其是共和黨的極化現象，是美國政治上的當務之急。

第六章　團結小我影響大我：美國的利益團體

高朗

利益團體亦稱壓力團體（pressure group），指擁有共同關懷與利益的一群人，組織起來，試圖影響政府決策，以維護促進其利益。

利益團體與政黨不同。利益團體不想執政，只對特定議題，試圖影響政府決策。相對地，政黨以執政爲目標，關心的政策廣泛得多。

二百多年前，托克維爾（Alexis de Tocqueville）在《論美國的民主》書中，對美國市民社會出現各種自發性的村鎮組織、社會團體，印象深刻。他認爲這些團體形成的力量，有效制衡政府權力。換句話說，托氏年代尚無利益團體稱呼，卻從美國憲法之外，透視實際權力運作，驚訝於美國人善於結社，形成社會約制國家的現象。

美國憲法未提及利益團體或政黨。美國開國總統華盛頓，對派系及其後萌芽的政黨極度憂慮。卸任時，華盛頓苦口婆心警告派系政治可能造成對抗，分裂國家。華盛頓認爲公共利益是整體的、不能分割的，派系或政黨代表局部利益。然而，美國政治隨後發展，卻與華盛頓想法背道而馳。

美國憲法起草人麥迪遜也擔心派系損及多數人權益，然而麥迪遜不主張禁止派系活動。他認爲派系是隨自由存在的，就像空氣與火的關係，消滅派系如同消滅人民自由。於是麥迪遜主張管控派系帶來的負面後果。他傾向透過共和政體，不同利益的相互牽制，舒緩派系問題。當年美國沒有政黨或利益團體名稱，但與建國先賢所稱之派系頗爲類似。利益團體代表的僅是部分人或少數人利益，如任其擴大，不予以平衡，將損害美國民主體制。美國開國先賢的憂慮，迄今仍然是美國民主政治的核心議題。

利益團體種類

美國有多少利益團體？很難有確切的數字。依據一些粗略統計，美國各式各樣的民間組織約一百五十萬個，其中屬於利益團體約二十萬個。目前僅於華府註冊的遊說團體有二萬五千多個。從建國歷史看出，美國地方自治根基穩固，源遠流長，民眾結社風行，隨著經濟發展，各種利益團體應運而生，彼此競爭，試圖影響從聯邦至地方政府的決策。

美國利益團體的種類，學者有不同分類，有的依據產業別，分爲農業、工業、商業等利益團體；有的依據組織化程度，分爲結社型與非結社型；也有根據利益團體是尋求公共利益或私利加以區分。以下我把利益團體簡化爲四種：

第一是代表特定利益的團體。該利益團體代表特定產業別，如商業、農業、教育、勞工等，目標明確，擁有眾多會員或支持者，財力雄厚，遊說力強。這些產業還可以細分次級類別，從聯邦至地方，常看到它們活動的身影。例如，常被提及的美國槍枝協會，積極捍衛人民擁槍的權利，反對任何管制槍枝的立法活動。美國槍枝氾濫，聞名於世，每年在校園、商場、教會濫射事件層出不窮，但在槍枝協會有力干預下，立法管制槍枝困難重重。歐巴馬總統任內曾敦促國會修法以加強管制槍枝，然至離任，未見進展。

此外，美國商會是倡導美國企業利益的遊說團體。美國勞聯—產聯（AFL-CIO）與策略組織中心（Strategic Organizing Center, SOC）是全美最大的兩個工會，致力維護勞工福利，關注移民、全球化等議題。美國地產經理人協會成員約一百五十萬人，主要維護地產商利益。這些利益團體勢力龐大，主要爲私利，影響政府的決策。

第二種是捍衛價值或公益的利益團體。這些團體的驅動力來自價值觀及對公共議題關懷。受到信念影響，對於什麼是好的社會？何種公共政策對人們福祉有利或造成傷害？有根深蒂固的看法，並且積極捍衛、推廣他們的理念。

他們爲的是公益，此類團體包括環保團體、人權團體、藥物與食品議題團體、種族與移民議題團體、動保團體等。它們的規模與財力，遠不如基於私利組成的利益團體，組織也較鬆散，往往聘不起專業遊說人員（主要是律師或退休的國會議員、政府官員）。即使如此，也有實力強的團體，能在華府設立總部，例如山巒俱樂部（Sierra Club）爲著名自然保護團體，會員超過百萬人。在華府實力強勁。

第三類是政府部門，可稱之爲體制的利益團體。現代國家官僚體系龐大，人員、預算驚人。政府部門總傾向擴大預算編制，舉凡不利的政策或法案，政府部門皆會運用各種手段抵制，故可視爲利益團體。由於政府機關掌握龐大資源與獨占訊息，遊說能力也比體制外的利益團體強。例如，美國國防部握有大筆國防預算，常用各種策略，強調外在威脅，抱怨裝備不夠，試圖說服國會支持各項武器研發。冷戰期間，美國軍方與情報單位常誇大蘇聯軍力發展，獲得大量預算。冷戰結束後，才發現國會得到的這些訊息並不正確。

各種利益團體間也會結盟，譬如美國武器承包商與國會及國防部的關係非常密切。武器承包商會聘請遊說人員，積極發展與國會議員的聯繫。選舉時，對特定國會議員捐款或將工廠設於支持議員的選區，增加就業機會。它們也與國防部關係密切，承包商可以吃下相當比例的國防預算。因而形成國防單位、軍火商與議員的利益聯盟，亦即「軍工複合體」，非常有影響力。美國總統艾森豪於離職演說中，對軍工複合體表達顧慮，強調「須防止軍工複合體取得不正當的影響力」、「防範這種組合危及我們自由與民主的進程」。幾十年過去了，美國政治的發展完全應驗艾森豪的擔心。此外，美國地方城市或州立大學爲爭取預算，也聘請公關公司，幫忙向政府遊說。

第四類別是脫序的利益團體。這類團體形成是因某種公共議題，引起民眾抗議，群聚而成的團體。這類利益團體目標單一，往往走向街頭抗爭，目標達成後，隨即消失。其中常被提及的是一九六〇年代反越戰團體，連續幾年，如火如荼地抗爭遊行。但自美國從越南撤軍後，這些團體就退出了公共視野。

脫序型利益團體在社會急遽變遷中，很容易出現。利益受損的產業及工人被逼上街。近年美國不少企業爲利潤，持續將產業外移，造成製造業空洞化，產業工人心生怨忿，此與二〇〇九年，占領華爾街運動，關聯不小。

美國利益團體數目眾多，這些團體代表誰的利益？影響力如何？調查顯示美國利益團體的影響力差距懸殊。有影響力的多爲有錢公司成立的，其成員的教育程度較高，經濟條件較好。社會弱勢團體則欠缺資源，動員與遊說能力不足。由此產生一個問題，利益團體間的競爭能否反映社會各種利益？是否有些利益因爲缺乏代言人，長期受到忽略？或弱勢團體無法與優勢利益團體競爭，形成社會不公平。

利益團體對民主利弊

利益團體對民主政治是好是壞？主要有兩種不同觀點，一是多元主義的觀點；另一爲菁英主義的觀點。

多元主義認爲利益團體活動是美國政治不可或缺的一部分。政治學家大衛・杜魯門（David Truman）認爲利益團體間的競逐導致政治的衝突，如果要了解政府的決策，須了解這個利益團體的特質與活動。

多元主義就是民主社會的本質。社會中每個人都有他依附的團體，這些團體分布於政治體系裡，彼此競爭、妥協，公共政策產出是利益團體競爭的結果。從多元主義角度，民主社會非由特定團體控制，而是各種不同類型團體相互競爭，透過議價過程，以達影響政策目的。換句話說，利益團體有匯聚、代表成員利益的功能，其存在其實反映社會多元面貌。政府責任是建立公平競爭的遊戲規則。另一著名的政治學家羅伯・道爾（Robert Dahl）即認爲多元政體是接近理想的民主政體，其競爭與包容的特質，可以緩和利益團體造成的弊病。這也增強了利益團體在民主體制下的正當性。

菁英主義則持不同看法。這派看法認爲即使實施民主，統治者依然是少數，這些菁英可能是家族、政黨或派閥，擁有充分的政治資源，得以取得和維繫政治權力。民主與獨裁都是少數人在統治，區別是政治菁英取得和維繫權力方式，有所不同。

美國幾個有名的政治家族，如羅斯福家族、甘迺迪家族、布希家族，對政壇的影響，橫亙幾十年。美國政治人物亦多出身長春藤名校，例如美國國會議員子女約四成就讀私校，比一般民眾子女就讀私校比率高出四倍。由此顯示，美國權力菁英是特殊的群體，他們長期在資源與職位具有優勢。

菁英論有名的代表人物是美國社會學家芮特・密爾斯（C. Wright Mills）。他認爲美國有三個最重要的體系，分別是政治、軍事與經濟體系，每一體系控制在少數菁英手中，彼此串連，重大政策受其左右。菁英論的分析，凸顯權力分布不均的現實，現代政府呈金字塔結構，統治者是上層的少數。表象的選舉看不出這些被選出的官員，背後代表的勢力與利益糾結。菁英論觀點也受到抨擊，認爲太狹隘，忽視權力菁英並非單一、不變的群體。不同情況或議題下，權力菁英的影響力與利益不盡相同，可能彼此衝突，相互抵制。換言之，美國政府決策非由代表菁英的團體任意操控。例如，美國柯林頓總統任內的全民健保法案，即因全美小企業的聯合反對，終告失敗。顯示一個開放多元社會，小蝦米鬥大鯨魚，並非不可能。

對利益團體的利弊，多元主義與菁英主義分析角度不同，導出不同結論，同時亦隱含不同的道德判斷。多元主義眼裡，利益團體爲民主政治必然的產物，有助資源的整合與分配。同時，利益團體對政府決策的壓力，使被忽視的公共議題，受到關注，易於進入決策議程。不過，多元主義亦常被認爲忽略利益團體實力懸殊的問題，利益團體之間並非公平競賽。少數和弱勢群體的利益常被犧牲、被強勢團體掠奪。

以上兩種理論有助我們從不同角度，剖析利益團體在美國政治發揮的作用。此外，利益團體並非存在於眞空，其運作的政治環境也値得重視。美國採聯邦制，中央與地方分權，聯邦政府採三權分立，國會採二院制。此種憲政體制容易成爲遊說團體的溫床，因爲制度運作過程，有很多途徑、接觸點或否決點，這些都可影響或阻擋政策與法案。少數容易杯葛多數，議價變成不可或缺的程序。因此，國會黨鞭扮演利益媒合角色，促使議員互投贊成票，以助法案通過。

這種政治環境下，美國利益團體的遊說活動，變成一種行業，許多專家與前任政府官員投入其中。他們懂得門道，嫻熟政治流程，曉得如何與行政及立法部門打交道，更知道如何切入，以及某些否決點如何突破。是以，許多大公司聘請這些遊說人員，從事遊說工作。探討美國利益團體影響力時，我們可以看出美國的憲政制度提供了利益團體運作的溫床。

利益團體策略

如前所述，美國憲政體制的分權制衡，促使利益團體日趨專業化、組織化，以發揮政策影響力。美國首都華盛頓西北區的十六街與K街交口附近，開設了許多公關公司，作爲利益團體的經紀人，負責對政府遊說。

一般而言，利益團體或者委託公關公司，或者親自操刀遊說。遊說主要工作包括：

第一，進行遊說。透過各種管道，建立人際網絡、施壓、給好處、或是捐獻競選經費，好使政府作出對其有利的決定。

第二，提供專業訊息與意見。美國遊說不是請託就可以完事，還須懂得如何在各種法案或調查聽證會，提出專業、有說服力的證詞。資深遊說人員，對特定政策有深入的研究，他們向政府官員、國會議員，甚至媒體提供專業意見，容易獲得重視，甚至成爲政府機關與國會議員仰賴的諮詢對象。不過，遊說者以專家姿態提供的意見或報告，往往隱含特定立場，透過話術，發揮作用。

第三，選舉時，利益團體也會支持特定的候選人與政黨，例如提供政治獻金。

第四，利益團體有時也組織抗議活動，或是進行訴訟。

第五，利益團體也爭取媒體支持，藉由與一般媒體或社群媒體互動，宣傳理念，以達影響輿論的目的。

以上這些活動皆需人力及經費，且屬長期性的。若非有財力，很難在華府延請公關公司，聘僱專業人士，進行遊說。窮的利益團體聘不起公關公司，只有將辦公室設在家裡，對外聯繫。

美國遊說團體經費支出逐年升高。據估計，一九九八年美國遊說團體支出約十四億五千萬美元，二〇二二年花費則達四十億九千多萬美元。其中以製藥、健康行業投入的遊說經費最多，達三億七千多萬美元。

利益團體的爭議

利益團體在美國政治的角色，始終有爭議。支持者認爲民主政治是各種利益團體競逐的過程。利益團體有助匯集不同的社會需求，向政府部門提出意見。利益團體提供的專業意見，對政策制定十分有幫助。

反對者認爲利益團體的實力懸殊，競爭並不公平。大型利益團體占優勢，常犧牲弱小利益團體的利益。此外，利益團體的活動有時遊走法律邊緣，扭曲決策程序，甚至賄賂，傷害民主政治。

從法制面看，美國憲法第一修正案，禁止美國國會制定任何法律剝奪言論自由、侵犯新聞自由與集會自由或干擾或禁止向政府請願的權利。是以，利益團體活動受到憲法第一修正案保護，國會不能立法禁止。利益團體是美國體制的一部分，但是爲了防範利益團體遊說帶來的負面影響，特別是金權政治，國會得立法予以規範。

利益團體產生的流弊，主要在政治酬庸、旋轉門以及政治獻金。首先是政治酬庸。美國總統上台後，會聘任一些幕後金主與重要支持者為駐外大使，這是公開的作法，行之有年。駐外大使雖須國會同意，但這種任命不像部會首長引人注意。因此兩黨都一樣，一旦上台便拿大使位置做酬庸。據報導，歐巴馬總統第一任時，任命的駐英、法與德國大使，皆是為其募款的有錢人。二〇一四年歐巴馬任命的金主大使，在國會聽證時，因表現太差，被發現提名人對即將前往的國家，從未去過，所知亦有限，登上媒體，引發很大爭議。

另外，柯林頓總統時期，曾將白宮林肯廂房讓金主住，這些金主共捐五百四十萬美元給民主黨全國委員會。另外從在白宮喝咖啡到和總統打高爾夫球，都可作為競選募款的回報。

除政治酬庸外，政治旋轉門也是利益交換方式。旋轉門原為中性的觀念，意指業界與政府之間的人員交流。政府有時從業界挖角，借重業界經驗，推動政府政策，隔幾年再回業界。有時業界則聘請卸任官員，因其了解政府運作，可以協助與政府溝通。看起來是好事，實則隱含利益衝突或不當的政治交易。其中尤以政府官員卸任後到業界或遊說團體任職，容易出問題。

不論卸任政府官員、卸任國會議員、離職國會幕僚，他們可能沒有經營企業的能耐，但卻有豐沛的人脈，認識重要的決策人士，了解他們的偏好，甚可直接打電話。例如雷根總統時期，白宮副幕僚長麥克・狄佛（Michael Deaver）是雷根親近幕僚，離職後仍保有白宮通行證，三不五時與總統夫人南茜通電話。另方面他開設公關公司，客戶包括多個國家及大公司。像狄佛這樣離職官員從事遊說活動，在華盛頓很平常。二〇〇四年六月十日華盛頓郵報曾刊出一篇報導，開出一串遊說者名單，從中看出他們的政治背景與影響力，即使離開政府多年，依然寶刀未老。

政治獻金是美國政治的另一特色。金錢是政治的奶水，選舉須花錢，錢從哪來?利益團體便成爲候選人或政黨的重要金源。可是天下沒有白吃的午餐，政治獻金圖的就是候選人當選後的回報。

美國利益團體將聘請遊說團體的花費以及政治捐獻，當成一項投資。回報率可以很驚人。眾所周知，美國稅賦沉重，利益團體聘僱遊說人員的重點之一就是修改稅法，以創造更多漏洞，爲其節稅。例如富士比雜誌曾經報導，金融海嘯期間，有二十九家企業獲利高達一千六百四十億美元，卻不須繳交聯邦稅。因這些公司花四點七六億美元，聘請遊說團體，成功地獲得一百一十億美元的退稅。換句話說，美國大公司聘請公關公司的效益巨大。許多利益團體爲共同利益，還請遊說人員草擬修法範例，給國會議員參考，當然這些修法版本必然反映利益團體所欲爭取的利益。遊說人員爲擴展人際關係網絡，有時也會給遊說對象禮物、免費旅遊或搭乘私人專機的便利。這些遊說招數令人眼花撩亂，卻十分隱蔽，只有吹哨者揭穿，民眾才能一窺究竟。

立法規範

遊說是美國憲法賦予人民的權利，政府難以禁止。過去幾十年，美國政壇有關利益團體造成的醜聞，不時爆發，引起社會嚴重不滿，國會只有推出一些陽光立法，以平息民怨。美國國會將涉及利益團體的遊說活動，當成是管理問題，試圖經由立法，使其公開透明，在私利與公益間尋求平衡點。

美國遊說法不只一部，曾多次修訂。最早遊說法訂立於一九四六年，僅要求遊說團體登記、申報活動，未有限制性規定。一九九五年「遊說披露法」，要求遊說者或遊說組織須向參眾兩院秘書與書記人員登記，闡明遊說議題、對象、委託人、經費來源與開支等。不過，罰則僅爲五萬美元，因此執行效率不彰。

二〇〇七年國會又通過「誠實領導與開放政府法」大幅修改「遊說披露法」，增加許多禁止條款，如延長聯邦議員與幕僚離職後的冷卻期，在冷卻期間不能擔任直接遊說工作；遊說團體提出遊說報告也由每年二次，改爲每季一次；禁止遊說人員向議員提供餽贈或旅費等；不照規定登記的遊說人員或實體，罰款也由五萬增至二十萬元，如涉及刑責得判刑五年。

前述陽光法案的目的是希望把遊說活動攤在陽光下，促使遊說人員與被遊說者，謹守分際，以免出現圖利情形。該法訂立後，一時之間遊說團體與國會幕僚人員的接觸減少了，卻也遭到抱怨，認爲國會相關人員與遊說團體接觸減少，將使國會議員在立法過程，不能全盤了解實際狀況。另外，因爲新的法律增添不少限制條款與罰則，有的利益團體抱怨，以後遊說活動須找法律事務所承接。

不過，道高一尺，魔高一丈。二〇一九年一份報告顯示，高達三分之二的卸任聯邦參眾議員爲遊說團體服務，爲規避冷卻期的禁令，許多躲在背後，提供策略建議。他們既未簽合約，自己也不出面，但大家心知肚明誰在主導。這種行爲不違法，只能說是立法漏洞使得透明化的效果大打折扣。

旋轉門問題確實令人頭痛，華府遊說人員充斥卸任官員、議員與資深幕僚，他們運作要有經費，但許多捐款並不透明，便被稱爲黑錢。新的立法想要堵住黑錢，卻遭強力抵制。二〇一九年至二〇二一年間，爲回應社會對黑錢批評及對選舉制度改革的期待，部分聯邦國會議員提出「爲人民服務法」，擬對投票、競選財務、旋轉門等事項，進行改革。有議員還曾提議退休聯邦參眾議員終身不得爲遊說團體工作。然該法案雖於眾院二次獲得通過，在參院卻遭杯葛未能過關。

美國是世界強權，外國政府爲爭取美國支持，也會在美國境內從事遊說活動。據報導約有近一百個國家聘請一千多位遊說人員在華府活動。例如台灣曾聘卡西迪公關公司，促成一九九五年李登輝總統訪美。

早在一九三八年美國就制定了「外國代理人登記法」，規範外國在美遊說活動。該法規定遊說者或遊說實體須披露代表的外國利益及活動，並向司法部登記。近年華盛頓與北京交惡，美國將新華社、中國日報與環球電視網等五家媒體列爲遊說實體，要求登記爲外國代理人。

除對遊說活動規範外，美國也立法管理政治捐獻，目的是防範利益團體對選舉的過大影響。美國選舉花費龐大，候選人即使當選，隔天就要爲連任四處募款，利益團體很容易成爲募款對象。

有關競選經費的法規，可溯自上世紀四十年代。相關立法是期望選舉經費透明，限制捐款數額。一九七四年修訂「聯邦選舉法」後，設立聯邦選舉委員會，負責監督選舉經費的來源及開支。不過，選舉經費涉及候選人與政黨切身利害，該法限制性條文屢遭質疑違背憲法第一修正案有關言論自由條款。過去半個多世紀，「聯邦選舉法」多次修訂，法院也多次判決部分條文違憲。

一九七〇年代「聯邦選舉法」對候選人的捐款數額予以限制，政治行動委員會或個人，每年僅容許給候選人小額捐款，目的是將捐款盡量分散，避免單一鉅額捐款，操縱選舉，此種捐款俗稱硬錢。不過，該法不限制對政黨捐款，形同開一扇方便之門。這種不受限制的捐款，則被稱爲軟錢。大公司對選舉的影響力常從軟錢入手，此使「聯邦選舉法」抑制財團的威力，大爲減弱。

二〇〇二年美國國會通過「兩黨競選改革法」對「聯邦選舉法」做重大修訂。硬錢方面，個人或政治行動委員會對特定候選人捐款，上限從一千增至二千美元。任何人每年最多捐五千美元給政治行動委員會，每年也可以最多捐二萬五千美元給政黨。該法禁止政黨募取軟錢，此爲改革重點，一旦將此管道封閉，自然遭到反彈。果眞不久該法便遭利益團體告進法院，官司一路打到聯邦最高法院。對利益團體做法律限制則成爲一個憲法議題。二〇一〇年美國最高法院判決「兩黨競選改革法」部分條文違憲，主要是關於禁止軟錢規定。法院認爲政治花費涉及言論自由，爲憲法第一修正案所保護。公司或工會投入政治活動的開銷，只要是獨立於候選人或政黨，不應予以限制。意思是說，捐款只要不給政黨或候選人，利益團體可無限制花錢，表達政治意見。

該項判決導致美國出現許多超級政治行動委員會。該政治行動委員會表面獨立，未公開支持特定政黨或候選人，但實際上卻有特定立場與支持對象。因超級政治行動委員會不必披露捐款來源，也沒有經費限制，成爲利益團體的新寵。研究顯示，從二〇一〇年以來，超級政治行動委員會投入十億美元在聯邦選舉，其中六成花費來自一百九十五位捐款者。由此顯示，利用小額捐款避免大財團操控，是不切實際的夢想。

結論

利益團體在美國數量之多，影響力之大，成爲美國民主特色。不過，眞正對決策造成影響力的，還是大財團、大公司。唯有它們才有錢請得起旋轉門另一邊過來的退休官員、退休議員或國會幕僚從事遊說。遊說團體在美國已經是一個產業，雖說多元民主下，存在各式各樣不同關懷的利益團體，可是影響力卻不成比例。

美國雖制定多部法律，規範遊說活動與選舉經費，可是卻一邊造法修法，一邊受到遊說影響，製造各種漏洞，成爲永無休止的博弈，也讓金權政治陰影揮之不去。諾貝爾獎得主約瑟夫・史狄格里茲（Joseph Stiglitz）寫過一篇文章〈百分之一的人所有、所治、所享〉（Of the 1%, by the 1%, for the 1%），提到美國百分之一的人掌握全國財富百分之四十，國會議員即屬於那群百分之一的人，支持他們的金主也是同一群人，相互加持，扭曲經濟、社會與外交政策。

美國政治菁英利用在職累積的人脈，轉往遊說團體任職或擔任顧問，廣受批評。雖然有立法訂定冷卻期，作爲緩衝，但成效有限。另外，美國也將其遊說全球化，美國大公司在其他國家也同樣利用離職政治人物的餘溫餘熱，遊說當地政府，爲這些利益團體奔波賣命。這些很少受美國法律規範，當地政府看到其美國背景，也多不敢得罪。有關美國跨國企業在海外的遊說活動及其產生的問題，曾引發國際糾紛，是探討美國利益團體影響力時，下一個重要的研究議題。

第七章　民之所欲，唯票是問：美國選舉

王業立、王宏恩

二〇一六年十一月八日的美國總統大選，民主黨的候選人希拉蕊・柯林頓得到的普選票數是六千五百八十四萬四千六百一十票（得票率百分之四十八點零六），而代表共和黨的川普得到的普選票數是六千二百九十七萬九千六百三十六票（得票率百分之四十五點九七）。希拉蕊的得票數，雖然比川普多了二百八十六萬多票，但是最後卻因爲選舉人票二百二十七張少於川普的三百零四張而落敗，這在美國歷史上並非首例。一八二四年、一八七六年、一八八八年以及二〇〇〇年，也都曾經出現過普選票數較多，卻輸掉總統大選的結果。爲什麼會如此？因爲美國總統大選的選舉制度，是採取一種非常特殊的「選舉人團制」。本文首先介紹美國這種非常特殊的總統選舉制度，以及美國國會（包括眾議院與參議院）的選舉制度。接著探討近二十年來美國選民的政治變遷，以及美國政治的未來發展。

美國總統與國會的選舉制度

一七八七年費城的制憲會議對於如何在三權分立的憲法架構下，產生一個民選的行政

首長意見分歧。大州和小州之間也存在利益衝突，後來總算找到妥協方案。這個方案中，總統由各州的「選舉人」所選出，任何候選人須獲得選舉人所組成的「選舉人團」總數的過半數選票才能當選。如果所有候選人皆未能獲得半數以上的選舉人票，則由眾議院從得票最多的前三名候選人中選出總統。

每四年的總統大選，各黨都已正式推出總統候選人。但在選舉日，選民投票的對象表面上是投給各政黨的總統候選人或獨立參選人，實際上卻是投給各政黨在各州中所提出的總統選舉人名單（這些選舉人事先承諾會把票投給某位總統候選人）。雖然早在一九八八年的總統大選時，就已有四十州的選票只見總統候選人的黨籍、姓名而沒有各黨所提的總統選舉人名單，然而根據美國憲法第二條第一項及一八〇四年通過的第十二修正案的規定，只有選舉人才擁有憲法所賦予的權利來選舉美國總統。

各州的選舉人數目，根據憲法第二條第一項的規定，是該州的聯邦參議員（每州兩名）加上聯邦眾議員（依人口比例產生，但每州至少一名）數目之和。所以每州選舉人數目不一，但至少三名。首都華盛頓特區雖非一州，但根據一九六一年所通過的憲法第二十三修正案，仍可比照州的計算方式而擁有三張選舉人票。

從十八世紀末以來，美國人口一直在增加，版圖也不斷在擴大，眾議員數目也隨著人口的增加與州數的增多而有所調整，故選舉人團總數也一直在變動。此種情況一直到一九一二年美國國會將眾議員總數固定在四百三十五名後，才使得選舉人團總數，在夏威夷正式成為美國的第五十個州以後，固定為現在的五百三十八名。但根據每十年一次的人口普查的結果，各州眾議員的數目將隨人口的增減而做調整（但總數固定在四百三十五名），故各州的選舉人團數目仍互有增減。以加州為例，其選舉人票數已從一九四〇年代的二十五張增加到二〇二一年至二〇三〇年的五十四張；而紐約州卻在相同的時間內從四十七張減至目前的二十八張。近年來美國東北各州的人口不斷地南移至陽光帶各州及加州，故紐約等州的眾議員數目一直在減少；而南方及西部各州眾議員數目卻不斷在增加。但無論如何，在現在的總統大選中，全美國共有五百三十八張選舉人票，得到選舉人票數超過一半者（即二百七十張以上），即可當選美國總統。

在聯邦制的精神下，美國總統選舉是以州為單位。任何候選人（政黨）只要在一州中得到的普選票數比對手多，即可囊括該州所有的選舉人票（緬因州及內布拉斯加州除外，此二州是以各個國會議員選區為範圍來決定每張選舉人票的歸屬），此即所謂「勝者全拿」原則。影響所及，大州即比較重要。以二〇二〇年總統大選為例，一些人口較多的州，如加州（五十四票）、德州（四十票）、佛羅里達州（三十票）、紐約州（二十八票）、賓州（十九票）等，在大選時都為兵家必爭之地；而阿拉斯加州、懷俄明州、蒙大拿州、佛蒙特州、德拉瓦州等各只有三票，候選人自然不會放太多資源在這些州的選舉。

在勝者全拿的原則下，最極端的情況是，任何候選人只要在最大的十一州的普選票數上各贏一票，即使在其餘的三十九州加上華盛頓特區全部得零票也可當上美國總統。也因此才會在美國歷史上，出現過五次普選票數較多，但卻因選舉人票數較少而落敗的選舉結果。另一方面，由於大多數的州，傳統上兩大黨的支持度有著明顯的差距，選舉的結果也不難預料，但在兩大黨實力較接近的「搖擺州」，選舉勝負較難預估，則往往成爲決定選舉勝負的重要關鍵。在競選與開票過程中，更是全國矚目的焦點。

選民在十一月初投完票之後，在各州獲勝政黨的選舉人就在當年十二月第二個星期三之後的第一個星期一，在各州的州政府會議廳集合投票選出總統與副總統。在早期，選舉人對於候選人投票後，得票最高者當選總統，次高票者當選副總統。但在一八〇〇年時，傑佛遜與布爾各獲得七十三張選舉人票，後由眾議院經過三十六次投票後，才選出傑佛遜爲第三任總統。爲了防止舊事重演，一八〇四年所通過的憲法第十二修正案，規定選舉人要分別投票選出總統與副總統。

選舉人在各州的投票結果直接送至首都華盛頓。在隔年的一月初，由參議院主席（副總統兼任）在國會兩院聯席會議中當眾開票，超過選舉人團票半數者當選。如果沒有總統候選人得票超過半數，則依照憲法第十二修正案的規定，將選擇最高票的三人，由眾議院立刻投票選出總統。眾議院在投票時，每州僅有一票，以過半數（即二十六票）當選。

而如果沒有副總統候選人得票超過半數，則由參議院就得票最高的兩位候選人之中投票選出，參議員每人一票，以過半數（即五十一票）當選。到目前爲止，眾議院只有兩次機會選舉總統，分別是一八〇〇年選出傑佛遜，以及一八二四年選出亞當斯。參議院則只有在一八三七年行使過一次選舉副總統的職權，選出強森爲副總統。自十九世紀中葉以來，兩黨政治逐漸成形後，眾議院與參議院就再也沒有機會選舉總統和副總統了。新當選的總統與副總統於一月二十日宣誓就職（一九三四年以前爲三月四日）。

以二〇二〇年的美國總統大選爲例，投票日是二〇二〇年十一月三日。但在法律上，選舉人團的正式開票，卻等到二〇二一年一月六日，才在國會聯席會議中，由共和黨籍的副總統彭斯宣布民主黨候選人拜登當選下一任的美國總統。在此次總統大選中，拜登得票率是百分之五十一點三一（在二十五州及華盛頓特區獲勝）；共和黨候選人川普得票率是百分之四十六點八六（也在二十五州獲勝）。但拜登卻贏得了三百零六張選舉人票（百分之五十六點八八）而擊敗現任總統川普（二百三十二張選舉人票）。

選舉人制度當初的構想，是想選出一批才德兼備的賢能之士、地方仕紳來行使選舉總統的職權，以期能選出最佳的總統人選。但在當初的制憲會議中，並未釐清這些選舉人的角色。究竟他們是「委任代表」或是「法定代表」？究竟他們應完全忠實地反映本州的民意或是應本諸自己的良知良能來選賢與能？選舉人團制度實施至今，曾發生幾十人次的選舉人沒有投給本州普選獲勝的總統候選人。儘管現在已有二十多個州立法規定選舉人應是純粹的委任代表，不能有自己的獨立作爲，但也有許多學者認爲此種限制並不符合美國憲法的精神，因此仍有半數的州並未做此規定。

另外憲法中也未規定究竟這些選舉人應如何產生，而將這個問題完全交由各州來決定。因此在過去兩百年間，這個問題也一直引起廣泛的爭議：這些選舉人應由各州議會直接指派？或由區域選舉中產生？或由全州普選產生？儘管到了今日，美國的政黨政治已臻成熟，各政黨都提出一份該州的選舉人名單，在全州普選的原則下，如某黨獲勝，則該黨即囊括該州所有的選舉人名額，且選舉人在今日已多成爲酬庸性質或榮譽象徵。但依據美國憲法的規定，各州仍有權力決定選舉人的產生方式。例如一九六九年，緬因州即曾通過法律，規定該州的四個選舉人，二人由全州選出（參議員選區）；而另二人則分別由二個眾議員選區中產生。後來內布拉斯加州也採取類似的方式產生該州的選舉人。

除此之外，美國憲法中並未規定各州必須採取「勝者全拿」原則來分配該州的選舉人。換言之，憲法並未禁止各州可使用政黨得票比例或其他的方式，來分配該州的選舉人，各州之所以採用「勝者全拿」的方式，僅是爲了強化在總統大選時各州的影響力。直到今日，美國仍有四十八個州與華盛頓特區（緬因州與內布拉斯加州除外），是採勝者全拿的方式決定該州選舉人的產生。

在眾議院選舉方面，根據美國憲法第一條的規定，眾議院席位之分配是以各州人口數作基礎，以每十年舉行一次的人口普查爲依據，來決定各州眾議員的數目，但每州至少要有一名代表。如前文所述，從十八世紀末以來，美國人口不斷增加，版圖也不斷擴大，眾議員數目也隨著人口增加與州數的增多而不斷增加。此種情況一直到一九一二年美國國會才將眾議員總數固定在四百三十五名。然後根據每十年一次的人口普查結果，依照各州人口變動的狀況，來重新分配各州的眾議員數目，然後各州再根據眾議院最新分配的眾議員數目，來重新劃分州內的眾議員選區。眾議員任期兩年，以反映不斷變動的民意。眾議院選舉在西元偶數年舉行，如果遇到總統大選年，則和總統大選同日舉行，另外一次非總統大選年所舉行的選舉，則稱爲期中選舉。在眾議院選舉中，幾乎所有的州都是使用單一選區相對多數決制度。唯一的例外是路易斯安那州使用選擇投票制（ranked choice voting）。

眾議院以各州人口數作基礎依比例分配議員席次；參議院則規定爲平均代表制以保護州權，無論州的面積大小與人口的多寡，每州二名，並且規定參議員由各州議會，而非由人民選出。直到一九一三年，第十七修正案通過後，參議員才改成由人民直選產生。美國憲法規定每州可選出二名參議員，美國目前共有五十州，所以參議院共有一百名參議員。參議員任期六年，以全州爲單一選舉區，其任期交錯，每兩年參議院約有三分之一的席次改選，任期交錯的安排讓各州的兩名參議員不會在同一場大選中相互競逐。參議院改選的選舉日與眾議院改選在同一天舉行。在參議院選舉中，幾乎所有的州都使用單一選區相對多數決制，但有極少數的州例外，而採取選擇投票制或者兩輪決選制。

美國選民的政治變遷

雖然過去二十年，美國的選舉制度並未有太大的更動。但是由於競選經費暴漲、經濟全球化、人口老化、以及社群網站等因素，讓美國政治兩極化的程度在二十年內快速惡化。兩黨支持者彼此仇視，埋下了數次選舉後「敗者不同意」並大規模抗議的心理因子，導致無黨派選民也因此大增。

首先，美國大法官在一九七六年宣布候選人的競選經費上限違反言論自由、並進一步在二〇一四年也宣布民眾對政治人物的捐款上限違反言論自由，這使得美國企業與社運團體可以透過大規模捐款的方式來與政治人物建立關係，影響政策與立法。競選支出解禁也使得可以控制政黨經費運用的兩大黨國會黨鞭的權力大大提升，要求黨內候選人站在同一陣線投票。而各黨候選人為了獲得提名，不只更加聽從黨鞭的指示，同時在黨內初選時也更得先回應黨員的意見。黨內初選以黨員投票為主，給予兩大黨內活躍團體機會。一九六〇年代美國民權運動之後，民主黨強力推動非裔人權、性少數（指同性戀、變性人等）權力、反戰以及墮胎權；共和黨則反對墮胎權、反對性少數、推動基督教教義。雙方透過大規模的捐款以及較高的黨內初選投票率，使得黨內初選出線者，越來越往這些意識形態以及黨鞭靠攏，越難代表選區全體的選民。

這個雙層賽局造成的直接結果，就是兩黨政治人物及其支持者快速地兩極化。兩黨的國會議員在立法過程中，越來越少出現兩大黨議員共同提案或共同投票支持的法案，大多數的重大提案幾乎都是兩黨站隊對決、壁壘分明。而兩大黨的支持者，也在受訪問卷中越來越強調自己的自由派、保守派立場以及對特定政策的立場。兩大黨支持者政治態度的交集越來越少、越來越不可能取得共識。在一九六〇年代，僅有十八個州（以及一百二十四張選舉人票）是兩大黨得票差距百分之十以上的安全州，剩下大多數都是搖擺州；但到了二〇〇四年，有三十一個州（以及三百三十二張選舉人票）都落在這兩大黨得票差距百分之十的非競爭州了。也就是絕大多數的州以及選舉人票都在投票前就知道誰會勝出，這就是兩大黨在各地兩極化直接的證據。配合著美國原本的勝者全拿的選舉制度或慣例，這使得各州的政治色彩越來越鮮明，許多選民也開始「用腳投票」，搬到與自己政治立場相近的州。

政治議題的兩極化進一步延伸到個人的情緒與生活領域，使得兩大黨支持者的房間布置擺設完全不同、喜好的餐廳不同、甚至大力反對自己的兒女跟敵對政黨的支持者交往或結婚。社群網站的興起，更給予兩大黨支持者各自找到自己的政治認同圈子、透過社群網站創造屬於各自的同溫層。社群網站以及新聞媒體讓人們自我選擇待在只接收自己喜歡聽的資訊的地方，讓假訊息更難以更正，也讓兩大黨支持者彼此之間更爲仇視，也更容易受到外國刻意操弄資訊的影響。在二〇一六年川普令人驚訝的勝選之後，美國數千個婦女團體憤怒地在各地大喊「川普不是我的總統」，許多反對川普的自由派大學生甚至因爲心理無法承受結果而紛紛請假，導致美國各大學要心理輔導這些學生。

在這段時間，美國的就業環境因爲全球化有了很大的改變。二〇〇〇年之前美國的市場幫助了日本、南韓、台灣、德國的企業。在二〇〇〇年後中國加入世界貿易組織，「中國製造」又大量進入美國市場。這些都導致了美國的製造業外移或受到強力競爭。大量的藍領工人、鐵鏽帶（美國中部過去主要的製造業與礦業中心）居民中年失業。在第二次世界大戰後，美國經濟全球首屈一指，工會又強力動員與遊說，讓兩大黨提出重分配法案與貿易壁壘法案來保護這些工人的工作機會及待遇。這些工人本來也都是家中的經濟支柱、虔誠的信徒，相信只要努力就能工作賺錢實現美國夢，也是美國的消費主力。而產業外移及大量失業帶來的不只是讓這些家庭失去經濟支柱，也使得這群藍領工人的酒精禁藥中毒率、家庭暴力、離婚率、自殺率都大幅提升。

但如前文所提，兩大黨政治人物在一九六〇年代之後受到黨內自由派以及保守派活躍份子的壓力下，兩大黨的提案立法以及政治辯論的精力，都花在攸關社會特定族群的法定權益（同性婚姻、墮胎、種族分配入學、性少數歧視、非法移民權益），而較不重視透過政府稅收直接達成的經濟重分配，或間接透過產業保護來維持美國國內的工作機會。

在美國的選舉制度是全國層次的兩黨制時，兩黨制往往就鼓勵單一面向的議題。在最近二十年，這個單一面向議題是象徵型政治。兩大黨支持者在這個議題上壁壘分明，美國政治就產生出兩群全新的選民。第一群新選民，就是找不到政黨幫忙發聲的鐵鏽帶失業工人。他們相信的新教徒工作倫理以及美國夢都破滅。但兩大黨政治人物只在一些象徵議題上攻防。例如，墮胎要在受孕幾週後才能進行、跨性別可不可以參加運動比賽，讓這群工人們感到憤怒又無力。於是工人們把憤怒轉化為對於美國愛國主義狂熱的支持，認為只要拉高關稅、回到基督教國家、對非白人種族歧視、全面反對全球化、支持美國製造，就可以把過去的美好時光找回來。他們不會再被國內其他少數族群「半路插隊」。這成為美國茶黨興起以及二〇一六年川普當選的背景。二〇一六年川普的得票在鐵鏽帶遠遠超出各家民調的預期。川普落選後，二〇二一年一月六日有大量的支持者憤怒地衝進國會山莊。這群憤怒而狂熱的支持者已超出共和黨可以掌控的範圍。

第二群新興的選民，就是在兩黨極端化之後，快速增加的無黨派選民。許多選民看到兩大黨在議會的鬥爭，以及兩大黨內過於熱情的支持者言行後，決定不加入任何一個政黨。另一方面，眾多美國選民也認爲許多國內的議題包括：氣候變遷、油價、糧食危機、全球化、種族歧視等問題，已經不是美國政府本身有辦法解決的。雖然二〇〇八年歐巴馬參選成功激勵了不少非裔選民投入政治，但也在歐巴馬八年執政後，因爲覺得自身處境沒有顯著改善，而變得更遠離政治。最後，則是因爲出生率的差異，使得在二戰後嬰兒潮世代的人口以及享有的經濟紅利，遠高於最近二、三十年出生的新生代。這使得戰後嬰兒潮世代稱霸美國政治的相關政策，過去幾十年來的總統大多來自戰後嬰兒潮世代，美國相關的福利政策也大多隨著戰後嬰兒潮世代推移而量身訂做，讓戰後嬰兒潮享受到最大的社會福利。同時，嬰兒潮世代的冷戰經驗也讓他們對於美國在全世界推動民主給予支持。戰後嬰兒潮霸權橫跨兩大黨，使得新生的年輕世代常常覺得無法被代表，進而決定不長期認同或依附任何一個政黨。

這些選民群轉向無黨派後，使得美國民調中無黨派選民在最近二十年由三成左右逐漸上升到接近五成。二〇二三年內華達州也第一次出現了註冊的無黨派選民超過了註冊兩大黨的選民。許多線上交友網站的使用者，更是主動貼上「我是無黨派」的標語，更能夠吸引人。這些人成爲無黨派選民之後，讓剩下兩大黨的支持者也變得更爲極端、他們之間的交集範圍也更小。但在同時，這群廣大的無黨派選民也給了成立第三黨機會與空間，因此一些小黨或新的政黨也試著在這幾年爭取地方與全國的議員席次，並尋求無黨派年輕選民以及少數族裔選民的支持。但也因爲這群年輕選民與少數族裔選民不願意加入任何一個政黨，想要推動政治議題時，就傾向串連上街，做體制外的抗爭。這在全球暖化以及警察值勤不當的議題上，尤其顯著。

美國政治的未來發展

美國選舉制度穩定不變，但是民意與全球化環境都在變動，美國的兩黨制、選舉人團制、三權分立制要如何回應這些民意與國際情勢變化，就成爲美國民主的重大挑戰。除了前述提到的全球化、民粹主義、無黨派與象徵型政治之外，最近幾年的美中關係惡化、俄烏戰爭、冠狀病毒疫情等，也成爲美國政府要面對的新議題。

在川普發起中美貿易戰，以及冠狀病毒疫情之後，民調顯示美國民眾（包含兩大黨支持者與無黨派）對於中國的不滿意度來到中美建交以來的新高。在二〇二三年的皮猶（Pew）民調以及蓋洛普民調都有超過七成以上的美國民眾對中國反感。這個民意使得兩大黨支持者紛紛督促其選區候選人對中國採取更爲嚴厲的外交政策。國會也成立針對中國的特別委員會，制定與檢討相關法案。加上於二〇二二年開始的俄烏戰爭，拜登政府開始推動民主圍堵中俄戰略，這是近年來美國政治兩極化之下少有的「共識」。

但在同時，關心全球暖化的年輕世代仍認爲只有中美合作減少碳排放、增加電動車才有可能減緩全球暖化。二〇二三年八月的夏威夷大火更讓全球暖化的議題重新成爲美國選舉的重大議程。而俄烏戰爭與中美貿易戰也使得全球通膨加速、產業鏈脫鉤、美國的債務問題更爲嚴重。這些議題反過來推動美國有人開始呼籲與中國以及全球各國產業鏈以及環境保護合作。這些呼聲是否有辦法反映在選票上，成爲未來中美和解的契機，值得進一步觀察。

另一方面，獨霸美國政治的嬰兒潮世代開始凋零，新世代用的社群網站接受了不同的資訊，也可能展現不同的投票行爲。許多選民覺得沒有被代表、或者覺得兩大黨不夠好，因此在二〇一八年後，已經有十幾個州（例如二〇二〇年緬因州、二〇二二年阿拉斯加州與內華達州等）嘗試在各級選舉把選舉制度由相對多數決制改爲選擇投票制，希望可以透過這種制度選出意識形態比較溫和的候選人。這些因爲民意衝擊選舉制度的個案，是否會進一步擴散到美國更多地方，讓美國過去兩百多年來的選舉制度產生重大變革，也是未來值得觀察之處。

第八章　偏左？偏右？還是都不偏？美國媒體與政治

劉嘉薇

二〇一七年，美國總統川普上任後，對於謾罵批評政府的媒體，只要他不同意相關內容，經常用「假新聞」帶過，不予回應。共和黨支持者相信主流媒體的只有百分之十四，川普更是直接利用網路訴求支持者，編織支持者所相信的政治世界。川普支持福斯新聞，福斯新聞也支持川普，在如此互相支持的情況下，右翼民粹的氛圍更加興盛，幾乎占據了美國政治發展的方向和價值。美國的媒體與政治究竟如何從過去的注重公共利益走到現在的偏頗？右翼媒體頗被批評，左翼媒體何嘗不是。本章依次討論「美國媒體發展的歷史」、「美國媒體制度、發展與特質」、「美國獨有的新聞自由：憲法第一修正案」、「近二十年美國媒體的發展」，最後是「美國媒體的未來：全球科技戰場」。

美國媒體發展的歷史

美國媒體發展的歷史可以分爲殖民時期、革命時期和憲法時期、工業時期、廣播時期、電視時期以及網路時期。以下分別介紹這幾個時期。殖民時期（一六〇七年至一七七六年）。報紙和書籍是由官方或私人出版商出版的，目的常常是爲了宣傳政治觀點。革命時期和憲法時期（一七七六年至一八〇〇年）。報紙和雜誌被用來煽動革命情緒和推廣憲法觀念。工業時期（一八〇〇年至一九〇〇年）。隨著工業革命，印刷技術和傳播技術大幅發展，報紙開始具有商業化特徵，報業競爭激烈，內容也更多元。最早的報紙主要是政治性的，黨派爲了爭取認同而創辦。兩大報紐約時報創辦於一八五一年，華盛頓郵報創辦於一八七七年。

廣播時期（一九二〇年至一九五〇年）。廣播的發明改變了傳播的形式。廣播迅速發展，對政治產生了深遠影響。國家廣播公司於一九二七年開始廣播，哥倫比亞廣播公司電視網的成立可以追溯到一九二七年，美國廣播公司創立於一九四三年。電視時期（一九五〇年至二〇〇〇年）。隨著電視的普及，媒體的影響力進一步擴大。從生活、消費、流行文化到政治，電視成爲不可或缺的傳播工具。有線電視新聞網透過有線電視與衛星電視播出的新聞頻道，於一九八〇年創辦。福斯新聞頻道開播於一九九六年。最後，網路時期（二〇〇〇年至今）。媒體形式再次發生變化，媒體訊息可以透過網路在全球傳播，而社群媒體的興起讓傳統媒體議題設定的功能弱化，政治往「微權力」的方向傾斜。此時期網路爲言論提供了新的平台，但也帶來新的挑戰，例如假訊息、資訊作戰、以及不透明等問題。

美國媒體制度、發展與特質

美國傳播媒體發達，全國性媒體扮演守門者與監督者的角色，媒體左右著美國政治議題發展的框架以及民意的形塑。在美國，民意的形成和變化受到媒體強力的引導。媒體為了增加讀者關注，更以民調探求大眾意見。政治與媒體的關係是相互寄生，政治人物利用媒體尋求曝光，進而為自身加分；媒體則藉由報導政治人物的言論吸引民眾注意，甚至很多時候都是選擇性報導。媒體在政治過程中的角色和責任是否服膺了獨立性、客觀性和公正性的職責，扮演好第四權的角色，外界的評價有褒有貶。

美國媒體的制度應該從美國建國初期談起，為了鞏固政治立場、強化民眾對政黨的認識，具有黨派意識的報紙開始發行。之後更有大量報紙的發行，黨派意識的報紙開始走向客觀的新聞立場。印刷技術的發展加速了新聞的傳播，創造更多的讀者和更大的市場。報紙採取獨立性、客觀性和公正性的理念，希望成為民眾信任的公共論壇，之後廣播與電視新聞又陸續興起。美國建國初期就是走媒體私有化的路線，各種報紙屬於不同私人或私人團體，政府對媒體本就不容易控制，美國開國者也對媒體獨立性給予高度尊重。也因為美國的媒體依賴傳播專業人才管理，媒體從業人員的專業訓練與理想精神也制約了美國媒體走向，在嚴謹查證、負責任的專業要求下，美國媒體走向專業經營管理。然在二十世紀中期以後，美國媒體開始被政治人物利用，宣傳自己的政治立場和議程，政治逐漸滲透到媒體中，挑戰了媒體的獨立性、客觀性和公正性。

因爲媒體商業化（相對的是國有化）的特性，美國媒體受大財團所掌控，也因爲媒體擁有者的政治立場不同，形成了多元聲音，反映了不同的觀點。美國財團的政治理念主要分成左翼和右翼，這與美國建國以來基本由這兩種理念的政黨輪流執政有關，左右翼媒體的競爭也構成了美國媒體發展歷史的基調。大眾媒體所有權和控制權高度集中，從而透過媒體掌握了權力。然而，媒體上出現的內容最主要還是由有能力製造新聞的政治人物提供消息，依賴政治人物詮釋新聞。

美國媒體的發展在民主國家中甚早。美國媒體在政治上設置公共議程、影響民意（晚近演變成蒐集民意，下段再敘）、影響政治人物的聲望、在民眾與政治領導之間建立溝通橋梁、提醒民眾注意政治上的突發事件，也是民眾政治權利的守護者。新聞報導一方面追求客觀性，一方面追求利潤，但它也依賴政治人物提供消息。

美國媒體從「影響」民意到「重視」民意，主要發展的時期是二戰期間，當時媒體的主要形式是廣播。美國廣播內容不斷進化，並發展出一種聽眾評估的方式，這也是民意調查發展的開端。民意調查的結果成爲政治人物、利益團體和公民社會彼此溝通的訊息，是政治人物、利益團體影響民意的工具，也是作爲未來公共政策發展方向的測試。

美國媒體傾向報導哪些類型的事務？為了吸引讀者的目光，或為了與同業競爭，美國媒體記者偏向選擇爭議或奇特的事件報導或揭發。對於政府人物本身和公共政策，亦都傾向揭露政治人物、政府官員、民意代表或是政策醜陋的一面，並且大肆報導，方能展現媒體監督政治，發揮第四權的角色。新聞記者可以直接接觸總統，對民眾而言，總統在做什麼，總統是什麼樣的人，往往透過媒體記者的報導。同樣一位總統在不同記者報導下，卻能呈現不同的形象。因此駐華府的記者、專欄作家成為不可忽視的人物。

對總統而言，若要減少新聞媒體斷章取義，總統對外發言盡量都以直播呈現，不過現場記者攝影的角度或其他轉播技術問題，也可能使總統的形象受到破壞，唯有提供統一畫面，可減少總統的形象受到傷害，但提供統一畫面在民主的美國幾乎不可能。美國政治人物經常需要透過媒體，對政黨支持者或中間選民爭取支持，因此必須精確掌握新聞媒體的作業程序、新聞價值偏好或政治立場。

媒體對總統的報導，仍多於國會議員，對行政部門的重視超越立法部門。全國性媒體較關注參議員的動態，地方性媒體則較常報導當地眾議員的動態。由於美國為聯邦制國家，地方性媒體眾多，也具有影響力。相對地，國會議員亦可透過全國性或地方性媒體傳遞訊息，爭取選民支持。

觀察美國媒體可以從新聞與大眾傳播以及人類傳播兩方面切入。人文學以及社會科學。人文學重視新聞的訊息（文字、圖片、影音等）面向；社會科學重視社會現象或概念間的因果關係。

除了新聞媒體與政治，娛樂媒體也經常藉由幽默感，傳達政治價值。美國第一家戲院在一七一六年成立，但在當時並不被接受。清教徒把戲劇此種娛樂當作邪惡的活動，甚至觀看戲劇或參與戲劇演出的人都會受到懲處。在十九世紀中期，戲劇比流行音樂更受到民眾喜愛。美國內戰發生時期的戲劇還能反映出當時民眾的情緒與思想，表達「人生而平等」的想法，喚起民眾種族平等的意識，並注意到少數民族應與主要族群享有同樣的權利。美國的戲劇作爲一種媒體，以軟性的方式傳達硬性的政治價值。媒體甚至開始有娛樂化的傾向。爲了迎合觀眾的口味，媒體也開始挖掘政治人物的私生活。媒體娛樂化、重口味已然成爲趨勢，民眾對政治軟性新聞的需求持久不衰。

美國獨有的新聞自由：憲法第一修正案

美國憲法第一修正案規範國會不得立法限制言論和新聞自由，是美國媒體言論自由的依據，也是美國奉爲圭臬的精神，亦是美國媒體發展在法律上的獨特之處。

從「憲法第一修正案」衍生出新聞自由與司法公正如何平衡的議題。記者在報導司法案件時，是否因爲大眾有知的權利，而全盤揭露司法過程的細節。特別是記者是否應該享有拒絕出庭的權利，以及記者是否應該揭露消息來源。美國最高法院對瑪麗托雷（Marie Torre）案和布蘭茲堡（Paul Branzburg）案作出不同的判決。

一九五〇年代瑪麗托雷一案中，托雷的律師主張「憲法第一修正案」讓記者擁有拒絕證言權（testimonial privilege）。該案法官認爲，記者托雷享有可不揭露消息來源的權利，強迫記者揭露消息來源限制了新聞自由。但法官也認爲，公正的司法審判也具有公共利益，亦即新聞媒體的利益與名譽受損的當事人利益皆須被考量，這也爲「記者具有出庭作證的義務」這項看法埋下伏筆。

在一九七二年布蘭茲堡案中，法官認爲爲了使司法體系正常運作，記者出庭作證是義務，無法享有特權和例外。其中的理由包含誰屬於「新聞媒體」，並因此享有特權很難被定義。且大法官認爲新聞媒體有能力出庭作證同時使自身免於受到傷害，加上新聞媒體並不會要求記者在任何情況下都拒絕向法院作證。布蘭茲堡案中，法院否決了新聞媒體對「憲法第一修正案」的主張，認爲新聞媒體應該要說服法院，除非新聞媒體有權獲得公眾無法取得的資訊，否則應該出庭。再者，記者也應該證明，保密是取得特定資訊的必要條件，因爲記者無法揭露消息來源，因此無法出庭。在布蘭茲堡案中，法官原則上認爲，被傳喚者都應該出庭，幾乎沒有特權和例外。

美國紐約時報曾對此項法院判決表達強烈的聲明，認爲除非法院可以證明只有記者持有特定資訊，且政府無法從其他消息來源獲取這項資訊，或法院可以證明某些資訊牽涉重大利益，在這些情況下，法院始能傳喚記者出庭。一些大法官也支持記者擁有拒絕出庭的權利，除非他們本身涉及犯罪。此外，新聞媒體自身也倡議記者保護法，社會應該要特別重視新聞媒體在監督政府濫用權力的作用。除了希望記者遵守新聞報導時的查證責任，在主張媒體記者擁有拒絕出庭時，媒體的濫權問題或恣意發揮也值得關注。媒體自由和媒體自律一直都是重要的政治議題。

整體而言，美國政治人物如果要對媒體提起誹謗官司，原告必須提出被告媒體明知內容不實還報導的證據，此一方向極難證明，也同時給予新聞媒體極大的保護。美國政府如果透過立法來限制新聞自由，主要是透過誹謗和洩密相關法律。例如，一九七〇年代阿拉巴馬州警察局長告紐約時報的誹謗案，以及國防部告紐約時報的洩密案，兩起判決都限制了政府的權力，鞏固了新聞自由。然而，需注意的是，「憲法第一修正案」在承諾保障言論自由與新聞自由的同時，並沒有明文指出是爲了保護新聞機構，更沒指出記者可以有特殊待遇。

近二十年美國媒體的發展

媒體記者道德與專業總有衝突。例如，在美國二〇〇一年九一一事件後，當記者見到賓拉登等恐怖份子，應該秉持專業採訪他？還是為了國家安全甚至是國際秩序報警處理？記者道德與專業的衝突涉及新聞自由的底線。當媒體擁有新聞自由的同時，是否應該付出更多社會責任，並且接受公民社會的監督制衡。美國社會對此整體的看法是：除非媒體報導造成立即、重大且不可挽回的危險和損失，媒體在法庭上才會敗訴。美國最高法院裁決媒體誹謗案時，確立了原告（政治人物）勝訴的原則，包含原告提出報導讓當事人名譽受損，且媒體有惡意或故意疏失。在美國「憲法第一修正案」的框架和保護下，對於限制媒體言論自由幾乎沒有方法，唯一的機制是民眾對新聞媒體責任的要求，新聞媒體即使有自由，亦不能超越人民能接受的程度。民眾透過批評、譴責媒體表達它們對媒體的看法。因為政府不能透過行政命令和法律來制裁或懲罰媒體，民眾對媒體各有好惡，很難形成一致的聲音，媒體的自律和責任更為重要。但是媒體又為財團擁有，一切以市場導向，媒體自律有時候只是紙上談兵了。

美國二〇二四年總統大選即將到來，而在四年前的總統選舉，卻有為數不少支持川普的美國選民認為「選舉被偷走了」，他們認為川普才是二〇二〇年總統選舉的當選人。這股想法也因爲福斯新聞的推波助瀾，使川普雖然身背四大起訴案件，但仍是共和黨在二〇二四大選的總統候選人。

二〇二〇年川普敗選後，福斯在報導中指控科技公司Dominion的投票機器造假，將投給川普的選票算成現任總統拜登的票，此一指控對Dominion的名譽傷害甚鉅，也引起社會的恐慌，更讓許多人相信川普其實才是二〇二〇年的總統。在漫長的法律訴訟後，二〇二三年四月十八日福斯賠償Dominion公司七億八千七百五十萬美元（約新台幣二百四十億元），雙方和解告終。和解的意義爲何？可以解讀福斯在這場官司中認輸了嗎？認輸象徵言論自由受到侵害了嗎？

這起官司除了影響Dominion的商譽，還攸關美國媒體的未來。在雙方和解前，外界猜測，如果法院最終作出對Dominion公司有利的判決，代表美國媒體長年仰賴的「憲法第一修正案」所提供的言論自由、新聞自由保護，將受到質疑，亦即福斯的報導沒有受到新聞自由的保障。

然而，也可以從誹謗法的角度思考「憲法第一修正案」的議題，惡意散布謠言是否受到「憲法第一修正案」的保障？若是構成誹謗的新聞，是否也在「憲法第一修正案」的保護傘下？進入這個方向的思考後，「憲法第一修正案」也應該受到討論，Dominion公司若是勝訴，也不盡然代表美國言論自由受到挑戰。進一步而言，就算雙方和解、沒有開庭審理，但法官也已裁定了福斯報導不實的說法，福斯就此案達成的和解，也應該要被解讀爲認罪，同時不應該說是對言論自由的侵害。

福斯是右翼媒體，因爲它偏右的政治報導，受到極大的批評。另外一方面，美國左翼媒體也被批判存在強烈的偏見。美國媒體助長了美國政治的兩極化。

美國總統選舉因爲川普在社群媒體上譴責選舉舞弊和陰謀論，從而產生了混亂的氣氛和公眾對政治的不信任，政治上的兩極分化和衝突引發了川普支持者在二〇二一年一月六日對國會大廈的襲擊。某些傳統美國媒體在推特（Twitter，現改名爲X）上以共同的動態匯聚，報導選舉過程，並反擊川普倡導的民粹主義和假訊息的言論。媒體和新聞機構在推特上共同行動，傳播有關選舉過程的訊息，抵銷了川普倡導的言論。在此過程中，媒體重新回到訊息生產者的首要地位，監控權力來源，提高訊息眞實性和可信度，以扭轉受到假訊息影響的氛圍。

媒體在選舉過程中的中立立場受到討論，媒體固有的政治偏見以及觀眾對媒體偏見的接受程度也同樣値得重視。在政治上發生危機期間，例如國會大廈遭到襲擊，民眾便會對傳統媒體傳播的新聞感興趣，並且這種新聞的傳播率更高，對「川普質疑選舉合法性的話語」的傳播產生了壓制作用。傳統媒體在危機時期扮演了假訊息抑制者的角色，並致力於提供具有眞實性、經過事實核查和高品質的報導，以挑戰假訊息的生產。媒體在防止選舉中政治話語汙染具有重要性，公民對媒體工作的支持是防止選舉中政治話語汙染的關鍵。

然而，共和黨正在發起一場運動，反對研究假訊息傳播的大學、智庫和公司，指責他們與政府勾結，在網上壓制保守派言論。許多支持共和黨的民眾，也加入前總統川普的行列，挑戰二〇二〇年總統大選的結果。他們認爲，研究假資訊的研究人員向社群媒體平台施壓，要求它們差別對待保守派的聲音。眾議院司法委員會最主要質疑的是「選舉誠信合作夥伴」（Election Integrity Partnership），這是史丹福大學和華盛頓大學在二〇二〇年美國大選前成立的組織，目的在查明「在沒有證據的情況下壓制投票、減少參與、混淆選民或使選舉結果合法化」的企圖。

委員會在聲明中表示：「在訴訟資料中，顯示了聯邦政府如何與社群媒體公司和其他公司合作，以遏制網上不受歡迎的言論」、「委員會正在努力查明這種審查制度的眞相，以保護所有美國人的憲法第一修正案權利」。同時推特新東家馬斯克（特斯拉電動車的老闆，政治思想右翼）決定發布政府官員與推特員工之間的通聯紀錄，通聯顯示，政府官員敦促推特對散布假訊息的帳號採取行動，但並非命令推特一定要這樣做。

普遍認爲，社群媒體造成了極化政治，當美國民眾在推特的貼文中含有較多情緒意涵的文字，較少論證性的文字，更容易受到推特使用者的轉發分享，且不受到使用者的政治意識形態影響。貼文中含有較多正向意涵的文字，也容易受到推特使用者的轉發分享，但只出現在政治意識形態趨向中立的使用者。再者，當發文者具有大量粉絲追蹤、發布大量貼文、以及貼文文字含有權威性的用詞風格等三項要素時，比起少量粉絲、少量貼文及不含有權威性用詞風格的貼文發布者，也容易受到推特使用者的轉發分享。

在美國社會中擁有強大影響力的政治人物時常認爲，美國的政治環境會增加民眾使用中立線索的思考模式，如貼文中的論證性文字。然而，社群媒體使用者卻通常依賴周圍線索的思考模式，作爲是否分享貼文的依據。政治信仰與政治極端性確實會影響社群媒體使用者的分享行爲。也就是「壞事傳千里，好事不出門」。亦即民眾對於負面的訊息比較關注，對正面的訊息則習以爲常。

美國媒體市場集中度高，少數大型媒體公司擁有相當大的市場，在不同的媒體領域跨界擁有多個品牌，進一步擴大了媒體壟斷的程度。廣告商通常傾向在少數大型媒體公司上投放廣告，廣告收入也相對集中在某些媒體集團。此一壟斷現象可能影響新聞報導的客觀性、公正性和多元性，減少閱聽眾的選擇性。在多元的言論中，假新聞成爲一種政治武器，扭曲或破壞公眾意見，並可能改變政治事件的結果。無論新聞是眞是假，「假新聞」一詞的價值就是負面的。因此川普的推文和總統言詞中，他常用「假新聞」一詞給對手貼標籤，即把新聞媒體當作「人民的敵人」。但其實川普自己最常製造假新聞。

美國媒體的未來：全球媒體科技戰場

美國在冷戰時的科技發展模式相對封閉，有很多政府資本和控制。至二十一世紀時科技的創新才全面開放，美國成爲全球媒體科技的主戰場。在這個戰場上，國家安全、地緣政治都是重點。雖然美國政府與科技公司需要合作，但還有許多阻礙，包括政府與商業程序無法配合、工程背景的專業人士不見得了解科技發展對國家安全的衝擊，以及政府與民間具有類似職位的人才不易相通交流。美國防衛創新單位（Defense Innovation Unit）是個公私部門溝通的平台，未來將持續深化，它可以讓國防部進駐矽谷，民間人才亦有機會在此平台發揮專長，以因應來自中國、俄羅斯等國在媒體科技戰場上的競爭。這個單位也注意中國對於美國科技技術的蒐集，以及美國資金對於中國科技發展的協助或投資。

美國媒體科技面臨的最大勁敵是中國。美國網路科技龍頭谷歌與中國之間難分難解的問題，也鑲嵌在全球媒體科技戰場中。谷歌應該爲了商業利益留在中國，還是爲了意識形態離開中國？谷歌是否是純粹的技術公司？還是美國意識形態的一部分？當谷歌曾經在十年前聲稱退出中國市場時，一些美國媒體發出讚揚，並藉此批判中國。此時谷歌不再是純粹技術性的公司，已發展成美國意識形態的一部分。當然，谷歌在二〇一〇年退出中國市場後，對於谷歌再度回到中國市場的討論所在多有，甚至也有谷歌透過境外交易的方式獲取中國市場利益的各種作法。另一方面，TikTok是中國的科技，它短小精幹的傳播方式風行全球，美國擔心的是TikTok蒐集的大數據會為中國所用，影響美國國家安全。美國國會眾議院在二〇二四年三月通過禁用TiTok的法案。

面對以美國為核心的全球媒體科技戰場，台灣應該做些什麼？美國政治已走向兩極和極化，中間選民日益漸少，這些中間選民政治定向並不固定，是可能支持台灣的對象。近年來我國透過國內外媒體宣示的「與美國及其他理念相近國家合作共同促進區域和平穩定及發展」，便是向美國說明雙方共同追尋民主自由的目標是一致的。這些論述若能在美國媒體經常露出，便可能獲得美國中間選民的認識和青睞。

整體而言，美國媒體面臨的挑戰包括假訊息、社群媒體興盛的負面影響，和媒體壟斷等問題。媒體與政治亦敵亦友的關係將深深影響美國媒體與政治發展。

第九章　人民的名義：美國的民粹主義

吳崇涵

美國民主制度與民粹政治

美國是世界上最主要的民主國家，其民主制度是許多國家學習的對象。美國的民主發展可以回溯自獨立初期，當時受到歐洲民主思潮之影響，一七七六年的獨立宣言已經展現民主的概念，為後來民主發展奠定基礎。獨立之後，包括喬治・華盛頓在內的開國元勳起草憲法，並於一七八九年開始施行。憲法序言當中可以清楚看出美國民主制度發展的雛型。儘管憲法自施行後增加了多次修正案，但美國政府運作的基本原則離不開民主。建國兩百多年至今，一以貫之。

雖然美國的民主體制歷史悠久，但在兩大黨抗擷的政治制度下，造成多次政治上的分裂。民主與共和兩黨過去二十年以來，在內政與外交議題上互不妥協，導致國家與社會兩極化。

政黨對立與民粹主義發展

過去二十年來，美國民粹主義的獨特之處在於二元對立，以道德區分「敵」「我」、「善」「惡」的基準。這類區別，從小布希就職演講中，可見端倪。演講提及，「美國人不僅慷慨、堅強，也十分正派」、「美國爲了使二十一世紀免於威脅，將起身對抗大規模毀滅性武器」，明顯可見小布希試圖以「國族」概念，將美國形塑成良善的一方。演講也提到「自由的敵人和美國的敵人」、「美國致力於形塑有利自由的權力平衡」。美國成爲最後的解放者，認爲不自由的國家，就是美國的敵人。

二〇〇一年九一一事件後，小布希的外交政策更見民粹主義的影子。在襲擊當晚，小布希全國談話中反覆使用「我們」二字，先將自己與美國人民連結爲同質的團體。民粹主義此時之發展，圍繞著美國人民的身分及美國國家精神。九一一事件後不到一個月的時間，小布希依恃「國旗效應」爲他帶來的高支持率。對阿富汗發動「自由軍事行動」（Operation Enduring Freedom），顯示小布希的國家安全重大決定，大有民粹主義推波助瀾。

小布希在二〇〇二年國情咨文中，同樣利用道德二分法區分敵我，「若現在停止戰爭，則恐怖主義將完好無損」。這激起了美國民眾的恐懼，使民眾相信小布希是眞正帶領美國的英雄。此種形象正是民粹主義政治人物想要追求的標竿。小布希二〇〇二年在聯合國的演說，也用民粹主義分化支持恐怖主義的國家，把政府及其人民分開來。

歐巴馬執政期間，是美國民粹主義另外一個快速發展階段。歐巴馬是第一個黑人總統，對白人的優越感是很大的打擊。保守勢力藉由歐巴馬的當選，在健保、槍枝、種族和移民等許多政策上，逐漸與自由派分道揚鑣，政治上極化現象日趨嚴重。歐巴馬就任時，正值全球金融危機方興未艾，他在就職演說中指出「美國經濟衰退是因一部分貪婪且不負責任的人所致」。他的演說被保守主義者認爲，不敢直言批判華爾街的金融巨鱷。此外，歐巴馬所推出的紓困方案優先幫助銀行而不是已經破產的人民。然而爭議最大的政策，是美國政府提供約七百五十億美元，幫助房屋被法拍的屋主。且透過縮減老年健保的支出，用來執行「歐巴馬健保計畫」。以上政策被視爲奪取中產階級的社會福利，轉給低收入戶者，最後導致了保守派的民眾上街抗議，成爲茶黨運動。

茶黨的興起是美國民粹主義發展的新高峰。茶黨運動始於二〇〇九年消費者新聞與商業頻道（CNBC）的評論員桑泰利（Rick Santelli），於芝加哥商品交易所批評歐巴馬的房屋紓困計畫。桑泰利建議政府，「應該直接以公投決定人民是否願意爲失敗者提供補助金」，並向觀眾提問：「你們當中有誰願意爲你的鄰居繳房貸？他的房子有額外的浴室但他卻繳不出貸款。」這種言論充滿民粹主義色彩。他更倡議直接公投，以發揮民粹。

然而茶黨實際上包含不同團體。主要分爲草皮派與草根派。前者由資金充足且與共和黨關係密切的遊說團體組成，其訴求多與右翼經濟政策相關，如反對歐巴馬健保與反對增稅。後者則是由地方組織形成的派系。從草根派抗議標語「奪回我們的國家」可清楚辨識，他們反對移民。某些草根派的支持者甚至認爲，所謂腐敗的菁英也包含草皮派。在茶黨運動熱潮退卻之際，美國民間又出現另一股社會運動力量，這次社會運動的成員卻是左翼民眾，或者說是自由派民眾，這是相對於保守派的二元稱呼。

二〇一一年，左翼民眾認爲歐巴馬政府無心對抗華爾街菁英，並認爲占人口比重百分之九十九的一般民眾，不願再忍受頂端百分之一的腐敗菁英。他們在九月十七日起占領了紐約的公園，「占領華爾街運動」於焉展開。這場抗議的主旨是爲全美國民眾發聲，將政府與華爾街菁英視爲一群同流合汙者。「占領華爾街運動」撼動人心的訴求更傳遍全美，也得到海外的響應。此次運動迥異於茶黨所提倡生產者至上論。其論述從經濟成果分配不均來區分「敵我」。總體來說，「茶黨」與「占領華爾街運動」皆標誌近代美國民粹主義的發展，是一種自下而上的社會運動。這與小布希時期由上而下，以領導人魅力所推動的民粹主義，在形式上有所不同。

美國民粹主義發展的另一個高峰，出現在歐巴馬執政時期，歐巴馬的健保政策、槍枝管制與移民政策，都是民粹主義的戰場。首先，「歐巴馬健保」是二〇〇九年民主黨掌握多數優勢，於十二月二十四日在參議院以六十票支持，三十九票反對，通過單項健保改革法案。此舉讓共和黨與支持者大爲光火，認爲歐巴馬試圖在美國推行社會主義，破壞美國自由經濟制度。即使「歐巴馬健保」的初衷良善，希望美國大眾能享受更爲實惠的醫療保險，而不是被保險公司與醫院剝削。但保守派卻認爲，大政府與國家保險企圖剝奪人民財產，拿去救助少數族群與非法移民。這種劫富濟貧的政策，違反了美國立國精神，破壞努力就會成功的定律。極端保守主義更認爲，窮人是自己不夠努力，政府卻將美國中產民眾的所得平均分攤給窮人。這種均貧的邏輯在媒體催化下，造成民眾對「歐巴馬健保」產生偏頗的觀感。

槍枝問題是歐巴馬政府與保守勢力分道揚鑣的另一個關鍵。就在歐巴馬二〇一二年連任不久後的十二月十四日，美國康乃狄克州牛頓鎮的小學發生濫射案，造成二十八人死亡，其中包括二十名兒童。歐巴馬誓言要在他任期之內，對全美的槍枝管制定立法案，希望同樣的悲劇不再發生。當時美國的國會朝野具有相當共識，目標對槍枝進行管制，並對購槍者的背景審查訂立更嚴謹的法律。然而，就在表決前夕，占有多數席位的共和黨黨團集體跑票，讓歐巴馬在他任期內無法對槍枝管制作出任何法律規範。

歐巴馬第二任時期，則是激進保守主義者與種族主義者對移民展開進一步攻勢。歐巴馬連任成功之初，兩黨在國會都想制定較爲友善的移民法律，以吸引年輕選票。然而，共和黨保守派人士並不認爲此舉能帶來多大效益，因此在共和黨策士史提芬・班儂（Stephen Bannon）的鼓動下，激進保守主義開始攻擊共和黨建制派。一連串媒體與網路的聲浪，迫使當時眾議院多數黨（共和黨）領袖艾瑞克・坎頓（Eric Cantor）在眾議員黨內初選中落馬。這是激進保守主義的重大勝利，移民主義成爲右派堅決反對的議題，也替川普競選美國總統鋪上基石。

二〇一六年美國大選，民粹主義成爲政治人物吸引選票的最佳工具。川普競選美國總統時，他各式誇張的言論與行爲，使他成爲民粹主義的明星。「川普旋風」被稱作是茶黨運動的「突變」。民粹主義能有氣候，就是民粹主義者通常對複雜的問題，提出極爲簡單的解答。例如，川普以「美國優先」與「讓美國再次偉大」作爲其競選標語。他並認爲，美國作爲世界警察的花費太大；其他貿易大國使用「不平等貿易協定」，造成美國貿易赤字居高不下。川普更批評北大西洋公約組織是過時且昂貴的產物，聯合國是一場「政治遊戲」，「北美自由貿易協定」是史上最糟的貿易談判。他更在上任第三天就退出「跨太平洋夥伴關係協定」。

川普的民粹主義言論，將自己塑造成美國人民的代表。他認爲只有美國工人才是眞正的人民，藉此創建出一個以道德爲區分標準的排他性論述。此外，川普於二〇一六年與二〇二〇年的選戰，都宣稱自己爲沉默多數的鬥士，並以政治局外人的身分，對抗利益團體與腐敗菁英，呼籲廣大且不敢公開的川普支持者與他站在一起，這完全符合民粹主義特質。川普激化民眾的恐懼以獲取利益，並將自身形塑成人民唯一的英雄。

二〇二一年一月六日美國國會大廈正召開聯席會議，統計二〇二〇年大選選舉人團投票結果，以確認拜登成爲總統大選當選人。當日上午，川普在其推特帳號上說二〇二〇年大選是一場「騙局」，並呼籲副總統兼參院議長彭斯必須拒絕確認拜登爲新任美國總統，但彭斯拒絕了川普的要求。當日中午，川普於白宮南側的橢圓形草坪展開演說。他首先將二〇二〇年總統大選定義爲「激進左翼的民主黨人與假新聞媒體所竊取」。他再次呼籲彭斯作出正確的決斷。川普鼓動群眾前進國會大廈，煽動民眾「奪回我們的國家」。大批支持者湧入並占據國會大廈，且與維安警方發生嚴重衝突。

國會大廈占領事件嚴重傷害美國民主制度的發展，也使美國社會分裂加劇。美國眾議院決定設立「美國眾議院一月六日襲擊事件特別委員會」，全面調查國會大廈占領案的成因與影響。該特別委員會在二〇二二年舉辦多次聽證會。並於十二月二十二日發表最終報告。此報告指控川普自知將輸掉二〇二〇年總統大選，仍試圖透過汙衊選舉不公，與施壓包括副總統彭斯在內的相關官員及部門，以違憲手段贏得大選。此外，該報告也指出川普爲國會大廈占領案的幕後主使者，藉著串連「驕傲男孩」與「誓言守護者」等極右翼新法西斯團體，組織前進國會的民兵，更蓄意放縱民眾破壞國會建築。襲擊事件特別委員會於二〇二二年十二月二十日表決通過，建議司法部起訴川普，並追究川普煽動叛亂、密謀欺詐美國政府等罪刑。而司法部於二〇二三年八月八日正式由美國特別檢察官傑克・史密斯（Jack Smith），以串謀欺騙美國、串謀阻礙官方程序、串謀妨礙權利與阻礙及企圖妨礙官方程序，起訴川普。該案正在法院審理中。以上可見民粹主義在美國政治上造成的損害。

造成兩極化的首要因素，就是民主與共和兩黨支持著的世界觀不同。所謂的世界觀，是選民依據他對國際環境的觀點，來決定他在國內政治選項上的偏好。基本上美國選民有兩種世界觀，一種是「固定」的世界觀，主要對社會與文化變遷較爲謹慎小心，造成他們習慣固有的人事物。這類型的人民，不太接受外來的事物，但對固有的文化與傳統保持堅守的態度。另一類是「流動」的世界觀。具有流動世界觀的美國人民，對社會與文化規範的不斷變遷，採取理解與較爲包容的態度。流動世界觀的人民喜歡嘗試新鮮的事物，並對膚色與語言不一樣的人，保持歡迎的態度。

以上這兩派人士，對於美國國內許多議題，採取南轅北轍的看法。舉如移民、宗教、多元性別（同情性少數）、槍枝與墮胎議題等。而這裡議題的差異，正好解釋美國國內社會衝突與兩極化爲何如此嚴重。兩黨政治人物爲了迎合選民的口味，搭配媒體的渲染，紛紛往「固定」與「流動」光譜的兩極移動，更進一步分化了美國選民。

過去，兩黨政治造成極化現象並沒有如此嚴重。一九二九年開始的經濟大蕭條與隨後數十年，民主與共和兩大黨主要的差異點，並非世界觀不同，而是以財政與政府支出爲最大爭議點。民主黨在羅斯福總統的領導下，主張提供大量政府資源，來幫助少數族裔與受隔離的南方黑人。而北方共和黨員則希望政府的規模不要太大，樽節開支。可是到了一九六〇年代，共和黨開始採較爲傳統的立場，反對教育與工作上族群融合政策。之後的共和黨總統，從尼克森、雷根、老布希、小布希到川普，共和黨朝保守的意識形態前進。反之，民主黨則接納民權、女權、移民、同性戀等較爲流動的世界觀。兩大黨在政治光譜上的定位，讓美國選民的世界觀和政黨傾向更爲一致。

以地理分布來看，南方各州認同固定且保守的世界觀，投票偏向共和黨。民主黨則在大都會與東西兩岸提倡社會福利、移民和多元聲音，獲得具有流動世界觀選民的青睞。兩大黨不僅在解決問題方面南轅北轍，連基本的共識都無法達成，更將對方視爲潛在威脅。例如，在移民政策方面，固定派的政治人物將移民視爲阻止國家前進的動力，消耗社會成本與剝奪工作權的外來威脅。而流動派的政治人物與支持者，則認爲固定派的這種說法缺乏同理心與普世人權價值，與美國傳統立國理念背道而馳。單就一個移民問題，兩黨人馬就已經水火不容，再加上其他政治議題，社會更是分裂。

如此極化的美國社會，造成民粹主義勢力高漲。民粹主義是一種「認知政治世界的方式，認為要讓道德高尚和完全統一的民眾，對抗腐敗或是在其他方面道德較差的菁英」。民粹主義的政治人物，會依據自身的政治利益，主張「菁英與制度是腐敗的、不道德的，意圖不正當奪取人民的利益」。更重要的，民粹主義者認為只有他們能代表人民的聲音與意見，其他政黨或是政治人物都是偏狹和虛假的，並非真正的民意。民粹主義者試圖區分誰是真正代表人民，誰不是真正代表人民，而是人民的敵人。民粹主義也將人民區分為「本夥」與「他夥」，並在區別人民時利用「政治侍從主義」，包括物質與非物質的交換，來滿足支持民粹主義者的選民。在民粹的作用下，民粹主義政治人物可以藉由不斷的分化，以鞏固自身的聲望與支持度。

美國民粹主義發展與走向

我們知道，美國缺乏耐心的選民越來越多，而且認為政府沒有能力替人民解決問題。這些選民也認為美國政府及菁英階層不會傾聽人民聲音，因此選民希望在公共事務中扮演更重要的角色。其次，因為媒體追求點閱量，因此生產出許多負面報導，更惡化人民的情緒。更重要的，政治人物或政府官員為了吸引選民，常常扭曲事實，並運用「媒體短評」來與人民溝通，導致人民對政治產生不信任感。最後，即使是最貼近人民的公投制度，也因爲制度的僵化與束縛，造成議題分散零碎。這樣的制度亦導致各個團體之間互相競爭，進行零和遊戲，使選民更有挫折感。

美國選民日漸兩極化，兩極之間更難溝通。只要政治人物或政黨稍加操作，便會影響人民，又反過來加深了兩極間的鴻溝。激烈的群眾運動也因此孕育而生。政治人物的操作、煽動言論與極端的思想，再加上媒體趨勢，造成美國幾百年來民主發展受到嚴重阻礙。仔細推敲起來，人民是民主制度中最重要的成分，但同時也是問題所在。如何妥善處理人民角色，使人民適當參與政治，將是美國避免走向民主衰敗的重要關鍵。

以目前情況看來，美國人口百分之一的菁英階層從全球化中攫取巨額的財富，而占人口百分之五十的底層民眾卻遭受全球化所帶來的嚴重負面影響。對於這個問題，菁英階層卻袖手旁觀。其次，美國放任擁有全美財富百分之一的菁英，掌控政治命脈的金錢，用選舉捐款控制政治人物。民主政府應是民有、民治、民享的，而在一個金錢政治國家，政府卻是「由極少數人擁有，被極少數人統治，爲極少數人享有」（亦可見第九九頁）。這對民主發展極端不利。

民粹主義正在侵蝕美國的民主制度。民粹主義在過去的二十餘年急速發展，因此在二〇二四年美國總統大選扮演至關重要的角色。除了川普繼續以民粹主義至上，持續累積競選聲量外；其他政治人物也試圖運用類似的策略獲取選民認同。共和黨籍佛羅里達州州長朗・迪桑蒂斯（Ron DeSantis）甚至認爲，某些美國非裔人民仗著自己身爲少數族裔，盡情享受「反蓄奴」等歷史議題帶來的政治紅利。因此他推動佛羅里達州內教育必須加入「黑人在奴隸制度中獲利」與「黑人使用暴力」等教材。類似的言論與政策，在美國共和黨控制的州與共和黨內造成不小聲浪。

美國社會如何弭平民粹主義所帶來的負面效應？一個國家學習的能力非常重要，國家社會必須要有學習能力，選出一位具有智慧與前瞻性的領導人。但如何讓選民有足夠的智慧辨別是非，教育成爲相對重要的課題。美國社會必須從平等、教育、均富、社會福利與改善生活水準開始，從各方面教育下一代具有學習與改變的能力。一個社會具有改變與學習的能力，才能有民主政體——一個不會被民粹吞噬的政體。

第十章　種族大熔爐？美國的種族議題與移民政治

吳重禮

自從一七七六年北美殖民地宣布脫離英國獨立以來，美國一直面臨著種族議題與移民政治的挑戰。美國建國兩百多年，整體社會、政治、經濟、教育，以及文化的核心幾乎都環繞在種族紛爭之上。儘管美國社會經常被稱爲是「種族大熔爐」，然而實際經驗顯示，種族議題仍然居於美國政治的核心，幾乎所有的重要政治事務，其實都反映出種族衝突的特性。

種族議題是美國政治的核心，和美國是一個移民社會息息相關。除了早期少數的美洲原住民、愛斯基摩人之外，其他種族幾乎都是來自於外國地區，包括英格蘭、歐洲大陸、非洲、亞洲、拉丁美洲等，主要差別在於移民時期的前後。依照二〇二〇年美國人口普查資料顯示，其人口組成以白人爲多數，占了單一種族總人口數的百分之六十點三，其次依序爲拉丁裔美國人（百分之十九點五）、非裔美國人（百分之十二點六）、亞裔美國人（百分之六點二）、原住民（百分之零點七）、其他種族（百分之零點五），以及太平洋島嶼民族（百分之零點二）。

本文旨在檢視美國種族議題與移民政治的歷史背景、衝突和現狀，分析種族仇恨、移民政策，以及政治極化對美國社會的影響。

美國種族議題的歷史背景與趨勢

關於黑白之間的種族衝突，就得回溯至英國殖民時期的人力需求。當時美國經濟依舊以農耕爲主，特別是南方各州，迫切需要大量的勞動力。爲了解決人力短缺的問題，在一六一九年首度從非洲引進黑人當作商品進行私人買賣，藉以塡補勞動力不足的問題。由於農業經濟會造成土壤的耗損，所以需要不斷地擴張領土，引進人力維持生產。加上勞力密集的耕作極度耗費體力，大量地從非洲引進黑人從事勞務工作成爲可能的選項，奴隸制度於焉建立。由於黑人所從事的工作多半是低階勞務，他們被視爲私人財產，可以隨意買賣。直到一七七五年，在這一百多年期間，黑奴人數就增加至五十萬人。這種失去人權與尊嚴的生活要等到一八六五年南北戰爭結束之後，黑人才得以擺脫被奴役的身分。

一七七六年七月四日美國大陸會議通過「獨立宣言」，殖民地正式從大英帝國宣告獨立。「獨立宣言」揭櫫的立國原則：「我們認爲以下眞理不言而喻：人生而平等，享有造物主賦予給他們的不可剝奪的權利，包括生命、自由和追求幸福的權利。」諷刺的是，這些自由權和平等權僅及於當時的白人男性。

在南北戰爭前，美國有一段長期且合憲的蓄奴歷史。直到一八六一年內戰爆發後，北部在一八六三年提出「解放宣言」北軍擊敗南軍後，聯邦政府於一九六五年十二月六日憲法第十三修正案終結了奴隸制度。一八六八年七月九日，憲法第十四修正案涉及公民權利和平等權，確保種族、宗教、性別，人人應得到平等的法律保護。一八七〇年二月三日，憲法第十五修正案規範選舉權不能因爲種族、膚色或曾服勞役而受到剝奪。有色人種才得以獲得法律的保障。

然而，法律規範和社會實務往往存在顯著落差。在南北戰爭結束之後，儘管黑人獲得法律保障，享有自由人的身分，不得屬於白人資產，然而對於黑人的長期歧視，卻早已內化爲許多民眾的偏見。尤其是在南方各州，諸多地方政府採取「種族隔離法」。對於黑人施加各種不平等的待遇。例如，刻意制定規範強制公共設施必須依照種族的不同而隔離使用。大眾運輸工具區分白人車廂和黑人座位、學校會劃分白人就讀與黑人就學、餐廳區隔爲白人用餐與黑人餐館，甚至連公共廁所也會區隔爲白人專用與黑人使用，避免種族之間的頻繁接觸。

就政治層面來說，黑人在苛刻資格限制下被摒除在政治參與之外。舉例而言，爲了因應憲法第十五修正案的規範，南方數州制定「祖父條款」，以人頭稅、識字測驗、財產要求、登記程序等限制選民資格。除非是在南北戰爭前已經擁有選民資格的民眾及其後代才免於限制，藉此保障白人多數的政治地位。這些歧視政策在一九一五年和一九三九年，最高法院分別宣告祖父條款和識字測驗違憲，而人頭稅選民篩選程序直至一九六四年通過的憲法第二十四修正案才被廢止。

這些不合理的種族隔離和歧視政策確實貶損黑人的政治社會經濟地位，然而在當時卻列入法律。一八九六年美國聯邦最高法院在普萊西對佛格森（*Plessy v. Ferguson*）案中，確認「分離但平等原則」。亦即各州政府以法律強制實施種族隔離制度，只要在制度設計下，提供一致且同等的設施，便無違反憲法之平等原則。之後一八九九年康明對里奇蒙郡教育委員會（*Cumming v. Richmond County Board of Education*）案和一九二七年的魯姆對萊斯（*Gong Lum v. Rice*）案，最高法院仍然維持種族隔離合法性。

直到一九五四年布朗案（亦見第三六—三七頁）判決，對於黑人長期歧視對待才有了轉機。該案爭執點在於，由於種族隔離政策，即使黑人與白人小孩都可就學，但是因爲各州的黑人比例不同，使得各州所擁有的黑人與白人學校比例不一致，導致鄰近白人學校的黑人學童無法就近入學。在時任首席大法官華倫的領導之下，最高法院宣布分離但平等原則是違憲的，理由在於黑白分校的制度不但剝奪有色人種孩童在法律的平等權，也會因該政策強化黑人的劣勢地位與種族標籤，影響其學習動機，並傷害他們的身心發展與表現。此判決對社會帶來相當深遠的影響，也為一九六〇年代風起雲湧的黑人平權運動揭開序幕。華倫的最高法院於推動種族平權、自由主義風潮的社會改革上，發揮了重要的政治影響力。

爾後，與黑人相關的權利受到更多關注，保障有色人種的權利法案也陸續通過。例如，一九六四年通過的「民權法」，宣告所有民眾應被公平的對待，不得因為種族、膚色、宗教或國籍而受到歧視或隔離。一九六五年通過的「選舉權法」，保障少數族群的投票權，特別是黑人的投票權，對於日後有著相當深刻的影響。一九七一年史旺對夏洛特麥肯伯教育委員會（*Swann v. Charlotte Mecklenburg Board of Education*）判決中，最高法院一致支持以公共汽車載送同一地區之黑白學童到校上課，以落實「黑白合校」的政策，作為解決學校種族不平衡問題的適當補救措施。

儘管平權法接二連三通過，黑人的權利逐漸受到社會各界重視，然而黑白種族之間的衝突並未就此平息，反而有益趨嚴重的傾向。在一九六〇年代黑人平權運動興盛時期，聯邦政府提出「平權措施」惠予少數族裔或婦女，特別是黑人，無論是就業、教育、工程承包和醫療方案，例如入學的種族配額和選舉的性別配額等，藉此避免少數族群在各個領域受歧視，積極促進黑白種族之間的融合。持平而論，平權措施確實對於提升黑人社會經濟地位、增加黑人中產階級人數，以及強化黑人族群的政治參與，有著顯著的影響。

然而，這些提供黑人就業或就學機會的舉措，也經常引起「逆向歧視」等爭議，帶來許多負面的影響，引起許多白人和其他少數族裔（尤其是亞裔人士）的不滿。最明顯的例證是，在二〇二三年六月學生平權入學組織案（亦見第四七頁）判決中，最高法院宣告哈佛大學和北卡羅萊納大學在招生中的平權措施是違憲的。因爲學校錄取策略將種族列入考量範圍，且有意維持不同種族比例的學生人數，這使得原本可以錄取的亞裔人士遭到淘汰，因而違反了民權法案的平等保護條款。更重要的是，將學生分類，可能導致標籤化與刻板印象，即使是補救過去違反憲法或法律的歧視行爲，平權措施應該要持續受到監督，以確保不必要的損害。

除了法律規範之外，美國社會對於平權措施也產生諸多迴響和批評。其中，「新右派」的批評值得關注。該派主張，回歸基本傳統價值，反對政府持續擴大行政權、反對增加民眾賦稅、反對制定更多社會福利政策、福利救濟機構、反對增加國家財政負擔，並且要求恢復自由競爭的政治制度等。儘管新右派的訴求並未明確地提及對於黑人的歧視，但其背後卻意味著歧視黑人的種族主義，批評黑人青年拒絕從事勞務工作，導致黑人犯罪率和政府提供的救濟金大幅增加。時至今日，雖然保障黑人權利的法律已相對完善，但是對於黑人的刻板印象和種族歧視，仍然深植於種族主義者心中。因此，迄今仍有諸多社會議題涉及種族議題，並且引發若干社會運動提倡黑人平權。一九九二年洛杉磯爆發的一系列動亂，以及近年來觸發的「黑人生命珍貴」事件，或許是最爲顯著的例證。

一九九二年洛杉磯暴動起因於，一九九一年三月一位保釋出獄的黑人朗尼・金恩（Rodney Glen King）因爲酒後超速並且企圖逃跑。被口頭警告無效後，遭到四名警察包圍，一名警長以高電壓警棍攻擊金恩的頭部和身體，另兩名警察則以警靴猛踢。在一連串警察的暴力對待之後，金恩才就範並戴上手銬就醫。整體事發過程被附近居民拍攝記錄，並提供給地方電視台播出。之後各大全國電視台也接連播放畫面。次年四月二十九日地方法院陪審團宣判，四名被控「使用武力過當」的警察判定無罪釋放，導致上千名對此判決不滿的黑人與拉丁族裔上街示威遊行抗議，最終引發一連串的縱火、破壞公共設施、搶劫私人財物和示威暴動，並波及包括亞裔（特別是韓裔）在內的各個族裔的緊張關係。在幾個大城市，諸如拉斯維加斯、舊金山、紐約市、西雅圖、芝加哥、費城等，也發生類似暴動事件。根據事後統計，整起暴動造成約十億美元的財產損失，並有五十三人於暴動中死亡，數千人輕重傷，震驚全球。

「黑人生命珍貴」事件最初發生在二〇一二年二月。當時佛羅里達州有位西班牙裔的白人警察喬治・辛門（George Zimmerman）槍殺非裔青少年崔佛・馬丁（Trayvon Martin）。然而在二〇一三年七月地方法院卻宣判辛門無罪，在社群媒體的推波助瀾之下，發起重視黑人生命的議題。二〇一四年在密蘇里州聖路易郡的黑人青少年麥克・布朗（Michael Brown），以及紐約市的黑人艾芮克・加納（Eric Garner）同樣受到警察使用武力而喪生，陸續發生多起全國抗議行動，然而並未釀成風潮。直到二〇二〇年再次發生黑人喬治・佛洛伊德（George Floyd）在明尼蘇達州因爲警察不當執法而死亡，再度引起示威抗議。警方拒絕回應群眾的訴求，甚至以催淚瓦斯驅逐示威民眾，導致後來的火燒警局事件。隨著全國各地抗爭越演越烈之後，該運動才逐漸受到大眾的關注和認同。最後涉及該案的警察均被判重刑。

移民政治的發展歷程

除了前文提及的黑白種族對峙之外，移民問題在美國社會同樣引起許多爭議。美國社會因爲人口組成多元，種族之間也容易產生摩擦。主要還是指白人與各個少數種族之間的對立。值得注意的是，在許多大都會地區，黑人、拉丁族裔、亞裔之間的衝突亦時有所聞。以下簡要介紹美國移民的主要來源和移民政策的演變，並且討論當前社會如何看待移民的問題。

所有的移民都與人力資源短缺相關，因此國家會選擇從其他國家或地區引進人力，以解決勞動力不足和產業發展的問題。關於美國的移民潮，大致可以區分爲四個階段。首先是在一七七六年建國之前，當時的殖民英國政府因爲迫切需要人手協助開墾土地，因此開放歐洲大陸和英國民眾移民到北美殖民地從事耕種。除此之外，殖民者和北美地區商人也從非洲運送大量黑人當作奴隸，然而這些黑人有些是被強迫俘虜送往新大陸，並非自願移居至美國，故稱其爲移民或許並不恰當。根據一八六〇年人口普查資料顯示，當時黑人數量約四百多萬，其中將近百分之九十都是奴隸。

第二波的移民風潮發生在一八二〇年代至一九二〇年代期間。當時受到法國大革命的影響，歐洲動盪不安，加上一八六五年之後美國南北戰爭結束，時任總統尤里西斯・格蘭特（Ulysses S. Grant）爲了化解南北戰爭帶來的社會衝突，便大量的鼓勵民眾向西部拓荒開墾。礦工們占有資源豐富的礦產山間並設立標界，畜牧業者占聚廣闊大草原和河谷進行牛羊放養，農夫則紛紛往大平原發展農耕。在西部拓荒過程中，需要大量的勞動力進行鐵路興建，許多移民從愛爾蘭、義大利、俄國、東歐國家，到美國從事低階勞務工作。另外，有些公司也從亞洲地區招募華人及東南亞人到西岸地區工作；相較之下，日本和韓國的移民則較少。

當時美國社會的工業和農業發展處於壟斷的時代，在鋼鐵、鐵路、石油、電信等行業，幾乎都被少數企業寡占。在政治方面，也呈現類似的情形。自十九世紀中葉至二十世紀中葉，「黨機器政治」在諸多都會政治中，經常扮演著關鍵的角色。紐約市、波士頓、堪薩斯市、芝加哥都是知名的案例。其主要起源於南北戰爭結束之後，工業化的迅速成長，使得擔任州、地方政府職位成爲擄獲經濟分配特權的捷徑。政治腐化貪污、購買官職、「分贓制度」的惡風猖獗，政府官員習以犧牲公共資源造福大型企業與利益團體。在分贓制度之下，政治忠誠與否成爲指派公職的唯一標準。因爲地方黨部掌握基層票源，使得有意參選公職、黨代表的候選人，必須臣服在地方黨部之下。這些候選人在競選成功之後，則由地方黨部控制與分配各種恩惠的官職。分贓制度造成「黨機器」及其「黨頭目」的興起。

政治機器在都會地區甚爲普遍，這和大量低階移民進入美國社會有關。這些沒有什麼教育的勞工移民想要建立家庭，只有選擇在都市落地生根，因爲在非都會地區可能受到白人社會的排擠。他們缺乏足夠的語言能力，沒有辦法透過正式管道向政府機構表達需求。這些移民往往只能依附在相同族裔關係組織中，靠組織的庇蔭照顧而生存，藉以解決個人困難或者和政府機構溝通，好申請個人就業機會、孩子就學、房屋租賃、提供住宅優惠補助等。這些非正式關係組織在提供協助安頓移民之後，一旦這些缺乏政治經驗的移民取得公民身分、獲得投票資格，組織當然會取得這些民眾的社會支持。組織可以指導他們的投票意向。這些關係組織逐漸成爲政治機器，利用社會資源和物質誘因解決移民難題，藉以換取選民選票。

簡單地說，美國都會地區的政治機器宛如傳統社會中的派系組織。掌握政治機器的黨頭目得以扶植所屬黨羽當選，任免人事，亦趁公職之便攫取資源，例如承攬公共工程等。在資源分配過程，政府經常無法有效提供公共服務，但黨頭目占了政府中的一席之地，當然大行其便，把政府服務給自己的選民。興起於十九世紀末期的「進步運動」則是意圖打擊政治機器的社會改革運動。進步運動主要致力於建立廉能有效的政府，希望運用公權力以革新積弊、反對私人企業獨占政治、經濟與社會利益、鼓勵市場競爭。再者，進步運動也促成了政府公職制度的改革，以公職人員「功績制度」來取代分贓制度，藉此削弱政治機器的箝制力，並且阻絕金權徇私的管道。進步運動主要著眼於破除腐化的分贓制度，減弱大型企業壟斷行爲、防止限制貿易，以及壓制政治機器的政治影響力，從而重建經濟個人主義與追求政治民主發展。在一九二〇年代之後，進步運動改革措施、郊區發展、以及人口流動造成的社區關係淡化，逐漸削弱政治機器對於都市地區的實質控制力。

第三波移民潮則是始於十九世紀末期的工業化浪潮。許多在歐洲小有成就的資產階級將他們的經驗技術和資本帶入美國，參與工業化的大規模發展。在農業耕種和畜牧方面，機器設備的快速進步（包括機械槽、播種機、施肥除蟲機械、收割機、以及篩穀機等）取代以往工作所需要的大量人力。畜牧農田耕作面積加倍，人力使用反而減少。農場和牧場生產的糧食、棉花、牛肉、豬肉與羊毛，不僅可供國內所需，還有大量的剩餘出口。在基礎工業崛起之後，新的移民潮以歐洲的熟練技工和企業界人士爲主，包括工程人員和商業經營者。除此之外，若干東歐勞工在此時移民至美國。在這波移民潮中，這些具有技術和資金的移民成爲日後中產階級的骨幹；至於缺乏技術和資金的移民，則成爲勞工階層。

第四波的移民潮出現在二十世紀末期。受到戰爭的影響，許多民眾爲了避難紛紛移民至美國。這波移民潮不僅有來自歐洲的白人，其他像是華人、菲律賓人、韓國人、越南人、印度人等也大批進入，使得多元文化更上層樓，也爲日後的種族和文化衝突埋下種子。

如前述，美國政府的移民政策演變勢必與勞動力需求緊密相關。回顧四波移民潮，起初因爲缺乏勞工，對於願意移民至新大陸的勞工，多張開雙手表達歡迎。隨著美國社會的工業經濟日漸茁壯，來自世界各地的民眾爭先恐後的移入，一方面造成社會內部的種族衝突，另一方面也影響經濟發展和社會福利資源分配。從美國移民政策看來，我們可以發現，對於移民的限制可分成品質管制和總量管制。前者是爲了防止罪犯與娼妓的移入，後者則是避免過多的移民移入美國，對社會造成過大的福利政策負擔。回顧這段期間，在民主黨執政時期，對於移民政策抱持較爲寬容開放的態度。反之，在共和黨執政時期，則傾向採取保守政策，緊縮移民人數配額，並且嚴格管制、稽核移民子女和父母的身分。

時至今日，美國國內對於移民議題仍然存在巨大分歧，特別是川普擔任總統期間，族群對立更是達到高點。二〇一六年川普甫上任之初，逐一兌現其選前提出充滿歧視的移民政見，包括在美墨邊界建立高牆，甚至將「壞蛋」的標籤貼在墨西哥移民身上。頒布「穆斯林禁令」，限制來自伊朗、伊拉克、利比亞、索馬利亞、敘利亞、蘇丹，以及葉門等七個國家的穆斯林人民入境，原因只是基於一句「維持美國國土的安全」。種種對於其他少數族群的歧視，等到二〇二一年拜登總統就任之後才告一個段落。

政治極化對種族議題與移民政治的影響

當今美國社會所面臨的問題，無論是黑白種族之間的衝突，或者是移民問題，背後都與政治極化有著相當的關聯。這是因爲製造仇恨可以有效動員選舉。在社群媒體興盛的年代，仇恨言論能快速的傳遞，進而降低動員成本。

政治極化係指兩個群體透過劃定彼此之間的邊界而相互創造鴻溝，各自在自我邊界內創建一個認同和對抗的對象，只有在自己陣營內部才有辦法達成共識。簡言之，政治極化也就是民眾或政治人物的政治態度或者是議題立場天差地遠，彼此之間不但沒有交集，還會越離越遠。因爲政治極化，美國民眾在面對種族或者是移民問題時，常常無法了解對方的想法，以致於衝突不斷。

政治極化影響的範圍甚爲廣泛，種族主義是其中之一。種族主義是一種隱性偏見，早已遍布在美國社會當中。隱性偏見是指一些刻板印象被深植到人們腦海中，就像反射動作一般。儘管多數民眾拒絕承認自己具有種族主義傾向，然而研究發現，在就業市場中，當應徵者的履歷、經驗頗爲相似時，白人求職者接到面試電話的機率，比拉丁裔或非裔的求職者高出百分之五十。法官在進行審判時也會對於有色人種存在系統偏見。

政治極化就好比是催化劑，使得種族主義的影響不斷發酵，在雙方陣營各自爲伍的前提下，族群對立的情況越來越嚴重。面對黑人高比例的失業率、失學率、犯罪率等統計數字，多數保守白人會認爲黑人行爲反映的是其叛逆性格，只重視個人權利，缺乏社會責任感，偷懶且不願工作。然而，對於黑人來說，貧窮階級的黑人所以如此，是因爲長久受到歷史和社會經濟地位低落的影響。仍有許多黑人中產階級積極爲社會付出，但如果僅以若干黑人不當的行爲來概論所有黑人族群，都無疑是挑起種族對立。

誠如前述，製造仇恨是選舉動員最佳的工具。政治人物經常藉由操弄選民的負面情緒以贏得選舉，二〇一六年總統大選即爲明顯的例子。川普在競選期間，就曾將拉丁美洲的移民形塑成十惡不赦的壞人。加上白人本身對於移民就存有程度不一的成見，使得若干民眾對於拉丁美洲移民戒愼恐懼，進而支持川普在美墨邊境設立高牆的政策。許多研究指出，在二〇一六年總統大選中，移民議題與選民的投票抉擇有著相當強烈的關聯。強烈希望減少移民人數的選民會傾向支持共和黨，相反地，支持民主黨的選民則較不支持管制移民人數。對於移民議題的態度也讓兩黨支持者的距離越來越遠，民主黨人看共和黨爲文化局外人；共和黨人則視民主黨爲白人種族主義的威脅。

種族主義所引發的仇恨多會間接地挑起不同族群之間的衝突，尤其是當美國社會遭受衝擊時，族群對立會更加明顯。舉例來說，歷經九一一恐怖攻擊過後，民眾對於穆斯林族群的攻擊呈現顯著增加，根據「美國伊斯蘭關係委員會」的報告指出，二〇〇一年對於伊斯蘭民眾的騷擾事件足足是一九九五年的七倍之多。聯邦調查局的資料也顯示，在九一一事件過後，對穆斯林的攻擊主要來自白人。值得警惕的是，實證統計數據顯示，多數民眾甚至支持政府針對穆斯林採用酷刑和無授權的監聽行爲，以非人道的手段對付蓋達組織成員，來換取組織的情報。

類似情形也發生在亞裔族群身上。自從二〇一九年底新冠肺炎疫情爆發之後，亞裔人士飽受攻擊。根據美國商務部二〇二三年的推估，大約有五百四十萬亞裔美國人遭受攻擊。從聯邦調查局所提供的數據可以發現，在疫情爆發前後，美國社會對亞裔人士仇恨犯罪的攻擊有明顯地提升，創下單年最高紀錄。針對亞裔的攻擊事件，加害者同樣是以白人爲主。

根據二〇二二年哥倫比亞大學的一項調查中，亞裔美國人普遍遭受到種族歧視。這項研究調查了六千五百名亞裔族群的經驗，結果顯示，近百分之七十五的受訪者在過去一年中確實經歷過種族歧視，百分之五十五的受訪者對於仇恨犯罪或騷擾行爲表示擔憂。每五名受訪者中就有一名曾經遭受種族侮辱或騷擾，近百分之十的亞裔人士曾面臨人身恐嚇或攻擊。這些數字表明種族歧視對於亞裔族群帶來了重大影響。迄今種族主義仍在持續加劇，造成這種現象的原因很多。川普將新冠病毒稱爲「中國病毒」的言論，可能也是導致反亞裔情緒驟升的主因之一。共和黨的政治人物和社群媒體積極宣傳中國刻意製造病毒，這項陰謀論獲得右翼媒體的極度認同，煽動了民眾的恐懼心理和排外情緒，針對亞裔的仇恨言論和行爲因而不斷加劇。

結論

種族和移民議題始終是美國社會的核心。本文探討種族與移民議題的複雜性，並且簡述種族仇恨、移民政策，以及政治極化對美國社會造成的挑戰。種族議題造成社會大眾互信程度下降，進而使得公民社會與政府決策缺乏效率。如何消弭種族之間的衝突成爲一項重要課題。至於如何建立一個包容多元的社會，我們可以援用研究種族政治的「接觸理論」學說，略爲說明。在種族政治研究中，不同種族團體對於彼此的政治態度是關鍵。這些研究探討，究竟在何種情況下，人們對於其他種族團體能夠減少偏見和負面評價，提升互信程度和正面觀點，進而建立更爲包容開放的多元種族社會。

接觸理論提供種族之間消除偏見和刻板印象的邏輯推論基礎。該理論認爲，種族接觸有助於降低種族偏見與敵意，當彼此合作且相互依賴時，可以促進雙方關係，使得不同種族彼此「接受」、「善意」、「容忍」以及「和諧」。有些研究證實這種論點，當不同種族團體具有合作或是共同目標，藉由頻繁接觸、溝通和交流，分享共同的社會經驗，有利於形成和諧、融合、正面的種族態度。當某些特定種族獲得更多關於其他種族的資訊，頻繁接觸會促使種族之間減少偏見，並開始建立關於其他種族較好的印象。研究指出，民眾個人之間的接觸和互動，可以幫助人們認識和了解其他外部團體成員，減少負面刻板印象。亦有經驗研究指出，不同種族的接觸與交往，產生了友誼進而了解彼此，有助於降低種族偏見，甚至對於不同族群產生好感。

接觸理論強調並非僅藉由接觸就可以消弭族群偏見，仍然要取決於種族接觸的「質」與「量」。換言之，種族接觸必須在某些「最佳條件」下，才有效果。舉例來說，在學校或工作場所中，具有「共同目標」、「團體合作」、「平等地位」、以及「權威支持」，這才能夠達到消除彼此負面態度的效果。更明確地說，在政治社會化過程中，當學校的教師和行政人員、工作職場的主管、族群團體的社會菁英對於種族接觸表達支持，並且對於多元種族行爲有明確贊成的態度，種族和諧才可維持。

儘管建立多元包容社會有益於和緩種族議題和移民政治，但是政治菁英爲了贏得選舉，往往透過社群媒體積極訴諸種族議題，造成政治極化。所以如此，是因爲這些種族議題屬於「簡單議題」，其特性在於民眾無需投入高度的資訊成本，也不必要有充分的政治知識，僅需藉著基本常識便可判斷種族議題的是非、區分不同群體，並且製造仇恨動員。種族議題與移民政治，仍將持續主導美國社會的發展脈絡。

Part 2

美國經濟

第十一章　自由貿易vs.保護主義

劉大年

本文探討一九九〇年代以來美國貿易政策的變化。美國一直是自由貿易的倡導者，也支持多邊貿易體系。「關稅暨貿易總協定」（General Agreement on Tariffs and Trade, GATT）下烏拉圭回合談判的僵局，若沒有美國的支持與協調，也不可能在一九九五年提升成爲世界貿易組織。

美國歷任總統由柯林頓、小布希到歐巴馬都主張自由貿易。他們在步調上有些調整，但整體思維不變。美國也積極推動區域經濟整合，期間也簽署了不少自由貿易協定。

到了川普總統時期，美國貿易政策有了很大的調整，除了跟川普個人立場有關外，美國本身的經貿情勢變化也促成此轉折。川普認爲美國過去鼓吹自由化，簽署不少自由貿易協定，卻造成美國國內就業機會流失，對美國不但有傷害，更是非常不公平，所以由鼓吹自由貿易轉而建構以保障產業及勞工的貿易政策。

拜登上任後，雖然對川普的貿易政策有些調整，但美國貿易政策離開自由化的基本方向並沒有改變。美國不追求以市場開放爲主的自由貿易協定，而以建構符合美國利益的經貿協定。

當然在談到美國貿易政策時，特別是川普之後的部分，若沒有觸及到對中國大陸貿易政策就不夠完整。所以本文也會分析美國對中國大陸的貿易政策，以及近年來美中經貿對抗的問題。

自由貿易：廣簽自由貿易協定的年代

多邊與雙邊之趨勢

美國一向支持多邊主義，主張在GATT架構下推動自由化，對於洽簽區域貿易協定並不熱衷。在一九九〇年代以前美國僅與以色列（一九八五年）和加拿大（一九八八年）簽署自由貿易協定，不過這兩個自由貿易協定對美國均有特殊性，也有政治考量，並不能顯示美國由倡議多邊轉為重視雙邊。影響美國重視區域結盟的主要因素是由於國際貿易組織談判時程拖延，使得美國更加重視自由貿易協定的建構。

表11-1列出美國簽署自由貿易協定的成果。

美國對外貿易談判概念通常稱之為競爭性自由化，主要是利用多管道，包括雙邊、區域以及多邊的方式，同時推動貿易自由化。美國主張同時利用多管道方式推動貿易自由

表11-1　美國參與區域經濟整合概況

國家	簽署年	生效年
以色列	1985年	1985年
加拿大	1988年	1989年
北美自由貿易協定	1992年	1994年
約旦	2000年	2001年
新加坡	2003年	2004年
智利	2003年	2004年
澳大利亞	2004年	2005年
摩洛哥	2004年	2006年
巴林	2004年	2006年
多明尼加－中美*	2004年	2009年全面生效
阿曼	2006年	2009年
秘魯	2006年	2009年
韓國	2007年	2012年
哥倫比亞	2006年	2012年
巴拿馬	2007年	2012年
跨太平洋夥伴關係協定（TPP）	2016年	—**

* 此為美國與多明尼加以及中美洲五國薩爾瓦多、宏都拉斯、尼加拉瓜、瓜地馬拉、哥斯大黎加所簽署之自由貿易協定。

** 美國在2017年退出。

資料來源：作者。

化，可以加速自由化時程，進而確保美國的經貿利益。

美國競爭性自由化的思維，使得美國擴展自由貿易協定上居於主導的地位，除了因為美國經貿實力雄厚，本身即具有談判優勢。更重要的是藉由多管道並行的方式，可以進一步強化美國在談判中的優勢地位。美國也善於利用其國內市場開放的誘因，藉由自由貿易協定要求其他國家進行大規模自由化及制度改革。不過美國此種推動模式也並非無往不利，美國嘗試以北美自由貿易協定模式推動涵蓋全美洲（古巴除外）的美洲自由貿易區，即遭到巴西等國的反對，而使該構想並未成功。

美國篩選洽簽自由貿易協定的對象上，除了經貿利益之考量，政治因素亦為重要考量。此趨勢在九一一事件之後更為明顯。另外，自由貿易協定對象國是否符合美國外交利益，支持美國對外政策也是考量重點。例如，美國選擇澳大利亞而非紐西蘭建構自由貿易協定，即是因為澳大利亞較支持美國的外交政策。又以美韓自由貿易協定為例，美國認為與韓國洽簽自由貿易協定除了經濟效益外，也可牽制中國大陸，並將美國影響力擴及東北亞。更重要的是美韓自由貿易協定可進一步強化美國與韓國在戰略夥伴上的結盟，有助於推動朝鮮半島的和平。

二〇〇四年美國國會的審計總署，將美國洽簽自由貿易協定選擇對象的準則彙整如下：一、洽簽對象在政策決心、貿易能力和法治系統的準備是否已就緒；二、簽訂自由貿易協定有助於美國經濟及商業利益；三、簽訂自由貿易協定有助於擴展美國貿易自由化策略；四、洽簽對象與美國利害關係一致，尤其是對外政策的立場；五、國會或私人部門支持此一特定自由貿易協定；六、考量美國政府資源的限制。

除了上述六項原則之外，美國在選擇自由貿易協定對象時，通常也會要求洽簽對象先進行一些改革以符合基本條件，美國才會開啓自由貿易協定談判。以美韓自由貿易協定爲例，美國認爲韓國必須先調整保護韓國本土電影的螢幕配額後，雙方才有可能啓動自由貿易協定談判。

綜合以上的說明，美國參與自由貿易協定的主要立場可以歸納爲「一項前提與六項原則」，一項前提爲美國在決定與其他國家進行自由貿易協定談判前，談判對象必須先符合美國的基本要求。而六項原則即爲以上提出的六個評估自由貿易協定洽簽對象的準則。在此原則之下，美國在二○○三年之後，先後簽署了多個自由貿易協定。

在共和黨小布希執政時代，美國推展區域經濟整合成果最爲可觀。不過在二○○八年歐巴馬政府上任後，美國對全球區域整合態度有些轉變。主要是受到以下兩因素影響，一是美國總統歐巴馬對於自由貿易的態度較爲保守，二是已於二○○七年六月三十日失效的「促進貿易授權法」，遲遲未獲得國會同意延長授權，使美國在推動自由貿易協定受到限制。

相較於布希政府，歐巴馬的貿易保護主義色彩較爲濃厚。他不認爲自由貿易協定皆對美國有利；若自由貿易協定無法有效打開他國市場，將使美國勞工權益受損。歐巴馬也主張美國未來在推動自由貿易協定時，必須納入勞工及環保標準。歐巴馬任內也重啓在二○○七年已簽署的美韓自由貿易協定的談判，雙方在二○一○年簽署修訂版之協議。

另外，當時美國國內對於美國與中美洲六國的自由貿易協定反對聲音也很大，認爲影響國內就業市場。此外，歐巴馬也曾表示希望就已實施長達十多年的北美自由貿易協定進行調整或重啓談判，如針對勞工與環境標準進行討論，甚至可能納入能源議題等經濟合作項目，以便符合當前的需求。

除了在自由貿易協定態度轉變外，美國對於貿易政策也轉爲堅定。例如對於中美緊張的貿易關係，歐巴馬亦採取較爲強硬的態度，任內美國與中國在經貿議題上的摩擦有增無減。

美國當時爲了尋求在東亞的突破，提出重返亞洲以及亞太再平衡的戰略，而開始由「跨太平洋戰略經濟夥伴協定」切入。這個協定於二○○五年由新加坡、汶萊、紐西蘭及智利等四個國家簽署，並於二○○六年生效。

跨太平洋戰略經濟夥伴協定原本並不受重視。不過在二○○八年九月，美國宣布正式加入談判，成爲該協定的第五個成員，並將其更名爲「跨太平洋夥伴關係協定」（Trans-

Pacific Parthership, TPP），該協定重要性大幅躍升，且成員不斷增加。在美國之後，澳洲（二〇〇八年）、秘魯（二〇〇八年）、越南（二〇〇八年）、馬來西亞（二〇一〇年）相繼加入，二〇一二年墨西哥、加拿大亦先後成爲正式談判成員。日本於二〇一三年成爲TPP第十二個成員國。二〇一六年，十二國在紐西蘭完成簽署TPP。

美國對中國大陸的貿易政策立場

美國廣簽自由貿易協定的年代，也必須說明對中國的貿易政策。在一九八〇年二月一日起美中相互給予最惠國待遇，美中貿易步入正常化發展。不過美國認爲中國爲「非市場經濟國家」，美國給予中國的最惠國待遇須由總統每年提出，並由國會審議。

一九九三年柯林頓上台之初，簽署行政命令要求中國必須在人權問題有所改善，才能考慮延長中國最惠國待遇。不過這項命令在國內企業團體爲拓展中國市場而積極進行遊說下，僅維持一年時間。

直至中國大陸二〇〇一年加入世界貿易組織之前，美國國會每年都會因是否給予中國大陸最惠國待遇而發生爭執，但中國大陸還是每年都獲得了最惠國待遇。

二〇〇〇年，美國透過給予中國永久性正常貿易關係的地位，結束對中國最惠國待遇的年審機制。而中國也在美國支持下，於二〇〇一年十二月十一日正式加入世界貿易組織（World Trade Organization, WTO）。中美貿易關係自此納入到世界貿易組織多邊貿易體制架構之內，但美國自始至終沒有承認中國的市場經濟地位。

中國大陸加入世界貿易組織並未履行承諾，市場並未大幅開放，反而藉由世界貿易組織壯大。美國原本期待當中國的私人企業變強大以後，市場將主導資源的分配，中國就會成爲一個市場經濟國家，但正好相反。中國的目的則是建立國家級企業可以主導的市場秩序，政府再透過對國家級企業的控制來操作市場秩序。

面對中國崛起，歐巴馬總統一方面與中國大陸進行更廣泛的合作，另一方面則透過重返亞洲、亞太再平衡及全力推動跨太平洋夥伴關係協定等戰略布局，企圖對中國大陸進行遏制及圍堵。

另一方面，美國國內關於「中國威脅論」的聲調越來越高，對中國大陸的看法也越來越負面。而歐巴馬的中國政策也在美國國內日益受到批評，認爲過於軟弱。

二〇一六年美國總統候選人川普及希拉蕊，同步譴責中國不公平貿易行爲，美國對於中國大陸的態度有明顯的轉變。其中川普抨擊中國大陸「耍手段」、違背世界貿易組織規則進行不公平競爭、犯下「史上最嚴重的盜竊」。川普認爲中國對美國進行經濟侵略，威脅美國及全球經濟，但國際規範無可奈何，美國必須採取自主行動，要對中國大陸嚴格的制裁，果然在當選之後化爲實際的行動。

二〇二〇年美國總統大選，對中國大陸經貿議題依然是焦點。川普政策中，對中國大陸政策獲得支持度最高，所以選舉期間川普除了宣揚政策外，也指責對手無法壓制中國。拜登也主張對中國採取強而有力的制衡。

川普的轉折：還給美國公平

自由化是美國之前貿易政策的主軸，美國認爲自由化的利益透過市場的機制可以分配到各階層。即使市場運作發生問題，也可以透過政府規範，例如貿易政策調整協助的措施，使得社會各階級都蒙受其益。

但是川普顯然認爲這種運作機制完全失靈，貿易自由化使得美國成爲各國產品銷售的重要市場，不但對美國沒有幫助，反而使得美國就業機會流失、經濟下滑、所得分配不斷惡化，所以必須要矯正這種不正確的貿易措施。

川普認爲美國過去貿易政策發生很大問題。廣簽自由貿易協定營造出美國高度自由化的貿易環境，但其他國家對美國開放卻較小。自由化的利益絕大多數掌握在跨國企業手中，中小企業無法享受到，美國經濟反而受到傷害，並造成分配不均的問題。

綜合而言，如果用一最簡單字句來形容川普經貿政策思維，就是「公平」。川普認爲整個世界經貿環境對美國都不公平，而使美國受到傷害，必須加以改正。美國受到不公平待遇的指標就是貿易赤字。美國貿易赤字在二〇一六年即川普就任前一年爲七千三百五十四億美元，其中有將近一半的三千四百七十億美元是來自中國大陸。

川普首要任務，就是要世界各國在美國公平的基礎下來解決貿易赤字，否則其他都免談；只有在公平的基礎下，美國才願意與其他國家拓展經貿關係。

川普甚至認爲貿易赤字不僅是經濟問題，也是國安問題，使美國再度偉大的關鍵就是解決美國巨幅貿易赤字。美國高貿易逆差是因爲外國的不公平貿易措施，必須由抑制外國不公平貿易措施著手。

川普先強化美國既有的貿易機制。例如，依據美國二〇一條款，對太陽能電池模組及大型洗衣機進行調查。自二〇一八年二月七日起，對進口太陽能電池模組及大型洗衣機，分別實施四年及三年的進口防衛措施。另外依據二三二條款，對海外鋼鐵及鋁材進口展開國家安全調查。美國已在二〇一八年三月二十三日起，對進口鋼鐵額外徵收百分之二十五的關稅；進口鋁材額外徵收百分之十的關稅，並加強如反傾銷稅及平衡稅貿易救濟措施的實行。

美國運用貿易救濟措施，特別是反傾銷調查相當頻繁，是全球運用最多的國家，當然以中國大陸爲最主要的對象。反傾銷調查主要是由產業界發起，顯見美國國內產業還是習慣引用行之於多年的傳統貿易工具。

川普認爲美國過去所簽署的自由貿易協定，使美國門戶大開，但對手國沒有提及對等的開放。因此，上任後不僅立即宣布退出TPP、暫緩與歐盟進行「跨大西洋貿易與投資夥伴協定」（Transatlantic Trade and Inverstment Partnership, TTIP）的協商，也指示美國貿易代表署針對美國貿易政策進行調整，就已經生效的十四個自由貿易協定進行研析，評估是否存在改善空間。

川普首先對北美由貿易協定及美韓自由貿易協定進行檢討。美國陸續在二〇一八年九月，完成美韓自由貿易協定的修訂協定。在二〇一八年十一月，北美自由貿易協定的修訂協定完成，改稱美墨加貿易協定。

新版美韓自由貿易協定則是在原美韓自由貿易協定的基礎下進行修訂，因此雙方在汽車、紡織與成衣、醫療、關務流程、投資等議題微幅修正，並宣布將簽署貨幣備忘錄。

美墨加貿易協定的主要特色，就是藉由新修正的原產地規定，提高美國的加工層次。原先的北美自由貿易協定即訂有非常嚴格的原產地規定，例如汽車就規定在區內的生產價值比重要達到百分之六十二點五，才能夠享受優惠零關稅。但是美國並不滿意，不但將區內製造比例大幅提高到百分之七十，更增加必須在每小時工資十六美元以上的國家生產的規定。規定之嚴格，在全球貿易協定爲首見。另外，在石油資源管理及農業生技標準，也有新規定，並且納入宏觀經濟政策與匯率問題。

除了修訂既有自由貿易協定外，美國也與日本和歐盟展開雙邊貿易談判。二〇一九年十月，美日簽署美日貿易協定文本，使美國農產品得以擴大進入日本市場，而日本汽車銷往美國也暫時不會被加徵關稅。就協定內容來看，美日貿易協定商品的涵蓋範圍遠不及一般自由貿易協定的規模。

川普在當選美國總統後，積極推動公平貿易，中國大陸是川普制裁的首要對象。

川普認爲世界貿易組織機制不公平，後加入者可以享受原先會員降稅之利益，侵蝕到美國利益。而美國對世界貿易組織最大的不滿應是世界貿易組織無法有效約束中國大陸。美國認爲中國大陸在二〇〇一年加入世界貿易組織之後，享盡世界貿易組織權利，但卻幾乎沒有盡什麼義務。而且中國大陸還處處違反世界貿易組織規範，但世界貿易組織卻無力制裁，使得美中貿易失衡日益嚴重，更顯示世界貿易組織功能不彰。

美國除了要改善雙方貿易失衡現象外，更要降低中國的技術威脅，以及爲了獲取技術許多不擇手段的作法，美國對於中國政府的手伸入市場，形成不公平競爭，感到深惡痛絕。

美國於二〇一七年八月十八日根據「一九七四年貿易法」三〇一條對中國大陸啓動調

查，結果顯示中國大陸在技術移轉、智慧財產權及創新之法令、政策及行爲有不合理、歧視性及限制美國企業發展之情形。美國於是展開加徵關稅的行動，美中貿易戰就此展開。二〇一八年七月，川普政府根據三〇一條調查結果，認定中國大陸的不公平經貿措施損害美國利益，開始對大陸輸美約三百四十億美元工業產品，加徵百分之二十五懲罰性關稅。中國大陸以牙還牙，也對美國輸大陸約三百四十億美元的農工產品，課徵百分之二十五報復關稅。

隨後雙方懲罰性關稅範圍不斷擴大，美國又增加進口限制、出口管制、投資審核、人員查察，以及其他措施。雖然措施範圍可涵蓋所有國家，但卻劍指中國大陸。而且這些措施不必經過國會通過，可以行政命令直接實施，通常又急又快，應變時間很短，對全球經貿影響深遠。

美國雖然以削減貿易赤字爲目標，但美國最在意的還是中國大陸的技術威脅。美中貿易戰不但直接影響到美中之雙邊貿易，也帶動全球投資區位移轉，以及供應鏈重組。

美中貿易戰開打近二年後，終於在二〇二〇年一月十五日雙方正式簽署第一階段的美中經濟貿易協定。美中經貿協定完全是以美國優先，在協定中各主要規定之後均會出現「美國現行法規的實施均將與本條款規定內容給予同等待遇」，意思就是說美國目前規範均已符合協定。本協定就是爲美國量身訂做，所以未來只有中國必須單方履行協定的問題，美國將扮演一監督者角色。此協定是中國的一大讓步，可說是美國一大勝利。

拜登川規拜隨

雖然拜登在競選期間，對川普的貿易政策，特別是對中國大陸的部分，有些批評。但在選後只作了微幅調整，大致仍維持川普時期的立場。其中一主要原因是拜登雖勝選，但川普的支持度也相當可觀，所以也不宜大幅變動川普的貿易政策。

拜登基本上仍維持川普時期以保障勞工及產業利益的貿易政策，這是因爲世界經貿局勢動盪下，美國國內的氛圍並沒有改變，拜登仍必須繼續維持此路線。美國多次表示不會簽署涉及市場開放的自由貿易協定，更不會加入跨太平洋夥伴全面進步協定，使得一些期望美國會改變立場的國家希望幻滅。

其次，拜登對中國大陸的貿易政策也維持基本方向。上任後先後公布「國家安全戰略臨時指引」，以及「國家安全戰略」報告，認定中國大陸是唯一有經濟、外交、軍事及科技綜合實力，挑戰美國的競爭對手，並將中國大陸視爲美國最重要的地緣政治挑戰。

基於此，川普時期對中國大陸的主要制裁措施，例如懲罰性關稅、出口禁令、進口限制、投資管制，以及其他的約束，不但沒有改變，甚至還持續加碼。當然美中對抗情勢升高，美國國內對中國大陸的厭惡感增加，也支持政府的對中經貿政策。

其次拜登政府積極拉攏盟國，重建美國於國際事務的領導角色，與川普時期的美國單向操作有所不同。美國與盟國的關係因而有所改善。例如，美國在二三二條下有所讓步，也和歐盟達成協議，解決波音與空中巴士補貼的長期紛爭。

另外美國也積極結盟，建構不包括市場開放的經貿合作機制爲主，例如印太經濟架構、美歐貿易和技術委員會、以及臺美二十一世紀貿易倡議等。其中印太經濟架構成爲美國圍堵中國大陸的主要平台。這個平台包含十四個成員國，並以貿易支柱、供應鏈支柱、潔淨經濟、公平經濟爲平台的四大核心。美國期望在共同價值觀的基礎上，以美國爲核心，與盟國合作建立具相同利益的規範與標準。不過因爲不涉及關稅談判，對參與國家誘因不足，這是未來發展的隱憂。

拜登政府在政策上也有所調整。首先是推動多項產業政策，並與貿易政策更密切結合，作爲提升美國競爭力的手段。美國先後推動基礎建設法案、晶片與科學法、以及通膨削減法。上述各法部分內容是直接對美國產業的補助，希望可以在國際上不受制於人，打造自主供應鏈，並強化經貿實力，以凸顯確保技術安全是經貿政策主軸。當然其中也包括一些抗中元素。

與川普的全面抗中不同，拜登政府主張在美中經貿關係密切下，美中要進行全面脫鉤並不可行；而且美中雖是競爭對抗關係，但也不排除與中國在特定議題進行合作。

拜登政府傾向實施更加務實的「精準脫鉤」，可稱之爲「小院高牆」。所謂小院是指把管控的技術和產品範圍縮小，只盯住對未來產業發展、國家安全眞正關鍵的核心技術。例如，先進半導體、AI、5G、量子運算、生物技術等。而高牆是指把政府的行政和執法力量投入到這些少量技術的嚴格管控。

近來可發現美國的牆是越建越高，對於高科技保護更不透風，立場也更爲強硬。美國針對核心領域採取「小院高牆」政策，但是對其他非技術敏感領域，美國宣稱不會限制打壓，還希望可以深耕大陸內需市場，有助於雙方經濟成長。

拜登政府也重視傳統的貿易政策措施，例如美國仍是全球引用反傾銷措施最頻繁的國家，首要目標還是中國大陸。美國近來又修訂反傾銷中防止「迂迴傾銷」的反規避規定。即受到反傾銷制裁的產品，經由第三國未經深層加工，即轉運到美國，以逃避反傾稅的制裁。爲了要杜絕這種「洗產地」行爲，除了由國內企業提出申請調查外，新規定中也可由政府機關主動調查，降低了提出申請企業舉證的負擔，引用可更加具有彈性及威嚇力。例如最近就有中國大陸被課徵反傾銷稅的產品，經由東南亞迂迴出口到美國，而被反規避條款制裁。此對於美國國內產業有更多的保障。

綜合而言，可以「互補性貿易政策」的概念，描述拜登政府的思維。除了重視國家安全外，也強調在追求自由化的同時，應考量對他國造成的衝擊，自由化不該只是無限的開放。除了顧及對本國產業衝擊，也應考慮供應鏈脆弱、製造業空洞化，以及永續發展和勞工問題。另外也需要強化跨國協調，以確認與對手國的互補性，使美國貿易政策呈現更多元的態樣。

結論

推動自由貿易是美國貿易政策的主軸，美國也一向支持多邊經貿體制。中國大陸及台灣，也在美國的支持下，在二〇〇一年至二〇〇二年分別加入世界貿易組織。

雖然經歷世界貿易組織談判延宕，美國開始積極推動自由貿易協定，美國選擇自由貿易協定對象，兼具經濟、政治等多重考量。以簽署自由貿易協定成果而言，美國是屬於世界前段班。特別是美國一手打造涵蓋十二國的跨太平洋夥伴關係協定，在二〇一六年正式簽署。不過美國雖積極推動區域經濟整合，但是大致仍維持自由貿易的方向，也支持多邊經貿體制。

川普時期呈現了轉折，這當然和美國經濟情勢有關。川普幾乎全盤否定其前任的作法，認爲美國廣簽不公平的自由貿易協定，造成美國製造業工作機會流失，也危及美國的國家安全。美國不再追求以市場開放爲主軸的自由貿易協定，所以上任後美國立即退出跨太平洋夥伴關係協定。

另外美國貿易赤字過大，正是反映國外不公平貿易行爲。美國開始矯正這些不公平貿易行爲，其中當然以美國最大貿易赤字來源中國大陸爲主要對象。

川普認爲中國大陸的不公平貿易行爲，侵犯到美國的利益，更危害到美國國家安全。川普將國家安全置於經貿政策最上位，注重勞工利益，重視產業發展。特別是川普政府下的貿易政策，就是強調美國優先，將工作機會帶回美國，在美國生產，才能解決分配不均的問題。

川普也不再信任世界貿易組織，對於世界貿易組織無法制裁中國大陸違反世界貿易組織承諾頗有微辭，任內強力抵制世界貿易組織的運作。川普時期貿易政策除了制裁中國大陸外，對於其他國家也加諸不少壓力。美國要求的公平貿易措施，不少顚覆了現有國際規範。美國與各國經貿關係也變得更加緊張。

川普的貿易政策在拜登時期大致沒有改變，但是拜登強調與其他國家結盟。拜登也重視國內的產業政策，搭配貿易政策，提高美國在國際上的競爭力。

拜登大致仍維持川普時期對中國貿易政策，但由全面制衡對抗，調整爲「小院高牆」的「精準脫鉤」。在高科技敏感領域寸土不讓，並擴大圍堵；但在其他領域能保有和中國大陸合作的空間。

近年來美國貿易政策有不少變化，強調國家安全的重要性，遠超過推動自由化。另外美國過去一直奉行遵守國際經貿多邊規範，歷年來報告指責其他國家，特別是中國大陸不遵守世界貿易組織規範。但美國目前的許多措施，也與國際經貿規範相抵觸。最近中國大陸商務部首次出版「美國履行世貿組織規則義務情況報告」，細數美國破壞多邊貿易體制，違反世界貿易組織規範的措施，形成美、中的另一戰場。

綜合而言，未來美國貿易政策仍然不會追求以市場開放為主的自由貿易協定，而以建構符合美國利益的經貿協定為主。其次，繼續制衡中國大陸，會成為美國貿易政策另外一主要目標。無論二〇二四年總統大選結果為何，此趨勢會繼續維持下去，短期內不會轉變。

第十二章　從「反建制」到「互補」：美國貿易政策

顏慧欣

從多邊主義到「反建制」，再到互補貿易政策

美國政府是當前多邊經貿組織與遊戲規則的催生者。從「世界貿易組織」（World Trade Organization, WTO）與其前身「關稅暨貿易總協定」所建構的全球經貿秩序，均爲美國在二次世界大戰後，爲世界建立起的共通貿易準則，藉以回復戰後的經濟秩序及協助歐洲重建，也有助於其掌握世界大局。

時過境遷，多邊經貿組織與相關規則的實踐，和美國原本期待的方向有所出入。從川普總統開始，美國對於世界貿易組織運作與規則的抨擊越發尖銳。川普直指當前美國經濟發展的核心問題，就是「不公平貿易」結構讓其他國家占盡美國便宜，且造成巨大貿易逆差，也對美國企業及勞工造成不利影響。其主要思維就是改變世界貿易組織訴求的「自由貿易」，轉爲美國優先的「公平貿易」。這有兩個主要面向，一是強化單邊對外國不公平貿易行爲所採行之貿易救濟與貿易制裁，二是透過談判等手段改善貿易對手國以更爲公

平、對等及互惠方式進行貿易往來。

觀察川普政府的主張與訴求，與其說是「反自由化」或「反市場開放」，不如說是「反建制」。其所反對的「建制」，包含世界貿易組織談判架構與方式（如堅持繼續以世界貿易組織杜哈談判範圍為基礎、共識決、開發中國家自我宣稱等）、協定內容未與時俱進及爭端解決機制運作的問題。也就是這些世界貿易組織根深蒂固的問題，對美國形成不公平貿易，從而川普政府決定「以美國為優先」，作為其改善不公平貿易的政策重點。

現在執政的拜登政府，固然對於世界貿易組織場域活動與協商，展現相對積極的參與意願，美國仍積極參加世界貿易組織部長會議議題協商，助其達成若干成果，以展現世界貿易組織仍有動能，美國雖也持續參與世界貿易組織爭端解決改革的討論。但是很明顯地，拜登政府更重視推動雙邊與區域的經貿活動。拜登政府指出過去推動無止盡的「自由化」思維已過時，因為自由化未考量到產業空洞化、過度依賴進口、產業互補性、地球永續等問題。因此拜登政府推動的經貿政策將考量這些新的元素，並重視貿易政策對於本國製造、科研及供應鏈韌性發展的影響，強調經濟互補的關係。

川普政府：美國優先的「反建制、公平」貿易政策

基於美國優先原則，川普政府在第一年上任後的二〇一七年貿易政策綱領即明言，將使用任何可用工具以支持美國優先，這些工具包含三〇一條、二〇一條、二三二條、反傾銷及平衡稅等措施，以確保與各國的「公平貿易」。川普政府發布的經貿相關行政文書，都是為了因應所謂不公平貿易行為而採行的片面貿易制裁措施。共和黨傳統上支持自由貿易，但川普背道而馳，對進口產品豎立更高的貿易障礙。

川普政府也回復運用「一九六二年貿易擴張法」第二三二(b)條，指示商務部對於有威脅或損害國家安全的情況時，要建議總統應該採取的進口調整措施與步驟。「一九六二年貿易擴張法」授權商務部長，個案決定外國特定產品之進口是否對美國「國家安全」構成威脅。實務上，二三二條款調查係由商務部下設之「工業和安全局」。

川普政府進行的第一起二三二條調查乃是鋼、鋁產品，經調查後認為全球鋼鋁產能過剩是造成美國國家安全受損的重要成因之一。二〇一八年三月八日川普政府因此宣布對進口鋼鐵課徵百分之二十五的關稅，對進口鋁材課徵百分之十的關稅。但給予個別國家與美國協議的機會，若雙方合意，則可排除該國適用此加徵關稅。於是先後有阿根廷、澳洲、巴西、加拿大、墨西哥、韓國、日本等，用不同程度條件以排除二三二條稅率。

此後商務部還陸續針對汽車及其零組件、鈾產品、海綿鈦、電力變壓器及其領組件、移動式起重機、釩等產品展開調查或採行因應措施，雖然大部分受調查產品均以不課徵落幕，但川普政府已展現動用此貿易工具的企圖心。

川普政府在二〇一七年貿易政策綱領強調，三〇一條對於打擊違反國際貿易協定行為與不公平貿易行為的重要性，明確表示若能有效運用三〇一條，將可促使貿易夥伴調整其市場措施。二〇一七年八月十四日川普授權美國貿易代表署調查中國的若干貿易措施，美國貿易代表署隨即展開三〇一條調查。

然而三〇一條受到世界貿易組織相關義務的約束。美國曾在一九八〇至一九九〇年間頻繁使用三〇一條調查，作為對貿易對手國不公平貿易行為的主要制裁手段。一九九五年世界貿易組織成立後仍照舊如此，於是一九九八年歐盟向世界貿易組織提出告訴，三〇一條爭議經世界貿易組織爭端解決小組認定，指出美國三〇一條受到美國國內法「烏拉圭回合執行法」之行政措施聲明，以及國會行動行政聲明，使得美國貿易代表署應有裁量權，並不違反世界貿易組織之裁定。三〇一條並未違反世界貿易組織規定。但實際上此一世界貿易組織裁定政治味道濃厚。該裁定雖未直接宣告美國三〇一條違法，但使美國再也不可逕自以國內法認定各國是否違法，及未經世界貿易組織片面實施貿易制裁。這大幅限制美國三〇一條的運用。於是往後美國就算運用三〇一條調查，也只在世界貿易組織相關訴訟案件取得勝訴，且獲得可以貿易制裁對方的世界貿易組織授權下，才會展開行動。川普政府決定打破此一慣例。首先就以中國強制美國企業移轉技術等情況，經美國調查後乃決定對中國價值二千五百億的對美出口產品，陸續加徵三〇一條之懲罰性關稅。

川普任內共啓動六件三〇一條的案件調查或執行，除了至今仍對中國加徵的三〇一條關稅外，對法國數位服務稅以及歐盟大型民用航空器補貼三案，美國貿易代表署均依三〇一條法律授權採取貿易報復措施。至於針對歐盟、巴西、印度等十個經濟體所實施的數位服務稅、越南非法木材、越南匯率操縱三案也都展開調查，後於拜登政府任內都採談判方式落幕。

另外，美國也大量運用傳統反傾銷稅及平衡貿易救濟工具。反傾銷與平衡稅措施本來就是美國可運用的救濟工具，通常由受到損害的產業提出申訴，或者主管機關基於職責展開。在川普上任後，商務部主動展開反傾銷稅及平衡稅之調查，作爲貿易救濟措施。這就是川普政府確實全面運用美國貿易法下可用的工具。

川普政府二〇一七年至二〇二〇年期間，對全球各國確定課徵反傾銷稅之新增案件有一百二十五件，另有一百零五件爲經實施五年後落日複查，繼續課徵反傾銷稅。比較美國前後任政府實施反傾銷措施，川普政府前三年實施反傾銷案件數量分別爲三十一件、四十一件與三十二件，平均每年三十五點六件。歐巴馬總統第二任期平均每年十七點五件。同樣的趨勢也出現在平衡稅案件上，川普政府新增案件共有六十件，另有三十六件經落日複查程序後繼續課徵平衡稅。二〇一七年及二〇一八年也是近年來發動調查頻率最高的年度，單年度達二十四件。

以中國爲調查對象的案件也有增多之勢。歐巴馬政府二〇一三年至二〇一六年間，美國對中國實施反傾銷稅之案件數爲十五件，占總案件之百分之二十一（十五件／七十件）。而川普上任後，對中國大陸新增三十八起反傾銷稅課徵案件，占總案件之百分之三十（三十八件／一百二十五件），顯示川普政府對中國實施反傾銷稅顯有提高。在平衡措施上，二〇一三年至二〇一六年間，美國對中國實施平衡稅之案件數爲十五件，占總案件之百分之三十九（十五件／三十八件）。川普上任後，對中國新增三十五件平衡稅案件，占總案件之百分之五十八（三十五件／六十件）。

川普政府所展現的美國對外經貿政策，訴求「所有」對美國的不公平貿易行爲，其中固然以中國爲甚，但並未排除其他盟友。川普政府經貿政策著重懲罰，純粹考量美國本身利益，至於是否與世界貿易組織國際義務不一致、或是否損害美國與盟友的政治外交情誼等考量，在非所問。美國以「單邊主義」行動展現對當前國際建制的不滿，然而此也造成後來接任的拜登政府，爲了重拾與盟友舊誼而需進行許多修復。

拜登政府「壯大自己、強化韌性」的貿易政策

二〇二一年拜登上任後，強化美國競爭力是其施政重點。拜登擘劃的「重建美好未來」政策目標，就是包括：「美國救援計畫」、「美國就業計畫」、「美國家庭計畫」三大支柱，以加強基礎建設的投資力道，增加就業，並應對氣候危機，及因應來自中國的威脅。拜登著重重建美國境內的關鍵與戰略重要物資製造能量。要與可信任的盟邦、友好國家進行合作。換言之，拜登政府一上任的施政核心，就是要強化美國內部的能力，雖然他也重視因應對美國不公平競爭的問題，但反制對象明顯從川普時期的「不分敵我」，改爲「單挑中國」。

過去川普以美國利益爲優先，用貿易措施迫使其他國家開放市場，用懲罰性措施來增加他國進口美國的貿易障礙，以維護美國經濟利益。拜登則強調攜手盟國爲其主要推動策略，致力於世貿組織改革、數位貿易、氣候環境、供應鏈等議題與盟國推動合作，同時重拾美國國際領導地位。

拜登同意經貿政策應支持國家安全，因此延續川普政府啓動的對中制裁、科技管制等措施，甚至還加碼。拜登的理由是「強化美國能量，而非防止中國崛起」，與川普「對中防堵」的訴求不同。此一脈絡也出現在拜登上任後的諸多政策，例如強調支持美國工人的

貿易政策，並以美國勞工與家庭的經濟安全、健康安全爲優先；強化全球供應鏈的課責性、透明化、以及韌性。換言之，拜登經貿政策，以國內發展爲重，強調貿易的互補功能，且重拾美國多年來擱置的產業政策，作爲施政主調。

拜登首先展開十大供應鏈檢討，發掘國內弱點。拜登於二〇二一年二月二十四日簽署「美國供應鏈行政命令」（下稱第一四〇一七號行政命令），要求聯邦政府評估十大關鍵產業及供應鏈的潛在風險，以及當前產能供給情形。該行政命令分兩階段執行，先於二〇二一年六月發布「百日供應鏈檢討報告」，分析半導體及先進封裝、高效能電池（含電動車電池）、關鍵礦產及戰略物資（含稀土元素）、藥品及原料藥等四大關鍵物資。其短缺成因及未來風險。再於二〇二二年二月公布包括資通訊、能源、國防、公衛及生物、運輸、農產品及食品等六大產業基地之供應鏈與生產能力現況。與台灣產業最爲攸關的，就是半導體與資訊與通訊產業（Information and Communication Technology, ICT，以下簡稱ICT）產業的檢討。

在半導體上，美國首要推動半導體製造商、供應商及終端使用者間之訊息流動。要商務部邀集所有利害相關人，共同推動提高透明度及數據共享。長期而言，美國要積極投資國內之生產與研發，重建美國製造及創新能力，包括增加在美國半導體投資、投資美國本土半導體生產研發、並透過研發來維持與確保美國領先地位。美國與已有「科學及技術合作協定」的國家，如台灣、歐盟等，探討研發合作、培養或吸收高階技術人才、以及引導建立跨國半導體「企業與產業間的夥伴」關係。

在ICT產業上，美國也是著重利用聯邦採購激勵措施和資助項目，支持國內投資和生產關鍵ICT產品，振興美國ICT製造基地。其次與國際夥伴合作，提高供應鏈的安全性和韌性，也是美國確保ICT產業安全供應鏈的方式。美國要利用既有論壇如美歐貿易及科技理事會、四方會談以及其他雙邊和多邊機制改善國際交流，以促進與盟友間ICT產業的共同利益。這包括加強關鍵產品的供應鏈安全和多樣性、加強貿易執法、並加強對國際標準制定的參與。

如上述，拜登政府認爲要優先重建國內的關鍵產業生產能量與相關人才，因此陸續公布「晶片及科學法」和「通膨削減法」，作爲重建國內產能的政策基礎。

主要適用於半導體產業的「晶片及科學法」，獲國會撥款五百二十七億美元。從二〇二三年開放申請，並規劃連續五年爲符合資格之半導體企業提供補貼。該筆撥款由商務部（五百億）、國防部（二十億）、國務院（五億）和國科會（二億）分別負責相關經費運用。舉例而言，商務部五百億美元的「美國晶片基金」分爲兩大用途，三百九十億美元的半導體廠補貼以及一百一十億美元的研發機構設置經費。該基金的主管機關爲商務部國家標準暨技術研究院，爲管理基金又專門成立了晶片法專案辦公室與晶片法研發辦公室。前者管理設廠補貼申請相關事宜；後者則負責美國半導體科技中心設置事宜。國務院國際科技安全和創新基金的規模爲五億美元，晶片及科學法規定以一年一億美元，分五年運用。基金主要用途爲確保國際半導體供應鏈穩定，以及使盟友與合作夥伴具有安全可靠的資訊通訊技術服務與產品電信網路。

另一項重要法案則是「通膨削減法」，以退稅獎勵爲誘因，補貼美國消費者購買電動車。該法對可享受補助資格的電動車，有以下規定：

- **最後組裝地**：電動車的最後組裝地須爲北美地區。
- **關鍵礦物要求**：要求一定百分比的關鍵礦物開採及加工須於美國境內或任何與美國締結之貿易協定仍生效中的國家，或於北美地區回收再利用，二〇二四年一月一日前的比例爲百分之四十，之後二〇二四年開始調升至百分之五十，並逐年調升百分之十，於二〇二六年十二月三十一日後比例則定於百分之八十，每車補貼總額爲三千七百五十美元。
- **電池組件**：要求一定百分比的電池組件於北美地區製造或組裝。二〇二四年一月一日前的要求爲百分之五十，此後於二〇二四年及二〇二五年全年要求比例爲百分之六十。其後二〇二六年至二〇二八年間逐年調升百分之十，至二〇二八年十二月三十一日後要求電池百分之百於北美地區製造或組裝，每車補貼總額爲三千七百五十美元。
- **價格限制**：箱型車、休旅車、小卡車建議零售價格不得超出八萬美元，其他電動車不得高於五點五萬美元，否則不符補貼資格。

- **排除條款**：自二〇二四年十二月三十一日後，倘電動車包含來自「受關切外國實體」的關鍵礦物及電池組件，則不符合補貼資格。

因爲該法限制電動車關鍵零組件和關鍵礦藏的生產地理區位，墨西哥和加拿大成爲主要的受益盟友。相對地，其他汽車製造大國如歐盟、日本與韓國等，紛紛表達該法案有歧視待遇之疑慮，於是美國財政部發布的電動車補貼指引，也作出了若干重要解釋，指出若外國與美國之間具有有效自由貿易協定，則得適用豁免規定。在財政部的解釋下，目前日本和韓國已列爲美國明列的外國夥伴。

整體而言，拜登政府所推動的政策，是重拾傳統上美國政府不慣使用的產業政策。美國學界稱這些政策，應當是自從冷戰後美國政府所投入的最重大產業政策。依據美國機構的統計，聯邦政府過去會投入政府預算推動特定產業政策，均是面臨外來威脅與重大競爭時才推出的。例如，與蘇聯在太空競賽的時期，設立了國防部「國防高等研究計畫署」，也催生了現代網路與GPS等系統出現。又如一九八〇年美國受到日本興起的半導體業競爭，美國政府和十四家美國半導體企業建立一個稱爲「半導體製造技術聯盟」的合作機制，強化美國企業競爭力以抵抗日本衝擊。國防部也提供了財政補助，但在日本威脅消失後，相關補助也叫停了。

聯邦政府資助R & D占GDP的比重

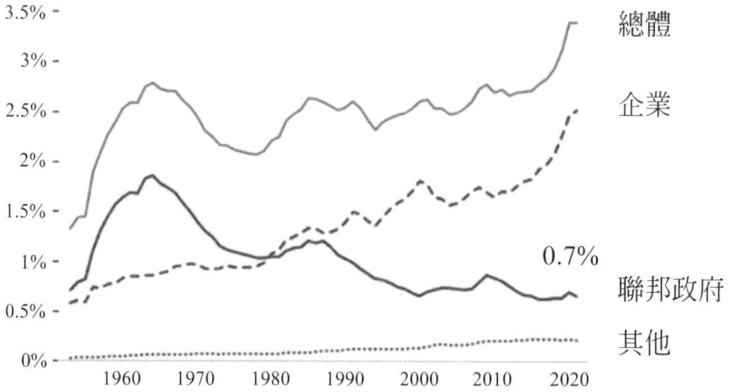

資料來源：Anshu and Noah (2023), Council of Foreign Relations.

一九九〇年後，美國對於研發活動的財政挹注大幅下降，當時主要是自由市場經濟已成爲華府政治圈共識，也成爲美國政府不再發展產業政策的思維背景。但是在面對中國的競爭，新冠疫情又暴露出美國產業供應鏈的脆弱，美國政界又開始關注產業政策，美國政府陸續推出了晶片法等法律。拜登「重建美好未來」目標下的「基礎設施投資和就業法」也屬之。產業政策自然伴隨著政府補貼，從而涉及世界貿易組織補貼規範。相對於川普，拜登政府仍強調維持世界貿易組織體制與組織運作，但是如同前述「通膨削減法」的電動車補助條件，與世界貿易組織的最惠國待遇與國民待遇疑有扞格，因而引起其他國家的質疑。拜登政府雖然有意願諮商與調整，但這些聯邦資助產業發展的計畫與世界貿易組織基本規範之間，難免有灰色地帶。

美國白宮之前發布自二〇二一年展開供應鏈檢討以來，配合「投資美國議程」，美國私部門迄今已於半導體、電動車和電池、乾淨能源技術、以及製藥和醫療產品等製造業，承諾投資金額已超過四千七百億美元。針對美國基礎設施更新補強的公共投資金額則超過二千二百五十億美元。其次是美國與盟友和夥伴合作共同建立具韌性的供應鏈，因此運用G7和印太經濟架構等論壇納入供應鏈議題。美國又經由「全球基礎設施和投資」等機制、國際開發金融公司、以及美國進出口銀行等機構，爲夥伴提供基礎設施融資。這些都是拜登政府爲達到提升供應鏈韌性所做的各種推案。在此過程，也觀察到北美和印太將是美國有意推動的下個製造重鎮，以降低對中國的經濟依賴，藉由推動供應鏈回流以增加美國製造業的能量。這些策略是否奏效，仍待長期觀察。

結論

美國白宮近兩任執政者在對外經貿政策上，採取不同的思維，特別是對外關係與結盟策略上有截然不同的方向及作法。但我們仍可歸納出兩個共同點：一是對中國受益於全球化卻不遵循國際規則，從過去「觀其言」的容忍改爲「起而行」以具體措施予以回應反擊。二是對世界貿易組織國際經貿制度不滿。不論是川普政府用懲罰工具來保護本國利益，或是拜登政府透過補貼與其他政策來提升本國競爭力與利益，都與第二次世界大戰後美國在成立關稅暨貿易總協定至後來的世界貿易組織所持的考量相去甚遠。當時的考量是「比較利益法則」。該法則立基於全球分工極大化的經濟效益，也就是每個國家都有基於自然資源或後天訓練而形成的不同國家優勢，讓各國發揮並只專注本身優勢，可以產生最大經濟效益。也就是讓農產豐饒的國家專事農作物栽種，而製造業能量高的國家多從事工業生產。但前提是這兩國能享受「自由貿易」的往來，才能實現比較利益法則。美國過去一手創建的關稅暨貿易總協定與世界貿易組織就是以建立全球自由貿易網絡爲目標，一方面是協助美國企業在比較利益法則下，尋求最低生產成本、追求更高利潤的全球布局利益。他方面此一經濟邏輯也有利於其他國家，因而獲得支持。二次大戰後美國是當時全球唯一強國，建立最惠國、國民待遇等多邊經貿秩序，同時推動移除關稅與非關稅貿易障礙，符合美國的經濟謀略。然而一路走來，美國企業逐漸移出海外或委外生產，形成美國製造業空洞化。此一發展使得美國經濟韌性下降，面對新冠疫情等衝擊時也十分脆弱，並且導致中國成爲戰略競爭對手，威脅美國的領先地位。

拜登政府的「二〇二二年美國國家安全戰略」已明確揭示，未來決定性的十年，將以投資強化美國本土長期競爭力、與民主國家結盟採取行動、以及在與中國負責任競爭三大戰略主軸下，維繫美國的全球領導地位。不論二〇二四年美國總統大選後的白宮是否易主，美國的整體策略應仍具一致性。未來十年的國際經貿秩序，隨著美國經貿政策，走向會與前個十年以往大異其趣。台灣面對此一時局，必須充分掌握美國新世代經貿政策的動向，維持高度的政策彈性與調適力，方能降低負面影響，進而維持我國在全球經濟體系及供應鏈中的地位，以確保經濟成長。

第十三章　國際金融的重中之重：美國聯邦準備體系

任中原

誰是美國權力、影響力最大的人？你根本不用想，當然是總統。那麼誰是二把手？你恐怕猜不到。既不是副總統（兼參議院議長），也不是眾議院議長，而是聯邦準備理事會（以下簡稱聯準會）主席，也就是中央銀行的首長。

先說影響力，因爲沒有影響力，哪來權力？在當前全世界，只要是民主國家，政府的首要任務就是把經濟搞好，否則政治人物就要陷入「笨蛋，問題在經濟」的魔咒之中。美國也不例外，而聯準會正是主導美國經濟的核心。人們或許會問，美國政府之中與經濟有關的部會這麼多，例如財政部掌控政府預算及稅收、能源部推動綠能轉型、商務部與貿易代表署主管貿易、國會能制定種種財經法律、總統更能頒布與經濟相關的行政命令，難道都沒有聯準會重要？關鍵在政府各項施政，在在都離不開「錢」，而錢的數量則由聯準會決定。俗話說，有錢不是萬能，沒錢萬萬不能，聯準會的經濟地位不言可喻。

再者，無論是已開發國家，還是新興經濟體，經濟金融化的程度都不斷加深，各種經濟活動幾乎都離不開金融。買房子，要房貸；買汽車，有車貸；刷卡，有卡貸；上學，有學貸；種田，有農貸；企業投資，靠貸款、發行公司債或股票上市；民眾的財富，也以金融資產爲主，包括股票、債券、房地產、保險金、退休金，類繁不及備載。簡言之，就是種種經濟活動皆需透過金融體系，才能夠順利運作。資金融通，當然要利息，因此離不開利率，而利率，就是錢的價格。利率越低，錢越便宜，也更容易取得，因而能夠刺激消費與投資，帶動資產價格上漲，締造經濟繁榮，甚至因爲經濟過熱而引發通貨膨脹。反之，利率越高，錢就越貴，也更爲稀有，於是資產價格下跌，消費與投資備受約束，導致經濟疲軟，甚至衰退，物價因而下跌，陷入通貨緊縮。利率升降，則是由央行掌控。由於美國是全球經濟金融化最深的國家，因此聯準會的影響力自然無與倫比，無遠弗屆。

聯準會的影響力雖然強大，但未必就等於權力大，關鍵是要看聯準會能否獨立決策？美國憲法重視「制衡」，而落實「制衡」的前提就是必須「分權」。一般認爲美國政府是「三權分立」，總統掌行政權，國會掌立法權，最高法院掌司法權。三權既能獨立行使，又相互牽制。但其實還有第四權——貨幣權，由「聯邦準備法」授予聯準會對貨幣政策的獨立決策權；而且還透過極爲複雜的設計，以確保聯準會的獨立性。

首先是決策獨立，貨幣政策不需要美國總統批准，也不用經由國會通過。其次是財務獨立，聯準會以本身龐大的盈餘來支應各項支出，而且每年還能對政府貢獻數十億美元的收入。第三是決策官員的任期比總統的任期要長得多，將聯準會在人事上受政權更迭的影響降到最低。聯準會受國會監督，主席每半年須向參、眾兩院報告一次，議員並可提出詢問。不過由於貨幣政策的專業性太高，議員又普遍缺乏這方面的素養，因此各界關注的焦點往往是聯準會主席報告的內容，至於詢問與回答只不過是行禮如儀。當然國會也能透過立法，來改變聯準會的職能，不過由於茲事體大，而且涉及兩黨角力，國會最多只能做細節上的修正，很少有原則性的調整。

聯準會的組織結構

既然聯準會的影響力與權力超大，爲了確保決策獨立，避免被總統或某些利益團體所操縱，因此組織機構之複雜爲全世界央行之最。在設計上不採取單一央行的概念，而是分成中央與地區兩個各自獨立的系統，兩者不相統屬，都能對貨幣政策擁有部分的決策權，以落實制衡分權的理念。聯準會設有三個主要實體，分別是在中央設有聯準會，在十二個地區設立聯邦準備銀行（以下簡稱聯準銀行），以及由中央與地區決策官員共同組成的聯邦公開市場委員會，其中公開市場委員會是眞正的貨幣政策決策機構。

聯邦準備理事會

聯準會由七位理事組成，包括一位主席統籌全局，一位主管貨幣政策副主席，一位主管金融法規與監理業務副主席，以及四位專職理事。理事皆由總統提名，但須獲得參議院同意，目的是不讓總統任意安插自己人。主席與兩位副主席的任期皆爲四年，任滿可再連任，次數並無限制，但每次都須經過上述的程序。前主席葛林斯班（Alan Greenspan）從一九八七年上任，直到二〇〇六年才卸職，前後經歷過雷根（一任四年）、老布希（一任四年）、柯林頓（兩任八年）及小布希（一任半六年）四位不同政黨的總統及六屆參議院，不僅空前，且很可能絕後，成爲聯準會獨立超然地位的最佳鐵證。理事任期最長可達十四年，一旦就任，只要沒有違法行爲，無論是總統或國會都無權罷黜。而且每位理事任期屆滿的時間都不相同，使總統無法一次性安排自己的人馬全面進駐聯準會，也爲聯準會的獨立性創造條件。不過由於能夠擔任理事者，皆是一方俊彥，有的是機會在外面發展，因此很少有人做滿任期。所有理事皆爲專職，與我國財政部長與經濟部長兼任央行常務理事的設計大異其趣，央行決策的獨立性也判若雲泥。

聯準會是體系的中央管理單位，主要任務就是發行鈔票，並掌控貨幣數量，使發行量能夠符合社會的需要。其次是監督管理十二家地區性聯準銀行的運作，以落實聯準會各項經常性業務。聯準會並全權決定商業銀行的「存款準備率」。

聯準會的另一項重要任務，就是維持金融穩定。二〇〇八年爆發金融海嘯，原因之一就是金融監理法規太過寬鬆，且聯準會、財政部等金融監理單位執行不力。事後國會通過「杜德—法蘭克金融改革法」，提高銀行業股本標準，限制銀行從事高風險業務，並對主要銀行每年實施一次「壓力測試」。聯準會因而成立評估驗證委員會，模擬各種假設性的經濟與金融震撼，來測試銀行是否有能力支持得住。川普上任後實施金融法規鬆綁，將必須接受測試的門檻降低，使一些中型銀行及區域性銀行不必接受測試。例如，二〇二三年三月倒閉的矽谷銀行，就因爲資產總額略低於門檻，而不必接受測試，聯準會也因爲監理不善而成爲眾矢之的。

地區性聯邦準備銀行

聯準會體系最特殊的組織結構設計就是在全國設立十二家地區性聯準銀行，分別位於波士頓、紐約、費城、克里夫蘭、里奇蒙、亞特蘭大、芝加哥、聖路易、明尼亞波利斯、堪薩斯、達拉斯及舊金山。各行又在本身的管轄地區之內設立分行。由於紐約是美國金融中心，因此紐約區聯準銀行規模最大，任務也最繁重，尤其是承擔公開市場操作業務，對整個金融體系收、放資金，以落實聯準會的決策。

地區性聯準銀行的最大特點，在於本身是準公共機構，並不是聯準會的下屬單位。各地區聯準銀行有自己的董事會，並發行股票，區內的商業銀行可以透過購買股票而成爲股東。各聯準銀行設九席董事，其中三席是專業銀行家，三席由聯準會任命，另外三位來自產業、勞工、農業或消費部門的代表，以確保董事會能夠代表各領域、各階層民眾的利益。總裁是最高管理者，由董事會任命，而非由中央的聯準會派任，且各行總裁擁有一部分的貨幣政策決策權。當總裁出缺時，就由六位非銀行家董事挑選繼任者。這項設計的目的，也是在體現美國中央與地方分權的憲法精神，防止聯準會大權獨攬。聯準銀行與聯準會之間的關係，類似於委託與承攬，而不是指揮與受命。

基於中央銀行是「銀行的銀行」，因此地區性聯準銀行與區內的商業銀行往來，包括貨幣發行、票據交換、處理商業銀行提出的「重貼現」融資要求、向商業銀行收取存款準備金，以及執行銀行監理業務等。各行負責蒐集區內的經濟與金融相關資訊，每月提出「褐皮書」報告。各行也有自己的經濟研究單位，深入探討與貨幣政策有關的課題。

聯邦公開市場委員會

聯邦公開市場委員會是貨幣政策的決策機構，成員包括聯準會的七名理事，及十二家地區聯準銀行的總裁。聯邦公開市場委員會一年開會八次，每次會議間隔時間約爲六週，寒、暑假期間則爲八週。委員會主席就是聯準會主席，副主席則是紐約聯準銀行總裁。決策方式是多數決，十九位委員雖然都有權在會議上發言，但總共只有十二票。聯準會的七名理事都有投票權，十二位地區銀行總裁則掌握五票，其中紐約區總裁永遠都有投票權，芝加哥與克里夫蘭區總裁每隔一年有投票權；另位三票由其他九位總裁輪流持有，每隔兩年能輪到一次。此種設計也凸顯出中央與地方「分權」的特色。

聯邦公開市場委員會最重要的任務，就是決定聯邦基金利率目標區間。每次會議時，由聯準會主席、主管貨幣政策副主席（懸缺待補）及紐約區總裁共同決定議程。是否升息或降息，則由十二位擁有投票權的委員投票，以多數作成決定。在理論上，位居中央的聯準會擁有七票，在決策上當然占優勢。但由於七名理事經常會有懸缺待補的情況，甚至還曾出現缺員達三人之多，因此地方也可能包圍中央。不過這種情況相當罕見，因爲主席在每次開會之前，都會先探詢理事們的意見，再制定議程，以免內部立場出現嚴重爭議，不但損及聯準會信譽，更爲金融市場平添不確定性。在每一次的會後聲明中，都會表明有哪些委員投下「異議」票，而這也是金融市場觀察的重點之一，可以作為下次會議決策方向的重要線索。

聯準會決策官員之間為何經常會對貨幣政策出現爭議？經濟學界有句俗話，就是「十個經濟學者，可能會有十一種觀點」，因此官員們對政策的方向、力度有不同的見解，本來就很正常。爭議的眞正源頭，在於聯準會的兩大法定使命，分別是「穩定物價」與「最大就業」，而兩者之間具有高度的矛盾性。要維持物價穩定，貨幣政策就不能太寬鬆；但要達到充分就業，政策就不能太緊縮。若能兩者兼得，也就是所謂的「金髮姑娘，不冷不熱」，自然最為理想。可惜世事不如意者十常八九。

經濟學中有一套專門針對通膨與就業相關性的著名理論，就是「菲立普曲線」，認為通膨率與失業率之間存在交替關係。當通膨率高時，失業率就低；通膨率低時，失業率便高。於是這套理論便成為多國央行制定貨幣政策時的重要依據。透過緊縮或寬鬆的貨幣政策，把通膨與失業都控制在社會可以接受的水準。例如，通膨率的目標水準是百分之二，太高或太低都不適宜。至於最大就業，則是一項較為模糊的概念，因為失業率多低才算「充分就業」？學界看法相當分歧，而且經常會改變。然而，由於影響通膨率與失業率的因素甚多，單靠調整貨幣政策未必就能撥亂反正。而且實體經濟也不時出現二者皆高或兩者皆低的情況，因此貨幣政策究竟應該以壓低通膨，還是確保就業為優先要務，在聯準會內部經常引發爭議。重視物價穩定的決策官員，通常被稱為「鷹派」，而偏向最大就業者便屬於「鴿派」。

當經濟活動熱絡，通膨升高之際，貨幣政策必須緊縮，約束消費及投資需求，從而壓低通膨。反之，如果景氣疲軟，失業增加，政策則應放鬆，這是決策官員們的基本共識。例如，二〇二〇年三月新冠疫情大爆發，經濟活動陷於停滯，失業者暴增二千萬人，這時所有決策官員都一致主張強力放鬆信用，也都是「鴿派」。但從二〇二一年經濟解封之後，通膨便持續上升，到二〇二二年達到頂峰，官員全都支持升息，這時大家又都是「鷹派」，並不會有「鷹」、「鴿」之爭。

然而無論緊縮還是放鬆，並不是一次動作就結束，而是經歷一大段過程，包括開始的時機、利率升降的速度與幅度、利率最終目標、以及政策將於何時轉向等。在過程進行中，官員們的立場便會逐漸出現分歧，於是「鷹」、「鴿」陣營之間的對立變得尖銳。例如，二〇二一年中聯準會內部就出現通膨「過渡論」與「持久論」之爭。十一月主席鮑爾（Jerome Powell）雖已表示「過渡論」已經「身退」，但聯準會直到二〇二二年三月才開始小幅升息，這段期間便是「鴿派」還在負嵎頑抗。從六月開始，隨著通膨不斷衝高，於是「鷹派」完全掌握局面，利率快速上升。但此時由於利率已經達到一定的高度，官員們對於接下來該何去何從，又出現「鷹」、「鴿」之爭。

兩派決策官員不僅在聯邦公開市場委員會會議上會有爭議，而且在兩次會議之間，也會在發表公開演說或接受媒體訪問時，提出自己對政策走向的看法，稱之爲「政策指引」。特別是當貨幣政策動向處於關鍵階段之際，美國股市無論是對「鷹聲」還是「鴿語」都異常敏感，往往官員的一句話就足以引發股市或債市動盪。最重要的「指引」，則是每次聯邦公開市場委員會會議之後的正式聲明，以及主席在記者會上的發言，往往都是微言大義，或語帶機鋒。其中一兩句話，甚至一字一詞，都可能導致市場波動。此外，十九位委員每隔一次會議，還要提出對未來不同時間的利率預測，整合成所謂的「點陣圖」，更是市場研判利率走向的重要依據。

聯邦準備理事會如何落實貨幣政策

聯準會不僅決定聯邦基金利率水位，還須確保這項利率能夠落實，而在平常時期所用的工具就是公開市場操作。這個市場，就是聯邦基金市場，由紐約區聯準銀行做莊，與各銀行進行拆借。資金來源是各銀行存在各地區聯準銀行的法定準備金及超額準備金，而不是聯準會額外發行的鈔票。參與操作者都是信譽良好的金融機構，稱爲主要交易商。當銀行業資金緊俏，使聯邦基金市場的實際利率逼近、甚至超過政策利率時，紐約聯準銀行就會以低於市場水準的利率，買進交易商持有的合法證券，並釋出基金，此稱之爲「附買回合約」（repurchase agreement, RP）操作，之後再由交易商買回這些證券。反之，當市場資金寬鬆，實際利率下降時，聯準銀行則透過「附賣回合約」（reverse repurchase agreement, RRP）收回資金，拉高利率。另外紐約聯準銀行也可以透過買斷、賣斷銀行所提供及需要的證券，來釋出或收回資金。這套公開市場操作的目的，就是將市場利率壓縮在政策利率所設定的區間之內，以落實貨幣政策。

另一項實驗性的政策工具，稱爲「量化寬鬆」計畫，只有當金融及經濟發生重大危機時才會實施。作法是聯準會每月直接購買固定金額的美國公債及機構債券，且計畫的實施期間及總金額也固定，目的是對金融市場釋出龐大資金，對金融體系進行直接紓困。期滿時如果仍然不夠，就再實施新一階段的寬鬆計畫。例如二〇〇八年金融海嘯之後，聯準會先後實施三輪的量化寬鬆計畫。二〇二〇年初發生新冠疫情之際，聯準會又再度啓動量化寬鬆計畫，防止銀行及企業界連串倒閉，導致經濟崩潰。

聯邦準備理事會當前的四個難題

自從一九八〇年代美國金融活動蓬勃發展，投資工具不斷推陳出新以來，聯準會管理金融業務的腳步，便越來越跟不上市場的變化，大大小小的金融風暴與危機層出不窮，聯準會的角色已從貨幣政策的掌舵者，淪爲金融事件的救火隊。

二〇〇八年金融海嘯爆發之前，美國金融市場各種投機活動熱到烈火烹油，房貸質押證券、各種連動債、信用風險交換等高槓桿比率的投資工具大行其道，一旦其中某一環節斷鏈，隨即引發骨牌效應，金融機構破產，正常的金融活動停擺，經濟嚴重衰退。當時聯準會不僅將利率降到近零，還實施量化寬鬆政策，釋出龐大資金。結果雖然使經濟擺脫衰退，但之前釋出的資金仍滯留在市場，使金融市場投機之風益熾，股市、債市大漲。二〇一三年聯準會僅僅表示準備收回資金，立即引發所謂的「退場風暴」，導致股債市場重挫，使聯準會貨幣政策無法正常化，資金雖多卻只能助長金錢遊戲，不能做最有效率的運用以促進經濟成長，使美國經濟陷入低利率、低投資、低成長的持續性停滯期。

二〇二〇年新冠疫情爆發後，不僅聯準會再度實施超寬鬆貨幣政策，川普及拜登政府也相繼大幅擴張公共支出。二〇二一年經濟解封後出現報復性需求，但供給卻遭遇瓶頸，引發通膨升高。聯準會最初誤判情勢，認爲這只是「過渡性」現象，直到二〇二二年初才因爲通膨持續衝高被迫快速升息。二〇二三年初更因爲利率不斷上升，公債價格下跌，但一些銀行在升息之前以高價買進大量長期公債，一旦賣出將蒙受鉅額虧損，但銀行又缺乏現金，無法等到公債到期再收回本金，於是導致多家銀行倒閉，再度出現金融動盪，聯準會又要救火。

美國通膨飆高使聯準會必須升息，但升息可能導致經濟衰退，失業增加，還會引發金融動盪；同時利率升高也使政府的償債利息支出激增，財政赤字加速惡化，不僅使美國政府再度面臨倒債危機，信用評等也被調降。聯準會不僅須在物價穩定與避免衰退之間進退兩難，還須面對金融動盪以及財政危機這項新增風險。通膨壓力未消、衰退陰影猶在、銀行危機潛藏、財政持續惡化，聯準會已深陷「四難題」的困境。聯準會可能不得不在抑制通膨方面作出讓步，以避免形成自我強化式的經濟與金融崩解，但如此卻可能使通膨預期升高，利率難以大幅下降，從而引發系統性債務危機，以及停滯膨脹。一連串的施政失誤，已將聯準會在國內、外的信譽走入凡間。

聯準會攪亂全球經濟與金融

聯準會每次啓動貨幣政策緊縮或寬鬆周期，亦即持續、大幅升息或降息，不僅對美國經濟與金融市場影響重大，也對全球連帶造成衝擊。這是因爲美元不僅僅是美國的貨幣，也是全球獨霸的準備貨幣，更是全球進口商、出口商、投資者以及各國政府和央行都在使用、流動性最高的貨幣。一九七一年美國財政部長康利（John Connally）表示：「美元是我們的貨幣，但難題是你們的。」充分道出聯準會既擁有「嚣張特權」，也是全球經濟與金融的重大亂源。

首先是「匯率操縱」。美國財政部每半年發表一次「匯率報告」，經常點名一些國家的央行是「匯率操縱者」，我國也曾數次上榜。殊不知聯準會才是全球首要的匯率操縱者。聯準會一旦大幅升息，國際熱錢便將回流美國，美元因而猛升；一旦降息，美國資金隨即外流，美元立即走貶。如響斯應，屢試不爽。

其次，是「輸出通膨」。美國一旦通膨持續升高，一如過去兩年來的情況，則聯準會勢必升息，同時推升美元匯率。由於全球主要原料商品都是以美元計價，美元升值將使其他國家進口石油、金屬、糧食的成本提高（以各國本國貨幣計算），通膨因而升高。換言之，就是聯準會把美國的通膨輸出到全世界，台灣同樣深受其害。

再者，則是「輸出衰退」。美元升值，各國通膨升高，因此央行也須緊縮貨幣政策，經濟成長因而減弱，甚至陷入衰退。

甚者，聯準會放鬆貨幣政策，導致美元貶值，熱錢流向國外，追逐高報酬率資產，使各國金融市場出現非理性繁榮，這便是輸出泡沫。更有甚者，美國降息，美元貶值，吸引新興經濟體及開發中國家政府及企業大舉借入美元資金。等到聯準會貨幣政策反轉，美元利率與匯率雙升，這些國家無力償還美元債務，因而引發區域性金融風暴，一九九〇年代末期的亞洲金融危機便是一次慘痛的經驗。

總之，儘管聯準會的地位高，權力大，且影響力深遠，但這並不保證聯準會的決策品質及效果，既理性又正確。對聯準會所提出的諸多批評，當然不可能產生任何實質作用。但即便是狗吠火車，至少也能提醒政府機關及投資大眾應該深入了解聯準會決策的各種效應與流弊，不至於被牽著鼻子走。

第十四章　山姆大叔萬萬稅：美國的稅制

馬瑞辰

「人生只有兩件確定的事，死亡及繳稅」

——富蘭克林

美國的稅制運作在複稅制的框架下，以所得稅為主，融合其他形式的稅種。這個系統讓從聯邦、州和地方的每一級政府都具有課稅的權利和責任，形成一個獨特的三級稅制體系。在二〇二二財年，聯邦政府總稅收達到四點九兆美元，其中所得稅貢獻了大部分：個人所得稅占百分之五十七點一、公司所得稅百分之八點二。而在地方層面，財產稅則是最主要的收入來源，占超過百分之七十。在層疊的稅制下，每一種稅收都扮演著關鍵的角色。從確保政府有足夠的資金來提供公共服務，到透過稅收政策刺激經濟或達成社會政策的目標，稅收都是不可或缺的工具。

美國課稅的特點在於它是以「屬人主義」為主、「屬地主義」為輔的制度。根據「屬人主義」，在美國登記的公司、美國公民，或是持綠卡及符合居民天數標準的外籍人士，都需為其全球所得繳納稅款，無論這些收入是在國內或國外獲得，都必須納稅。「屬地主義」則著重於非公民或非居民的美國來源所得，如由美國業務或投資獲得的收入，也必須繳納相應的稅款。

接下來，本文將探討企業所得稅和個人所得稅的運作機制，以及其他重要的稅種。每一種稅都有其獨特的功能和目的，透過了解它們，我們可以更好地把握美國的稅收體系如何影響整體經濟和公民生活。

聯邦所得稅

依據美國稅法規定，將營運個體分爲公司組織（C Corporation, C-Corp）和穿透性組織（Flow-through Entity）兩大類。公司組織依單一稅率百分之二十一獨立課稅。穿透性組織不是聯邦所得稅法定義的課稅個體，因此公司營運時所產生的各項收支將以其原有性質依投資人投資比例併入其所得稅申報書中合併計稅。常見的公司型態有：一、合夥組織（Partnership）；二、S-Corp（S Corporation）；三、有限責任公司（Limited Liability Company, LLC）。合夥組織爲兩個或兩個以上的所有人共同擁有經營的生意，向州政府登記並申請營業執照，其中又分爲普通合夥、有限責任合夥和有限合夥。

股份有限公司有許多不同的類型，常見的有C-Corp和S-Corp。C-Corp爲獨立的課稅個體，即稅法所定義的公司組織，除了依單一稅率百分之二十一繳納公司所得稅外，當公司將其稅後盈餘作爲股利分發給股東，股東必須爲所收到的現金申報並繳付相對應的稅款，稱爲「雙重徵稅」，也是在稅務上較爲不利的地方。S-Corp則與合夥企業在稅務處理上有著相似之處，將所有的收入、費用和損失穿透給各個股東併入其個人所得稅表中申報，能避免雙重徵稅，其存在特定的限制，包含：一、公司須爲國內企業；二、股東必須是美國公民或永久居民；三、股東人數不得超過一百人；四、只能發行一種股份類別；五、股東必須是個人、信託和遺產，且不能被其他合夥、股份有限公司或非美國住居民所持有。

LLC是很受歡迎的公司類型，因其在稅法申報上非常有彈性，且大部分州對所有權未設限，成員人數可以是一位和多位；其成員也可以是個人、股份有限公司等。雖然LLC在稅法上被預設爲合夥或非獨立個體，但仍可透過向美國的稅捐署（Internal Revenue Service, IRS）申請改以合夥、S-Corp或是C-Corp來課稅，惟前述異動生效後六十個月內不得再申請變更。

S-Corp和LLC雖然在稅務上有一定的優勢，但S-Crop的限制可能不適合所有企業，而合夥組織雖可由外國公司當合夥人，但首先合夥的無限責任可能會波及到設在他國的母公司。另外也有可能會面臨按美國稅法，被美國政府要求全球徵稅的風險。C-Corp雖有雙重課稅的問題，但在股東結構和業務擴展上提供了更大的靈活性。

企業的報稅時間主要取決於企業的類型。LLC或S-Corp的報稅截止日期爲次年的三月十五日；C-Corp的報稅截止時間則爲次年的四月十五日。若某公司在上述的截止日期前未能完成稅務申報，則可以選擇提交7004表格，根據其公司類型，最長可延期半年，即延至九月十五日或十月十五日完成。

州所得稅

在美國，每個州都享有廣泛的自治權，州所得稅是由各州政府分別徵收，公司需要在所得年度間估算當年度的稅負。申報及繳納方式因州而異，常遇到之稅種爲「所得稅」和「銷售及使用稅」。以下就外商（例如台商）經常設立公司之州別摘要介紹。

首先談到加州，除了常見的公司所得稅，加州還課徵營業稅、銷售及使用稅等稅種，普通行業和特殊行業也有不同的計算公式。再看亞利桑那州，該州於二〇一七年爲鼓勵企業投資和促進就業，將企業所得稅率從百分之五點五下調到百分之四點九，五十美元的最低稅額對許多企業來說也是一大吸引力。最後我們看到以其企業友好的稅收制度而著稱的德拉瓦州，只對於在該州有實質營業活動的公司課徵百分之八點七的所得稅。另外有六大免州所得稅的州：華盛頓州、內華達州、懷俄明州、德州、南達科他州和俄亥俄州。雖然這些州不徵收州所得稅，但他們往往透過其他方式，如銷售稅或總收入稅，來彌補稅收的短缺。

接著討論美國的銷售及使用稅。當商品在特定的州內出售時，會根據該商品的銷售價格課稅，公司在該州的商業活動達到一定的門檻，即需要向該州申報並繳交銷售稅。銷售稅類似於增值稅或是商品及服務稅，因爲它也對商品和服務的供應收取。它也是一種消費稅，對最終消費者的銷售收取，而不是在整個供應鏈中收取。同時，當商品跨州購買，而在接收州未付銷售稅的情況下，該接收州的消費者可能需要支付使用稅。

近年來，隨著電商的盛行，跨州銷售的問題逐漸凸顯。爲了確保公平的稅收，美國各州對非本州的商業活動也進行了「實質存在」的評估，以確定是否需要支付銷售稅。若達到特定的經濟活動門檻或有實質存在，那麼相關企業即使非本州設立，也必須申報和支付銷售稅。

跨國議題

全球經濟環境逐漸複雜，美國的全球追稅政策對跨國企業及具有美國身分的個人投資者帶來了不少挑戰和機會。不論是個人或法人，如果持有百分之十或以上的境外公司股權價值或投票權，就必須特別留意美國國際稅法中的多項規定，它們會影響海外的投資報酬和稅負。

在近年美國政府加強對國際租稅進行監管，並展示出強烈的全球追稅決心，這些稅法規定變得尤其重要。本段對常見的跨國規定進行簡要解釋：

境外無形資產所得，又稱全球低稅收入（Global Intangible Low-Taxed Income, GILTI）。若美國股東持有百分之十以上股份之股權或價值，則該受控外國公司總所得超過有形資產百分之十的部分視爲無形資產產生之所得。若美國股東爲公司，則此無形資產所得的半數須計入該美國公司之課稅所得；若美國股東爲個人，則須全數計入該美國個人之課稅所得。美國公司若提供服務或出售資產予外國人於境外使用，該部分所得的有效稅率爲百分之十三點一二五，低於一般公司稅率百分之二十一。此政策係鼓勵透過美國公司提供服務或出售資產供境外使用，而非至低稅率國家設立外國公司，從事相關本該在美國進行的營業活動。

受控外國公司（Controlled Foreign Corporations, CFCs）係指由全部美國股東直接或間接持有百分之五十以上股份之外國公司。「美國股東」爲直接或間接持有該外國公司股份百分之十以上之美國個人或法人。只要受控外國公司有特定所得，無論其有無實際分配盈餘，美國股東均須依投資比例於受控外國公司獲利年度認列所得計稅，並向IRS申報所有受控外國公司之資產及營運情形。

反稅基侵蝕規定（Base Erosion and Anti-Abuse Tax, BEAT）係指公司須計算減除稅基侵蝕付款後之稅負，以及減除稅基侵蝕付款前之稅負。若前者低於後者的百分之十，則美國公司須就差額補稅。主要目的爲阻止美國企業透過支付大筆費用給境外關聯公司來減少其在美國的稅負。

過渡稅（Transition Tax）係指外國公司於稅改前已累積之海外盈餘須視爲一次全部匯回美國，持股百分之十以上之美國股東即須就其持股比例繳納。

個人所得稅

了解美國的個人所得稅制度之前，我們需要明確知道：誰需在美國繳納所得稅？美國公民和綠卡持有者無論身在何地，都必須就其全球所得繳納美國所得稅。當非美國公民或綠卡持有者，但在一個年度內在美國停留超過三十一天時，就需要進行居留測試（Substantial Presence Test, SPT），會基於過去三年你在美國的停留天數進行計算，具體包括：當前年度的全部天數、前一年天數的三分之一、或前兩年天數的六分之一。當這三者的總和達到或超過一百八十三天，就會被認定爲美國的稅務居民，並需要按照這一身分進行報稅。

在美國的稅務體系中，除某些明確規定的免稅項目外，幾乎所有的收入都需納入聯邦所得稅的考量範疇內。此收入在扣除稅法所定義的調整項目後，得出的數值即爲調整後總收入（Adjusted Gross Income, AGI）。調整後總收入不只是評估聯邦所得稅的重要基準，同時也是多數州所得稅的計算基礎，也是評估稅務扣除和稅額抵減的核心參考值。稅負的計算將再從調整後總收入減去扣除額，扣除額分爲標準扣除（Standard Deductions）與列舉扣除（Itemized Deductions）兩種方式。將調整後總收入減去扣除額後，剩餘金額就是應納稅所得額，再根據稅率級距，算出應納的所得稅金額。完成計算完應繳的稅款後，還可以透過各種稅額抵減或稅務優惠來降低稅負，例如海外稅額扣抵、子女稅收抵免。

美國個人所得稅採累進制稅率，所得依納稅義務人之單身、夫妻合併申報等納稅身分，可適用不同級距表。每年的金額門檻會依物價水準作調整；長期資本利得及合格股利得適用的較低所得稅率。

對於外籍非居民（Non-Resident Aliens, NRA）的稅務狀況則更爲特殊，僅需對在美國獲得的收入繳納稅款，其美國來源所得之課稅方式主要爲下列兩種：營業活動有效關聯所得（Effectively Connected Income, ECI）和定期定額所得（Fixed, Determinable, Annual or Periodic Income, FDAP）。

營業活動有效關聯所得係指非美國人在美國進行營業活動所產生的收入，其課稅計算方式比照美國稅務居民。定期定額所得係指股利、利息，和租金等美國來源被動性所得及其他非營業活動有效關聯所得之美國來源所得，由給付人按源扣繳百分之三十，除非與美國有特殊租稅協定規範。一般而言，投資組合利息和出售美國公司股票所得到的資本利得屬免稅所得。

遺產稅與贈與稅

與美國個人所得稅法一樣，美國遺贈稅法也會取決於外國人是被認定為外籍居民還是外籍非居民而有所不同，但其認定與所得稅法定義之稅務居民無關。遺贈稅所認定的「居民」需要同時滿足三個條件：居住在美國、有將美國作為永久居住地的明確意願，以及沒有將永久居住地遷移到其他國家的明確意願。

無論是美國公民或居民，在轉讓所有形式的資產，包括有形和無形財產，都需要繳納贈與稅，但為他人支付學費與醫藥費、對美國籍配偶或特許免稅組織等對象所為之贈與，則不在課稅範圍內。贈與稅是根據資產之公允價值在贈與當日徵收的，累進稅率則由個人一生中的累計贈與額度決定。

美國公民或居民的遺產包含所有資產，無論爲有形和無形財產，也無論財產位於何處，其稅基計算方式爲個人在死亡日所擁有的所有資產之公允價值，扣除該年度之終身免稅額、負債與遺產執行費用，及美國籍配偶繼承部分或對特許免稅組織之遺贈等項目後，再加上死亡前三年之特定贈與之價值。遺產稅與贈與稅共用前述終身免稅額，其額度會依該年度之物價水準作調整。

對於非居民外國人而具有美國境內財產者，應根據財產類型和所在地來評估是否需要支付美國的遺產及贈與稅，其終身免稅額爲六萬元。

棄籍稅

由於美國對全球所得進行徵稅，以及近年來跨國稅務申報的複雜性增加，稅務議題成爲美國人考慮棄籍的常見原因。美國稅法對於欲棄籍的人有特定規定，符合以下任何一個條件者：一、棄籍前五年之平均所得稅負超過棄籍當年的法定門檻；二、棄籍當日資產淨額達二百萬；三、未按照規定提交8854表格，需要針對個人在棄籍時之全部財產，視爲當日以市場價格出售之利得繳納所得稅。

兩大政黨的稅制理念與對立

在探討美國稅制發展之前，我們需要了解民主黨和共和黨在稅制問題上的基本立場。共和黨採「供給面經濟理論」減輕富人稅負，認為減稅是刺激經濟成長和創造就業的有效方式，強調稅負減輕會促進企業和高收入個人更願意投資，從而帶動整體經濟。在這種觀點下，稅制應偏向於對企業和富人有利，以促成更多的資本形成和就業機會。相對地，民主黨則主張透過稅制來實現更大的社會公正和收入再分配，主張對富有的個人和大企業課以更高的稅，並用這些收入來資助公共服務，如教育、醫療和社會福利。

兩黨的稅制理念給社會和經濟帶來深遠的影響。學者指出共和黨的減稅理念可能會導致貧富差距擴大，而民主黨的增稅策略則可能會影響企業的競爭力和經濟活力。

接下來，我們要探討二十一世紀以來歷任美國總統如何在其任內進行稅制改革。這不僅能為我們提供一個獨特的視角來了解美國政治和經濟發展，也能凸顯稅制在美國社會和政治生活中的核心地位。從富人到窮人，從大企業到小商販，每一個美國人的生活都深受稅制政策的影響，這也說明為什麼稅制改革一直是美國政治裡重要的議題。

千禧年美國稅制：布希的貢獻

在二〇〇一年和二〇〇三年，美國總統小布希分別推出兩項具影響力的稅收法案：「經濟增長和稅收減免和解法」（Economic Growth and Tax Relief Reconciliation Act, EGTRRA）以及「就業和增長稅收減免和解法」（Jobs and Growth Tax Relief Reconciliation Act, JGTRRA）。這兩項法律的主要目標是緩解由於二〇〇〇年網路泡沫所帶來的經濟衝擊。

二〇〇一年的「經濟增長和稅收減免和解法」專注於家庭稅收，提高了兒童的免稅額度和調整分紅收入的稅率，目的是刺激消費和緩解經濟壓力。值得注意的是，該法案還包括遺產稅的逐步減少，最終預計將完全消除。二〇〇三年的「就業和增長稅收減免和解法」將長期資本利得稅率從百分之八和百分之十降至百分之五，且將最高稅率從百分之二十降至百分之十，進一步鼓勵企業和股市投資。

根據稅務基金會的數據，從二〇〇三年到二〇〇七年，這些稅收減免措施似乎成功地刺激了美國經濟，其中GDP的年增長率平均達到百分之三。然而，這也造成政府的預算赤字增加。美國國會預算辦公室指出，從二〇〇一年至二〇一一年，這些稅收減免法案累計造成大約一點三兆美元的預算赤字。

值得批評的是，這些稅收減免措施在社會經濟層面上並不平衡。根據稅捐署的數據，二〇〇四年，收入最高的百分之一家庭獲得近百分之二十的稅收減免，而收入最低的百分之二十家庭則只獲得不到百分之一的稅收減免。這不僅暴露了這些稅法主要惠及高收入群體的問題，也加劇社會貧富差距和長期財政壓力。

歐巴馬時代：社會公平與經濟挑戰

歐巴馬於二〇〇九年就任美國總統，面對經濟衰退和日益增加預算赤字的嚴峻挑戰。歐巴馬的稅制政策初衷是促進經濟恢復，減少貧富差距，並實現更多可持續的財政政策。

在二〇〇八年至二〇一〇年間，歐巴馬爲大部分美國家庭提供臨時的稅收減免，這是爲了帶動美國經濟復甦。這些減稅措施包括所得稅抵免家庭和增加學生的學費稅收優惠。到了二〇一〇年，爲維持經濟穩定和鼓勵消費，歐巴馬總統推出一項稅改法案，將二〇〇九年的部分減稅條款以及二〇〇一年和二〇〇三年稅收減免的部分條款延期到二〇一二年。

特別值得一提的是二〇一〇年的「醫療保健和教育和解法」（Healthcare and Education Reconciliation Act, HCERA）或俗稱「歐記健保」，該法不僅改變了美國的醫療保健體系，也對稅制進行調整。具體來說，法案引入了一些新的稅收措施，包括對高收入族群徵收的醫療保險稅，以及對醫藥器材和室內日曬產品徵收的稅款。尤其是對於年收入超過二十萬美元的單身者或二十五萬美元之已婚的高收入者加徵百分之三點八的投資收入稅以及百分之零點九的額外醫療保健稅。在二〇一三年通過的「美國紓困和免稅法」（American Taxpayer Relief Act），延續對中低收入家庭的多項稅收優惠，同時增加了對年收入超過四十萬美元的個人和四十五萬美元的夫妻等高收入者的稅率。

在歐巴馬的總統任期內，稅制改革主要針對高收入者和企業，這一政策在一定程度上有助於縮小貧富差距，並爲公共服務和社會福利提供額外的財政支援。然而，這也引發社會和政治層面的激烈辯論。特別是共和黨和部分高收入群體批評這種稅制變革會抑制經濟成長，指出實施這些政策後，美國的年均GDP增長率僅爲百分之二點二。因此，歐巴馬的稅制改革既顯示其在社會公平和公共福利方面的努力，也凸顯美國政治在財富分配和經濟發展方面的深層歧異。

川普「美國優先」的雙面刃

二〇一七年底，美國川普簽署通過了歷史性的「稅收削減和就業法」（Tax Cuts and

Jobs Act, TCJA），這被視爲自一九八〇年代以來最重大的稅制改革。

其中最引人注目的變更是企業最高所得稅率的大幅下調，由百分之三十五降至百分之二十一。此舉措不僅令美國在OECD國家中的企業稅率排名驟降至第十三位，也大幅提升美國作爲全球投資熱土的吸引力，有效推動失業率創新低。然而，這也進一步擴大財政赤字。此外，「稅收削減和就業法」還進行無形資產稅收的創新性調整。新法引入「全球低稅收入」的概念，對海外高利潤無形資產如專利和商標等進行最低稅負的規定，從而遏制企業將資產轉移到低稅國以逃稅的策略。這有望激勵更多的在美國境內的研發活動，進而提升美國在全球無形資產經濟中的競爭力。

這項大規模的減稅行動遭到民主黨和其他批評者的猛烈質疑，他們警告這將爲聯邦政府帶來高達一點五兆美元的赤字，對於已負債超過二十兆美元的國家而言，無疑是雪上加霜。該法也被普遍認爲是對富裕階層過度優惠，從而進一步加劇美國社會的不平等。

另一方面，「稅收削減和就業法」還宣布廢除「個人責任規定」，這項規定要求所有美國公民必須購買醫療保險，否則會面臨罰款，此舉被廣泛看作是對前總統歐巴馬醫療改革的一次重擊，可能會引起保險費用上漲，進而加劇醫療保險的不平等。

這兩屆政府的稅制改革走向充分展示美國在追求經濟繁榮和社會福利之間的深刻分歧。歐巴馬政府致力於透過增稅來實現更公平的財富再分配，而川普政府則聚焦於減稅以促進經濟活力，即便這意味著財政赤字的增加。美國一直在經濟成長和社會公平之間擺盪。

未來展望

拜登政府的稅改方案主要聚焦在對財富超過一億美元的富人課徵最低百分之二十的稅負，對高收入者提高所得上限稅率至百分之三十九點六，以及對美國企業所得稅率提升至百分之二十八。除此之外，境外無形資產所得稅率也將提高至百分之二十。這一系列的稅率調整意在減少社會不平等，並增加政府財政收入以資助更多社會福利計畫。然而，這些提案在國會中仍然存在重大的爭議，至今尚未達成多數共識。

與此同時，美國也在積極應對全球最低稅負制度的衝擊，拜登於二〇二二年八月簽署的「通膨削減法」（Inflation Reduction Act），該法針對超大型企業的「調整後財務報表收入」（Adjusted Financial Statement Income, AFSI）設定百分之十五的最低稅負，即企業替代最低稅（Corporate Alternative Minimum Tax, CAMT）。

爲實施這一政策，美國財政部和國稅局於二〇二二年十二月發布「暫時性指引2023-7」，詳細規定企業替代最低稅的適用範圍和計算方法。該指引的第三段到第七段尤其值得注意，它們涉及如何計算調整後財務報表收入、特定交易和負債清償的稅負調整，以及如何處理聯邦稅的稅額扣抵等。在此框架下，超大型企業的稅負不僅需計算其在美國的營業收入，還要考慮其全球營業活動，即使某些企業將其業務活動轉移到其他低稅國家，也無法完全逃避企業替代最低稅的影響。

美國稅制變化不僅牽涉到美國境內的社會福利和經濟發展，更涉及到全球經濟競爭和國際責任。美國兩黨如何在社會公平與經濟活力之間角力，值得我們持續關注。

第十五章　占據制高點：美國的高科技發展

冷則剛

美國在二次大戰之後政治、經濟與國防力量達到頂點，取代大英帝國，成爲超級強權。美國全球霸權的運作，有賴於高科技發展的支撐。在冷戰期間，美國與蘇聯並稱兩強，展開全方位的競爭。一九五七年蘇聯搶先美國發射人造衛星史普尼克（Sputnik）號，美國感受到高科技競爭的巨大壓力，稱之爲史普尼克時刻，從此高科技成爲全球爭霸的重點。一九八〇年代，隨著蘇聯改革開放轉型不順，國力日漸衰微，代之而起的「日本第一」，挑戰美國經濟及科技優勢。但是矽谷高科技群聚區的快速發展，以及網路經濟的興起，美國於一九九〇年代中期以後重新站上科技制高點，日本則隨著泡沫經濟的破滅，退居高科技競爭的二線角色。二〇〇〇年之後，因應中國崛起，美國的高科技競爭對象與地緣政治競爭也逐漸合而爲一，國家力量大舉介入高科技發展，企圖確保美國競爭優勢，並重整高科技國際聯盟。由此可見，美國的高科技政策有其國內與國際的雙重面向。

本章指出，美國能長期維持高科技的領先地位，有賴於多元社會的企業創新文化、政府的介入、以及對外政策的運作，缺一不可。美國的高科技發展至今仍能引領全球趨勢，植基於市場機制的創新精神，以及從高等院校牽頭的產學研網絡。因此，本章將先介紹美國矽谷的高科技創新發展模式，分析高科技發展的制度與文化背景。然而，美國的高科技發展也不是自由放任政策的結果。聯邦政府在不同的階段，都扮演了高科技策略網絡領導者的角色。本章也將針對美國政府以各種形式介入高科技發展，作一分析。此外為確保美國在全球的霸權地位，以地緣政治角度重新建構高科技聯盟，以防堵中國大陸的高科技崛起，是美國當前高科技政策的重點。最後是結論。

矽谷模式與美國高科技發展

在二次世界大戰後七十餘年的歲月中，舊金山灣區成為美國高科技發展的溫床。從舊金山市到南灣聖荷西市一帶，含舊金山灣兩岸的大小城市，成為美國新創企業的發祥地，也是戰後從積體電路到人工智慧科技突破的關鍵群聚區域。這個俗稱矽谷的區域，聚集了全世界最聰明的腦力，以及頂尖的高科技公司。「矽谷模式」也成為許多國家推動高科技產業模仿的主要目標。

矽谷地區成為美國高科技群聚中心，有其制度及文化的特殊因素。雖然美國國防部及太空總署在一九五〇年代及一九六〇年代扮演了關鍵起頭領導的角色，但基本上矽谷的發展動力是企業主導，由下而上，而不是純然由國家打造一個矽谷科學園區。整個舊金山灣區並沒有一個事權集中的超大市政體系統籌策劃。相反地，整個矽谷地區行政權力相對分散，大小行政體系星羅棋布，區域內各城市規模相對較小，與新創企業共存共生。早期環繞史丹佛大學周邊所形成的高科技聚落，並非地方政府規劃或主導產生，而是由史丹佛大學師生創立新的科技公司牽頭，逐漸形成產業聚落。這些新創公司初期規模都很小，甚至在自家的車庫或是大眾餐廳中創立，逐漸成長茁壯。

因此，美國矽谷地區高科技產業的發展，不是靠政府的補貼及扶持，而是有一連串彼此緊密關聯的正式及非正式制度所建構而成。僅僅靠企業的好點子，沒有辦法使創新持續，遑論突破。就正式制度而言，矽谷地區的法律服務、財務會計、創業投資、以及後勤支援，成了高科技創意產業最重要的制度屏障。沒有法律服務的協助，智慧財產權無法獲得保障。缺乏了創業投資財務及後勤支援，新創企業無法茁壯，也沒有辦法產生適當的管理機制。此外，矽谷地區的高等院校扮演了重要的推動者角色。大學與產業密切結合，使得學術理論與科技應用整合，大學師生也成為了新創企業最重要的人力資源。這些正式制度並非因應矽谷發展而產生，而是美國多元社會成熟發展的結果。沒有這些正式制度的推動，矽谷的研究能量只會被侷限於實驗室，無法促進新創產業的發展。

非正式制度，或是文化因素，也是矽谷成功的重要原因。僅僅靠政府的政策支持，或是單純硬體的建設，無法「打造」出高科技產業集聚區。相較於美國其他區域，加州舊金山灣區的獨特文化環境，造就了矽谷地區高科技新創企業的發展。舊金山地區是一個多元文化，以及各種性別族群等非主流次文化的發祥地，整體文化容忍度較高，也較能接受獨特的創意點子。這種整體文化氣氛，鼓勵嘗試風險，容忍失敗，同時也爲新創企業提供了豐富的發展土壤。在創業投資的資助下，新創企業的孵化器蓬勃發展。這些小型新創企業之間有共存共榮的關係，並逐漸形成一種共享網絡。矽谷地區早期發展的高科技公司，也成爲日後高科技發展的種子公司。這些公司的員工離職之後另行創業，彼此形成綿密的網絡。再加上矽谷地區良好的自然環境，寬鬆的社會風氣，以及頂尖高校，使得此一區域的磁吸效果不斷加強。全世界第一流的人才都被吸引到矽谷，使得此一區域成爲高科技人才的集聚中心，也成爲高科技網絡中心。

矽谷模式歷經轉折而不衰，主要是美國高科技公司充分掌握了二〇〇〇年以後全球化的新趨勢。在二〇〇〇年左右網路經濟達到頂點，隨後經歷短暫泡沫化衝擊後，矽谷地區重新擁抱全球化，並以蘋果等公司領頭的行動裝置，興起新一輪的創新浪頭，並把日本與歐洲等地的競爭者拋諸腦後。矽谷的高科技創新機制，是以更具彈性，量身訂做的方式，將製造及研發配置於全球產業鏈，形成全球網絡的分工模式。蘋果手機的研發中樞仍在矽谷，但主要依賴全球產業鏈整合其他部門研發及製造。矽谷地區是積體電路及半導體的發祥地，但是近二十年來，矽谷半導體公司均無製造廠房，而是將製造、封裝、測試等移至美國境外的全球產業鏈，形成產業的分工。矽谷的高科技公司仍居金字塔的頂端，但與金字塔體的其他部門形成共生共榮的互賴關係。在全球化的黃金時代，美國各級政府並不扮演指揮管制的角色。在美國全球獨霸的政經結構下，全球網絡興起，大型跨國企業主導著全球分工。這個全球結構雖然造就了多贏的繁榮局面，但是美國穩居龍頭地位，是最大的贏家。這個自由化的全球分工網絡是矽谷興起的重要結構因素。這個態勢一直到川普執政之後，美國展開科技戰以因應中國挑戰，才開始轉變。

除了制度、文化因素以外，矽谷成功的要訣是企業精神及企業領導人的運籌規劃。矽谷地區幾代的高科技公司領導人，都能推陳出新，掌握科技脈動，並跳脫既有窠臼，從全盤戰略布局企業經營，不拘泥於純科學研究的框架。這些企業領導人未必完成完整的高等教育，但美國研究型大學的卓越體系仍功不可沒。除了對科學研究的求眞求實態度以外，美國頂尖高校也著重博雅教育及領導能力的培養，使得畢業生兼具科學、美學及管理能力。美國的大學能吸收全球菁英於一堂，也無形中散布了環繞美國爲中心的全球高科技種子。由高等院校所造就的高科技創新能力文化，及其培養的企業家精神，是美國在高科技領域能獨占鼇頭的重要因素。

美國聯邦政府與高科技政策

美國矽谷的高科技創意模式，帶動了好幾波的科技突破。然而，美國聯邦政府是否完全置身事外，任憑民間企業自由發展高科技產業？答案是否定的。

美國的高科技政策運作，強調持續保持科技優勢，不為競爭對手所超越。雖然不少研究學者將矽谷視為美國從下而上高科技創新的典範，但美國政府在科技發展的主導性角色從未退位。甚至有學者冠以「隱藏性的發展型國家」，來形容美國政府在高科技發展的角色。美國政府的經濟方策其來有自，並不是在美中爭霸開始後才展現。美中競爭日益激烈，使得國家的角色更加積極，國家安全的考量更形重要，其具體作為更為多元化及多樣性。

審視美國從冷戰時期開始，一直到當今的美中高科技戰略競爭，主要負責國家安全的機構，諸如國防部、中央情報局，以及聯邦調查局等，推動了比狹義安全更廣的高科技經濟方策任務。總體而言，由政府，尤其是國防情治單位牽頭的策略工業網絡，被稱為網絡行政組織（Network Administrative Organization, NAO）。其中最主要的網絡之一是國防部支持的，以Sematech命名的研發網絡。這是一個協調平台，主要整合了政府組織、私有部門，以及第三部門的研究能量。Sematech代表了政府的角色不僅是提供財務補助及徵稅，而是積極串起了公私部門共治合作的網絡。這種由國防部牽頭的研發網絡在冷戰期間即已成型。

美國國防部從一九五〇年代開始的國防先進研究計畫局（Defense Advanced Research Project Agency, DARPA），即利用各種補助，外包合約等各種方式與私部門及大學合作，從事具戰略重要性的高科技研發工作。自二〇一四年以來，以國防創新小組（Defense Innovation Initiatives, DII）爲主要架構的網絡，串起更多的科技相關行爲者，從事諸如大數據、人工智慧、虛擬實境等尖端科技研發。易言之，國家在「公私夥伴關係」中扮演了樞紐的角色。國家機構不但是規則制訂者、出資者、牽頭者、發明者，更是顧客，以確保研發成果有商業及市場價值。此外，DII於二〇一五年於加州矽谷地區成立國防創新實驗單位（Defense Innovation Unit Experimental, DIUx），更緊密地與商業應用科技結合。

不少分析家認爲美國雖無產業政策之名，事實上有產業政策之實。在DARPA的主導下，聯邦及州政府均掌握了不少政策工具，這些工具包含財務補貼，以及以特殊計畫給予冠軍企業，包含IBM、波音、Caterpillar、Lockheed以及Motorola等。並透過進出口銀行提供財務支援，針對航太、能源等重點企業，協助其獲得國外的合約。中央情報局第一個設立創投基金In-Q-Tel，以規避複雜的官僚體系過程，並貼近大型及中小型企業。這個創投基金的任務是以實現策略目標，而非營利爲主。其政策目標是串起政府的政策考量，與企業的商業目標。華盛頓周邊地區與矽谷地區在高科技發展的主要差異，是前者的創投資金相對缺乏。北維吉尼亞州的地方政府如阿靈頓（Arlington）郡等，近年來都提供新創基金以補足創投的缺口。

從二〇一〇年代中期以來，此類以國防安全單位主導的官民合作網絡在美國加緊了前進的腳步。二〇一六年美國國防部成立了國防創新委員會（Defense Innovation Board, DIB），作爲與學界及業界合作的平台。小組成員由國防部長任命，包含了資深美國科技公司經理人、創投公司、研究機構、以及大學的理工及商學教授等。國防部也藉由創投資金，推動開放校園計畫（Open Campus Initiatives），以及軍方創投（Army Venture Capital），以結合軍方與高等院校的研究能量，以及分享實驗室。歐巴馬政府於二〇一五年成立國家戰略計算機計畫（National Strategic Computing Initiative, NSIC）整合政府與民間能量，以促進高效能電腦的發展。總統的行政命令指定教育部、國家科學委員會，以及國防部爲領頭部會，並以情報先進研究計畫行動（Intelligence Advanced Research Project Activity, IARPA）以及國家標準及科技研究院（National Institute of Standards and Technology, NIST）爲主要研發機構。

此外，美國政府近年來也著力協助中小型高科技公司的發展。二〇二三年參議院通過國防授權法案，授予國防部有關人工智慧的規則制定權，監督保護人工智慧的研究成果，創立共享平台，並更新與私部門合作取得人工智慧成果的過程。透過小型企業創新研究計畫，簡化與小型企業合作過程，以避免以往曠日持久，延宕創業時機的通病。以中小型創意爲基礎，國防部企圖激起更多的創新點子，以避免威權官僚體系缺乏創新彈性的弊病。國防部也設立小型企業辦公室，以整合小型企業分享機制，並聚焦於網路安全等議題。

以國家安全為核心的高科技政策與地區發展優勢

相對於前節所分析，加州矽谷地區的產業群聚，以及由下而上的發展動力，造就了以電通及網路經濟爲主的高科技發展模式。大華府及其周邊，包含北維吉尼亞州及馬里蘭州南部區域，主要以高科技的「公共財」及「國家安全相關產業」爲發展的重點，包含網路安全、軍事科技相關的軟體發展、醫療科技，以及大數據與人工智慧等。東西兩岸不同的地區發展優勢，也形成了美國兩種不一樣的高科技發展模式。

因爲聯邦政府計畫，而促進區域轉型發展的顯例子是北維吉尼亞州費爾福克斯（Fairfax）郡、阿靈頓郡、洛當（Loudoun）郡等幾個郡的數據中心集聚區域。聯邦政府的外包計畫造就了北維吉尼亞州的「資料中心長巷」以及高等人才的聚集。北維吉尼亞州與馬里蘭州的蓋特斯堡（Gaithersburg）、日耳曼城（Germantown）兩郡，則有生物醫學科技公司所形成的「州際高速公路二七〇的科技走廊」，共同造就了大華府地區的特殊科技分工合作模式。這個模式與矽谷地區創新集聚有所不同。大華府科技集聚區是以聯邦政府牽頭，地方政府合作，產業界協同，聚焦公共及國家安全相關的產業。北維吉尼亞杜勒斯機場鄰近的洛當以及艾許朋（Ashburn）兩個郡，正逐漸進一步擴張數據中心的空間布局。相對於位於阿靈頓郡的水晶市熱情擁抱亞馬遜第二總部的設立，艾許朋郡對數據中心大幅擴張所造成的環境及人文影響，則有更複雜的考量。

相對於美國其他高科技群聚區，例如舊金山灣區矽谷、波士頓、德州及北卡羅萊納州等地，大華府地區的優勢在於與聯邦政府緊密的業務外包關係——聯邦政府是科技產品及服務的最大買主。北維吉尼亞州地方政府也積極尋求改善就業、住房、交通等環境。根據二〇二二年的估計，費郡約有八千七百家高科技公司。儘管該地區的物價較數年前已高漲，但相對於矽谷等地，物價仍屬合理。此外，美國有關網路安全的人才缺口估計有七十萬，北維吉尼亞州的地方政府力圖從這個角度切入，促進新的科技群聚。維吉尼亞州政府推動維吉尼亞網路計畫（Commonwealth Cyber Initiative），其目標在整合維吉尼亞州高等院校的研究能量，以促進高等院校、政府、私部門，以及其他經濟發展與非政府組織的合作。北維吉尼亞州的喬治梅森（George Mason）大學獲得聯邦政府一百萬美元的基金，成立政府網路安全完善中心（Center for excellence in Government Cybersecurity）。此一中心目的不僅僅是單純的科學研究，而是促進科研與政府實際應用的有機轉換，並改造政府組織，促進網路安全。此外，拜接近首都圈所賜，推動公共衛生與高科技結合也成爲新的科技亮點。在新冠疫情之後，這種跨領與結合格外引人關注。由維吉尼亞州政府推動，聯邦政府資金支持的維吉尼亞健康研究中心（Integrated Translational Health Research Institute of Virginia, iTHRIV），就是結合了高等院校，醫院、醫學創新中心、公開科學中心等用數據科學與醫學，達成醫學精進及公平醫療的目標。

DARPA於二〇一二年遷入北維州新大樓時，維吉尼亞州阿靈頓郡即表明這是「知識經濟的平台，維吉尼亞州的新認同」。二〇二三年，DARPA的規模應用系統及量子計算中心（Underexplored System for Utility-Scale Quantum Computing, US2QC）選擇了位於加州柏克萊的原子計算（Atom Computing）、華盛頓州西雅圖的微軟，以及加州帕拉阿圖市的塞量子（PsiQuantum）三家公司，作爲推動量子計算的合作夥伴。DARPA提供專家特殊基金，並由政府以認證及測試，促進產業發展，使得美國業界成爲該行業領頭角色，並確保國家安全雙贏的目標。DARPA也於二〇二三年給予南加州大學接近九百萬美元的研究經費，以研發在高風險及不確定環境中的處理器。此一計畫接近八成的主要工作將在維吉尼亞州阿靈頓郡執行。

國防部與企業合作高科技領域創新，也並非一帆風順。國防部高達一百億美元的企業聯合雲端基礎建設計畫（Joint Enterprise Defense Infrastructure, JEDI）本於二〇一九年透過與微軟合作，但遭到落選者亞馬遜的法律訴訟，質疑此一合作案受到外部勢力干預。各方堅持不下的結果，國防部放棄此一大型計畫，並分拆成好幾個子計畫，重新命名爲聯合作戰雲端增能計畫（Joint Warfare Cloud Capability, JWCC）由微軟、亞馬遜、谷歌以及甲骨文，共同獲得此一爲期六年的計畫。谷歌與國防部的合作計畫，也遭到內部員工的反彈，四千名谷歌員工上書質疑此類計畫有道德上的顧慮，有損公司的信譽，谷歌應立即停止與國防有關的合作計畫，或是明確表明，研發成果將不會被用於殺傷性的武器。

地緣政治與美國高科技政策

美國對外國家安全政策，是確保美國高科技領先的另一個重要支柱。當前美國的高科技政策，與其全球地緣政治策略，以及對外國家安全政策儼然合而爲一。美國在二〇二二年通過晶片法案，以高額的補貼政策，企圖扶植本土的半導體產業。事實上從一九九〇年代美日記憶體晶片爭奪戰，美國勝出後，美國本土的晶片製造已大部分外包到南韓、台灣、中國大陸等東亞地區。美國高科技晶片公司仍牢牢掌控上游的設計研發，並建構綿密的全球產業鏈，以增進效率。台灣的台積電，以及南韓的三星等公司，掌握了世界六成以上的晶片製造產能。台積電更是掌控了九成左右高端晶片的產能。這些美國境外的晶片製造大廠，出口晶片到中國大陸的裝配廠，如鴻海蘋果手機製造廠，同時也供應中國本土如華爲等公司的晶片。這些晶片當然也流入部分軍民兩用的產業。

二〇二〇年以來，新冠疫情肆虐，中國對外擴張也更趨積極，美中爭霸的態勢確立。由於中國本身製造高端晶片的能力有限，必須大量依賴外來的晶片製造廠供應。疫情以來，全球晶片短缺。美國本身也高度依賴台灣、南韓等晶片廠的供應。半導體晶片成爲全球重要的戰略物資。美國從全球戰略角度出發，企圖將晶片的供應鏈縮緊，將晶片製造的產能也移回本土，以確保高科技的自主性。另一方面，則祭出出口管制，限制高端晶片向中國大陸出口，尤其是製程中使用美國研發科技的廠商。對於高端的製造設備如光刻機，也說服荷蘭廠商艾司摩爾（ASML）管制對中國出口。二〇二三年八月，美國總統拜登發布行政命令，禁止美國對中國量子計算、先進晶片、人工智慧等領域的投資，以防止中國軍民兩用科技的精進。此外，也聯合日本、南韓、台灣，試圖建立Chip 4晶片聯盟，協調政策及行動，共同扼住中國的晶片半導體發展咽喉。美國政策界也喊出「乾淨供應鏈」的呼籲，將晶片與國家安全進一步結合，以多邊協調的方式保障高科技的領先，並防堵中國的科技擴張。

美國新一輪的高科技政策，結合了國家安全與工業政策，企圖保障以高科技爲核心的國家利益，並維持全球霸權地位。然而，純粹以補貼，而沒有整體的高科技政策規劃，其成功的機率有多少，頗令人懷疑。補貼政策受益的主要是美國晶片大廠，而非中小型新創企業，更非廣大的勞工階級。此外，美國長期以來建構的半導體供應鏈，有其比較利益及經濟效益的基礎。美國本土的晶片製造產能及良率，與台積電等大廠有相當的差距。以補貼的方式企圖重新建立美國本圖的半導體製造業，扭轉早已成型的全球供應鏈，未必有效果。此外，晶片製造移回美國，其成本必定提升，未來售價也會提高，受害者則仍是廣大的中產階級。以台積電在美國亞利桑納的新廠建設爲例，其成本是在台灣的數倍，同時也要面臨人才短缺，企業文化差異，以及工會施壓等問題。美國原有的英特爾等晶圓製造的大型企業，與在美國本土設廠的亞洲半導體公司，能否形成良性競爭的態勢，也需要進一步觀察。

結論與展望

本章的分析指出，美國高科技發展仰賴三大支柱：美式資本主義的創業精神、各級政府的政策支持，以及全球霸權策略的布局。矽谷地區的高科技中心，提供源源不斷的創意活水。舊金山灣區寬鬆自由的社會文化環境、法規制度上對創業的保障、以及追求學術卓越的高等院校，共同造就了引領全球的高科技核心。全球高等人才的匯聚，更為美國科技領先提供了發展動力。

然而，本章也指出，美國聯邦政府的國防情治單位，在不同的階段及時間點，扮演了引領高科技突破的角色。美國政府支持的重點則在網路安全、人工智慧、以及公共醫藥衛生等領域。有別於舊金山矽谷地區較為自由放任的高科技發展模式，環繞美國首都華盛頓及其周邊區域，與聯邦及地方政府形成共生的網絡，共同推動與國家安全密切相關的科技。國家積極介入此類高科技發展模式，並與中小型企業形成公私合作的網絡。聯邦政府單位也開始與矽谷地區的大型科技公司合作，推動目標導向的高科技計畫。但是，美國的私有企業是否能與政府密切合作，並跳脫官僚體系的限制，值得進一步觀察。這種由政府指導，以國家安全為目標的高科技計畫，仍須與市場結合，才能促進可長可久的發展動力。因此，私有企業家精神、市場網絡、地方優勢，以及國家安全目標這幾個因素如何整合，攸關高科技計畫的成敗。

美國高科技政策更是因應地緣政治劇變，維持美國全球霸權的重要工具。然而，這也是最具爭議性的政策舉措。美國所掀起的高科技戰爭，事實上是扭轉了一九九〇年代以來的全球化趨勢，以國家安全替代經濟效率，並將全球高科技供應鏈政治化。高科技的地緣政治方策，導致了以下幾點不確定性。首先，美國單邊的舉措，無法日起有功。能否聯合東亞其他國家及歐洲先進國家協同防堵中國的高科技發展，形成多邊的、排除中國在外的高科技網絡，不無疑問。再者，跨國高科技公司基於企業利益，自有其避險盤算。在因應美國政府要求的同時，仍會顧及其全球商業利益，採取彈性措施。美國的高科技掌控及吸納政策，存在不少漏洞。第三，美國在戰後成為全球高科技中心，仰賴人才自由流動。矽谷及美國其他高科技中心，吸收許多全球一流人才，包含華人的菁英。美國發起高科技戰爭，基於國家安全理由，勢必限制華人科學家，尤其是本籍為中國大陸的科技菁英進入美國高科技領域服務。冷戰麥卡錫主義的陰影，似乎有回潮的趨勢。

展望未來，美國作為全世界科技人才中心的角色將可能有所變化。美國的高等院校及研發機構是否是全球人才的供應庫，進而引導新一輪的高科技突破，也有陰影存在。若是美國的高科技政策成為反全球化的政治工具，則具有美國特色的，以中小企業創新為發動機，進而發展成大型高科技全球網絡的企業家精神，是否能持續堅實壯大，值得進一步觀察。

第十六章　是先驅還是後進：美國環境政策與制度

李河清

美國環境保護的討論始於六〇年代。一九六二年，瑞秋・卡森（Rachel Carson）出版了《寂靜的春天》（*Silent Spring*），探討無差別使用農藥對環境的影響。這本書立論清晰，證據充分，一躍成爲暢銷書，環境汙染的公共意識自此提升。一九六九年一月，加州的一座離岸石油鑽井發生了漏油事件，聖塔芭芭拉海岸受到嚴重汙染，數百萬加侖的原油流向太平洋。烏黑的海岸，覆滿油汙的禽鳥，僵直的海豹、海豚隨著潮水漂浮。同年六月，俄亥俄州克里夫蘭市的東南方，受到化學汙染的凱霍加河（Cuyahoga River）河面突然著火，熊熊火焰竄起五層樓高。這條河流長期受到工業廢水汙染，河水暗沉，河面上布滿了油汙和石化工業廢棄物，以容易著火而聞名。自一八六八年以來，這已經是第十三次著火。但這一次與之前發生的農業汙染、海洋汙染、空氣汙染前後堆疊，受到時代周刊等全國媒體的關注，進而觸發了全國性的環保運動。

環境意識帶引環境運動；環境運動促成環境行動。在參議員蓋洛・尼爾遜（Gaylord

Nelson）的倡議下，一九七〇年將四月二十二日這一天訂爲地球日。地球日成立當天約有二千萬人，相當於當時全國人口的百分之十，走向街頭、公園、廣場、會場，提醒自工業化以來，經濟開發至上所帶來的環境與健康問題。大眾迫切希望政府能夠面對問題，即時作出政策回應。一九七〇年十二月二日，美國環境保護署成立。

本章節將從環境意識，自然主義的發展過程，討論美國環保署的起源與規範。再從聯邦分權、政黨政治檢視美國環保政策的演進與特色。包括近五十年來重大的環保事件、環境立法的脈絡、以及兩黨政治的合作或分歧。美國環保政策從管制到解除管制，從環境管理到環境治理，面對新近跨國界跨領域的全球環境課題（例如氣候變遷），美國將如何扮演先行者，或是後段生的角色。

政策緣起

美國環境政策隨時間逐漸演變。思想上，從以「人」爲中心的環境開發，到以「環境」爲中心的保育主義。建制上，則成立了環保署。美國的環境政策歷經管制時期（一九七〇—一九七九），解除管制時期（一九八〇—一九九一），到環境治理協力合作時期（一九九二—至今），一路匍匐前行。

在美國國家成立初期，資源的開發與利用是社經發展的主要動力。森林、土地和水資源被廣泛開發，以滿足不斷增長的需求。到了十九世紀中期，自然主義逐漸興起。其中，生活實驗者也是散文家的亨利・梭羅（Henry D. Thoreau, 1817-1862）提倡回歸本心，親近自然。一八四五年，二十八歲的梭羅撇開金錢的羈絆，來到華頓（Walden）湖畔，伐木造屋，種地寫作，自耕自食兩年，寫就了《湖濱散記》，成爲自然隨筆的創始者。其文樸實自然，愛智又有靈性，在美國十九世紀散文中獨樹一幟。

約翰・繆爾（John Muir, 1838-1914）也是環境保育主義的奠基者。他從小嚮往曠野，曾步行一千英里，穿越肯塔基州，經過墨西哥灣、古巴，再橫越巴拿馬海峽，抵達美國西海岸。並將沿途筆記集結成《墨西哥灣千哩徒步行》植物圖鑑。三十二歲時，他在加州優勝美地（Yosemite）蓋了小木屋，在山谷生活，成爲著名的嚮導，吸引各界名人、科學家與藝術家前來山中拜訪。

一九〇三年五月十七日，美國史上最年輕的總統老羅斯福，結束在優勝美地的三天露營。回白宮後，他成立了美國林業服務局，並設立五座國家公園、一百五十座國家森林、十八座國家保護區、五十五座鳥類與野生動物保護地，發動史上最大的國土保育行動。而影響他的，正是跟他一起露營三天的繆爾，繆爾也因此被稱爲「國家公園之父」。

一八九〇年，國會通過法案將優勝美地成爲國家公園。兩年後，繆爾創辦了山巒俱樂部（Sierra Club），持續主張森林與山川應該收爲公有，制止私人侵占，以維護原始自然。俱樂部平時舉辦保育、健行與環境教育等活動，並推動「荒野法」，阻止在科羅拉多大峽谷興建水壩，激勵更多人參與環保行動。一九六四年，國會終於通過「荒野法」（Wilderness Act），確立了美國荒野保護系統的管理架構，分別由國家公園管理局、土地管理局、魚類與野生動物管理局、以及林務局共同管理聯邦政府所指定的八百多處荒野地區。

自然保育與國家公園當然應該納入廣義的環境保護和資源保育。但美國環保署並不是國家公園與荒野保護的主管機構，這也凸顯了「環境」是一體，「管理」卻多頭的制度困境。

主管機構

環保署是在尼克森總統任上成立的。面對環境意識高漲，環境汙染日益嚴重，國會先在一九六九年底通過了「國家環境政策法」。緊接著，尼克森總統在一九七〇年元旦簽署了該法案，並指出一九七〇年將是環境十年轉型期的起始點。同年二月十日，他發表了環境咨文，向國會提交了史無前例的三十七點環境計畫，要求四十億美元用於改善水處理設施，制定國家空氣品質標準，擴大聯邦政府資助環境研究計畫，希望能盡快研發出新型的低汙染汽車。

這次的環境咨文有三種意涵。政治上，宣示環境議題走進國會，緊扣立法行動。社會上，回應處理環境問題的急迫性。經濟上，則考量經濟發展的外部成本，調整經濟發展與環保的競合關係。尼克森政府一九七〇年七月九日通過重組計畫，建議新成立的環保署，其任務從現有聯邦各層級部門的相對職權轉移而來。內政部將聯邦水質管理局及殺蟲劑相關業務移入。衛生、教育和福利部將國家空氣汙染控制管理局、食品藥物管理局、固態廢棄物管理局、水衛生局和放射衛生局的業務移入。農業部則移出農業及農藥研究。而原子能委員會和聯邦輻射委員會也將其輻射標準業務轉入到新近成立的環保署。

政府的角色因而重新塑造。政府以前是荒野的保護者，現在成為空氣、水、土地的保護者，以及廢棄物管理與毒性物質使用的監控者。國會也透過立法來維繫人與自然和諧共處的條件，確保美國人能享有一個潔淨、安全、健康的環境。從此以後，所有環境規劃相關的計畫都需要提交報告，說明環境差異與其後果。這就是現在行之有年的環境影響評估報告。

總的來說，環保署的主要功能在於汙染管制與環境監控。在環保署成立之前，一九五〇年到一九六九年間，可稱爲「自我管制」時期。一九七〇年環保署成立之後到一九七九年間，環境政策進入「管制」時期，研究監測、訂定規範、調查檢查、對違規者執法、並對合規者提供激勵或許可。在雷根總統就職以後，新政府大力推動鬆綁與去管制化，環境政策則進入「解除管制」時期（一九八〇—一九九一）。

等到民主黨上台，贏得一九九二年總統大選的柯林頓總統曾自許是環保總統。同年，聯合國在巴西里約熱內盧舉行地球高峰會議，這是一次里程碑大會，是繼一九七二年聯合國人類環境會議之後最大的國際環境會議。政府、企業、學術社群、非政府組織等踴躍出席，開啓了公私協力的合作契機。里約峰會擬定了「二十一世紀議程」，通過里約三公約，也就是氣候變化綱要公約、生物多樣性公約、以及防治沙漠化公約。永續發展的理念開始萌芽，環境管制也適時地從環境管理轉化成環境治理（一九九二—迄今）。環境決策過程邁向了一個嶄新的方向，由下而上，包括了公共參與、科學支撐、民主審議、公私協力、以及社會包容。

環境立法

環境治理需要立法，這五十年來，美國國會通過了一系列的環境法案，早期最著名的法案是針對空汙與水汙的「空氣清潔法」以及「水清潔法」。特別是，空氣清潔法於一九六三年通過，經過一九七〇年、一九七七年、一九九〇年、一九九七年的幾次修訂，首先訂出空氣品質標準，其後增加管制項目，陸續納入二氧化硫、二氧化氮、一氧化碳、鉛、懸浮微粒PM2.5等汙染物質，同時引進市場機制，建立二氧化硫交易系統。

依據環保署五十週年署慶回顧特刊的資料，以下是一九七〇年以來，與環保相關的重大事件和法律：

- 「空氣清潔法」（一九七〇年）。這項具有歷史意義的立法設定了空氣品質標準，特別是針對汽車和工業排放，訂立了減排法規。
- 「水清潔法」（一九七二年）。該法旨在設定水質標準來保護國家水域的品質。
- 「毒性物質管制法」（一九七六年）。該法授予環保署對有毒化學品的製造、經銷和使用行使監管權力。
- 「超級基金」（一九八〇年）。該基金用於評估、分類、清理有害廢棄物的工業場址，並確立了相關汙染者的法律責任。
- 「蒙特婁議定書」（一九八七年）。該文書規定逐步停用並停產臭氧層破壞物質——氯氟碳化物（CFCs）。CFCs是人造物質，停用停產以後由替代品取代。近期衛星照片顯示，臭氧層破洞確實有變小，這是一件較爲成功的治理案例。
- 「油汙法」（一九九〇年）。該法爲了回應一九八九年在阿拉斯加發生的艾克森美孚號漏油事故而制定。這項法律加強了對漏油事件的預防、因應和責任認定。

- 「二氧化碳定位」（二〇〇七年）。環保署認定二氧化碳是空氣汙染物質，需要加以規範。
- 「福島事件」（二〇一一年）。日本福島核電廠的氫爆意外事件，造成放射性物質外洩並汙染海域。全球也同時監控放射性物質的傳輸。處理後的核廢水於二〇二三年八月二十四日進行首階段排放，並連續排放三十年。
- 「清潔能源計畫」（二〇一五年）。這是歐巴馬總統政府針對燒煤的火力發電廠，推動發電廠減排的計畫。
- 「水再利用計畫」、「海洋垃圾計畫」（二〇二〇年）。這兩個計畫推動水循環再利用，並針對海洋垃圾問題，與海洋暨大氣總署合作，共同發展創新處理技術。

兩黨角逐

環境立法和國會政治息息相關，兩黨政治的運作更影響了環境政策的訴求與擺盪。一九七〇年到一九九五年之間，見證了美國環境政策的重大發展。在問題意識和執政管理層次上，共和民主兩黨的合作多過分歧。七〇年代初期，建立制度，成立專責單位，防治空汙、水汙、毒物管理、廢棄物管理，都得到了兩黨強烈的支持。共和黨的尼克森簽署了許多奠定基礎的法案。民主黨的卡特、共和黨的雷根接續傳承。儘管環境團體也會批評雷根政府推動解除管制，削弱了環境法規，但並非所有國會中的共和黨人都支持鬆綁。參議院的跨黨派合作，常常可見。

近年來，兩黨分歧的議題聚焦於能源使用與氣候變遷。阿拉斯加國家野生動物保護區的鑽探採油就是一例。共和黨堅持開發，主張使用化石燃料。民主黨則阻擋質疑，希望盡速能源轉型，使用再生能源。政黨兩極化，也反映在小布希總統退出「京都議定書」，川普總統退出「巴黎協定」的案例上。

美國在一九九七年「京都議定書」簽訂的時候，曾經是全球最大的排放國，理當負起較高的減排義務。美國雖然簽署了「京都議定書」，但美國國會從未正式批准該協議，因此美國不是「京都議定書」的締約方。其主要原因包括國內排放減量成本過高，可能會造成美國經濟停滯，減縮能源生產和民生消費。小布希總統曾表達對「京都議定書」的懷疑態度，並未積極推動國會批准。其中的關鍵是國會參議院曾於一九九七年七月二十五日通過了柏德—黑格爾決議，要等到中國及其他新興發展中國家也負有減量義務的時候，美國再考慮是否參加。

共和黨川普總統任內，退出了「巴黎協定」。他是氣候懷疑論者，質疑氣候變化的科學證據不足，他主張「美國優先」政策，竭力保護美國經濟和產業。認爲該協定對美國的經濟發展不利，將導致工作機會減少並提高能源價格。川普在二〇一七年六月宣布美國將退出巴黎協定，並啓動退場程序。根據協定的條款，退出程序需要三年的等待期，然後還需要一年的實際退出程序，因此美國正式退出巴黎協定的日期是二〇二〇年十一月四日。

十一月四日這一天，恰巧也是美國總統大選的投票日，投票結果，拜登當選總統。他當場表明美國將重新加入巴黎協定，積極參與全球氣候行動。二〇二一年一月二十日，在他上任的當天，拜登政府通過行政命令宣布美國重新加入巴黎協定。根據協定條款，重新加入巴黎協定的程序需要三十天的等待期，美國終於在二〇二一年二月十日再次成爲協定的締約國。

國際參與

其實，美國參與國際環境條約的紀錄不佳，氣候變遷只是一例。學者伊莉莎白・戴松柏（Elizabeth DeSombre）曾以單邊主義描述美國的國際參與。這些新興環境議題，跨國界又跨領域，個別國家無法有效應對。在全球排放上，中國已經取代美國成爲最大的排放國。美國作爲第二大排放國，其減量成效與氣候融資卻被「氣候行動追蹤組織」評爲不足。二〇三〇年自訂的減量目標，目前也只達成百分之三十。

在有害廢棄物處理方面，美國並沒有加入與有害廢棄物相關的「巴塞爾公約」和「斯德哥爾摩公約」，主要是聲稱已有相關國內立法可供使用。美國於一九八九年簽署了「巴塞爾公約」，於二〇〇一年簽署了「斯德哥爾摩公約」，但都未經國會批准。特別是規範持久性有機汙染物（Persistent Organic Pollutants, POPs）的斯德哥爾摩公約，其所指涉的毒性物質就在身邊，卻常常被人們忽略。POPs又稱爲環境荷爾蒙，如戴奧辛、多氯聯苯、農藥、殺蟲劑、絕緣體、塗料、阻燃劑等，透過空氣、降雨、土壤和食物傳輸，經由食物鏈放大。POPs會干擾內分泌、致癌、也會影響生殖系統。這個公約由南方國家發起，就是爲了要防範北方國家自己不處理這些廢棄物，卻轉向南方國家輸出。

美國也沒有加入「海洋法公約」（Law of the Sea Convention）其原因與國內商業利益有關。這些利益包括在海底開採石油和天然氣、以及大陸棚使用等有關，這也和海洋鑽探產業、能源產業的利益直接相關。美國曾協助草擬的「生物多樣性公約」（Convention on Biodiversity），同樣也是簽署而不批准。生物多樣性涉及智慧財產權與技術轉移，所觸及到的產業更多，包括基因工程、生物工程、製藥業等。這些案例都凸顯出，國際參與和國內商業利益難以脫鉤。

治理成效

地球日從一九七〇年舉辦起，已經超過五十年了。當時高漲的環境意識，是否還在？當時上街的訴求，是否得到回應？更重要的，當時惡劣的環境是否得以改善？針對空汙、水汙，這五十多年以來，汙染到底有沒有緩解？空氣清潔法、水清潔法是否奏效？還有，二氧化碳等溫室氣體排放所造成的氣候變遷、全球暖化、極端氣候到底有多嚴重？國際氣候公約如巴黎協定所提出的減量規範到底有沒有落實，進而達成全球增溫幅度維持在攝氏兩度的目標？

二〇二〇年四月二十日出版的科學人雜誌專文，提出了一些觀察與看法。

氣候變遷

自一九七〇年以來，大氣中二氧化碳濃度大幅上升。二氧化碳濃度已經從工業革命時期的二八五ppm、一九七〇年的三二五ppm上升至今天的四一〇ppm。濃度的上升主要是因爲人類活動，過度使用煤、石油、天然氣等化石燃料所造成。二氧化碳排放導致了溫室效應，全球氣溫自工業革命以來已經上升約攝氏一度多。二〇一五年「巴黎協定」的減量目標設在攝氏一點五到二點零度內。小島國家和氣候脆弱國家則首選攝氏一點五度。此外，政府間氣候變遷諮詢委員會（Intergovernmental Panel on Climate Change, IPCC）所出版的第六次「科學評估整合報告」（AR6 Synthesis Report: Climate Change 2023）則有更詳盡的情境分析與評估論點。

氣溫打破紀錄，氣象災害頻傳。二〇二二年歐洲經歷了五百年以來最嚴重的乾旱。洪水、旱災、豪暴雨、土石流等極端氣候事件接連而至。二〇二三年七月、十月則分別打破了高溫紀錄。二〇二三年伴隨著聖嬰現象，已經確定是有系統紀錄氣象以來，最炎熱的一年。我們可以說，這五十年來，在氣候變遷方面，氣候戰役越演越烈，人類敗績頻傳。

空氣品質

一九七〇年代的「空氣清潔法」對發電廠、工廠和車輛排放實施管制。多年來，這三種主要空氣汙染物（二氧化氮、二氧化硫、鉛）都顯著減少。其中，二氧化氮及二氧化硫是靠著排放減量而得到大幅度改善，霧霾問題也隨之減輕。鉛則是因爲逐漸禁用含鉛汽油，也有明顯的效果。但環境團體提醒，川普政府期間放鬆了空氣汙染規定和執法，也可能會有成果逆轉的隱憂。

水資源

水汙染主要來自農業廢水、工業廢水和家用廢水。例如，美國伊利湖在六〇年代，因爲過度捕撈、汙染、優養化、入侵物種等問題，造成藻類增生，而使魚類無法呼吸，也阻礙船隻航行。近年來，氣候變遷又導致該地區暴雨和乾旱的頻率增加，大雨將土壤內肥料養分沖刷進湖中，成爲有害藻類的營養來源。由於伊利湖流域擁有五大湖區中最多的農地，因而受災更重。就磷肥而論，因湖中磷的成分只須微幅增加，湖水品質就無法顯著改善。又以密西根湖的多氯聯苯來看，該物質爲一種環境荷爾蒙，於一九七九禁止生產，水質隨之改善。

結論

從美國環境保護署成立到現在已經半個世紀了。回顧這五十年來的發展與流變，我總結出以下的觀察與感想。

第一代的政策以管制爲主，著重環境監測與汙染管制，主要監測對象是空氣、水與土壤、關注空氣汙染、水汙染，以及與土壤相關的固態廢棄物、殺蟲劑、核電廠放射性物質與其他毒性物質的管理。但並不包含自然資源的管理、自然荒野的保護。面對這種環境一體，管理多頭的現況，跨部會橫向的聯繫、資源分享、資料統整益顯重要。特別是美國自訂的十七項永續發展目標，一百六十九個細項目標的架構，如何和現有業務扣合。

有管制的政策工具，就有遵約與合規的問題。企業只關注是否合規，民眾則想著是否遵守規定。如果規範交疊老舊，如果執法者偏執，稍有執法不當，遵約則轉而興訟。美國是個好興訟的國家，司法訴訟使得環保問題承擔越來越高的費用與政治風險。從遵約到成效，應該著重成效，減少興訟成本，才能增加美國企業的環保努力。

美國參與國際環境公約的程度顯得單薄，再加上政府更替的因素，談判立場反覆不定。在氣候變遷的議題上兩次退出。在海洋法、生物多樣性公約中、斯德哥爾摩公約，其參與程度也都是簽署而不批准。特別是在新近推動永續發展目標，各國提出「自願性評估報告」（Voluntary national review, VNR）二〇二二年的行列裡，全世界只有——海地、緬甸、南蘇丹、葉門、以及美國——沒有繳交。

環保不是一套炫富的華服，而是一件隨時穿用自在的家衣。作爲影響全球秩序的強國，全球第二大的排放國，落實減排行動、宣示淨零目標、投資綠能產業、加強毒性物質管理，這些都是美國有能力做，並且早就該做的利己利人的好事業。但是美國政治與商業利益使得美國的環保努力打了很大的折扣。

Part 3

美國外交與國防

第十七章　強權之行也：美國外交政策

李大中

本章包括四部分：一、美國外交政策的行爲者、機制與規範；二、美國外交政策的傳統；三、後冷戰時期的美國外交戰略；四、川普時代迄今的美國外交路線：變遷與延續。最後是結論。

美國外交政策的行為者、機制與規範

根據詹姆斯・司考特（James M. Scott）與傑若・羅塞第（Jerel A Rosati）等學者的研究，理解美國外交政策的制定，主要有兩個分析架構。第一個分析架構偏重總統的重要性；第二個分析架構偏重動態的領導與政治。第一個分析架構認爲總統處於外交政策同心圓的圓心，其外圍依序爲親信顧問、行政體系、國會及公眾。其中國會包含兩黨與參眾兩院，公眾涵蓋利益團體、輿論與媒體。至於涉外事務方面的行政體系十分龐大，主要涵蓋白宮總統辦公室以及官僚部門。白宮總統辦公室包括國家安全會議、國家經濟委員會、國家情報總監辦公室、貿易代表署，以及白宮全球戰略溝通辦公室。主要涉及外交政策的官僚部門則包括國務院、國防部、財政部、能源部以及國土安全部等機構，距同心圓的中心越遠，對於外交政策的影響力就越小。

第二個架構認爲美國總統對於外交政策的影響力，會隨著不同政府時期出現明顯差異。總統對於外交事務的主導程度，隨著動態領導與國內外政治局勢改變。美國外交政策背後具有多個影響因素，彼此交互作用。除了總統的自我定位、個人特質與領導風格、總統親信與顧問的權力、行政體系與官僚部門的功能、國會介入程度以及內部社會力量的競逐，各行爲者的扮演角色與所能夠汲取的資源，國內政治的激化程度、府會是否同黨、國際外部環境等，都必須加以考量，方能一窺美國外交政策制訂的全貌。

總統的外交職權，依美國憲法第二條第二款規定，總統有權利締結條約，但仍需要參院三分之二的多數批准。舉例而言，一戰結束後，威爾遜總統簽訂「凡爾賽和約」，希望美國加入人類歷史上首度出現的集體安全機制——國際聯盟，但遭致當時立場保守的參院抵制而功虧一簣。總統與外國簽訂的行政協定，則不需要經參議院的同意。美國總統同時扮演國家元首、三軍統帥、行政首長、首席外交官，甚至是首席立法者等多重角色。他享有權力單一、訊息掌控、政策發軔、以及說服等非正式的權力優勢。就歷史演進觀察，伴隨著美國國際地位的提升與全球領導地位的鞏固、政府職能擴大、官僚機構的階層化、以及行政資源（預算、機制、人力）集中的現象，再加上涉外事務的專業傾向，總統主導了對外事務。這也意味立法部門節制總統外交權的力量被削弱。但另一方面，總統的外交權仍受到諸多限制，主要仍爲民意與輿論的風向、政治極端化程度、與國會的掣肘。

在軍事上，總統與國會對海外用兵的互動，非常值得觀察。總統既爲三軍統帥，在作戰指揮方面擁有最高的權力。但憲法也同時賦予國會宣戰權（憲法第一條第八款第十一項），再加上國會具有撥款權，因此美國海外軍事行動的權力國會也可共享。綜觀美國歷史，國會宣戰次數很有限，僅涉及一八一二年的美英戰爭、一八四六年的美墨戰爭、一八九八年的美西戰爭、一九一七年參與第一次世界大戰以及一九四一年參與第二次世界大戰。至於第二次世界大戰後，包括越戰與韓戰在內的諸多重大戰爭，多數情況是未經總統或國會宣戰美國就逕行對外用兵，也就是出現不宣而戰的情形。一九七三年，時值越戰後期，爲了節制總統日益膨脹的海外用兵權，國會提出限制總統戰爭權力的「戰爭權力法案」。儘管尼克森總統以侵犯總統的統帥權爲由否決該法案，但其後國會兩院仍以壓倒性多數推翻總統的否決而通過該法。依據「戰爭權力法」的規定，如果在未經國會宣戰或是取得國會的授權的情況下，總統必須在宣布採取軍事行動的四十八小時之內向國會報告，除非能得到國會批准（「特別授權」），否則海外軍事行動不得超過六十天。

自該法生效以來，關於總統的動武權限不時成爲白宮與國會間的爭執焦點。多數在任的美國總統傾向迴避「戰爭權力法」相關規範或批判其違憲。但總統仍會選擇與參眾兩院領袖磋商之後，獲取國會授權，以加強軍事行動正當性。出動地面部隊的海外用兵（而非僅僅是海空精準打擊的行動）茲事體大，基於贏得輿論支持，避免國會掣肘的考量，再加上國會掌握戰爭撥款大權，白宮都明瞭與國會溝通與諮商的重要性。例如，老布希總統在一九九一年美軍展開沙漠風暴行動之前，曾獲得國會正式批准。小布希總統於二〇〇三年發動對伊拉克戰爭之前，也曾取得國會的授權。但在另一些案例中，總統並未獲得國會的批准，仍然逕行海外動武，國會只能於事後被迫接受既成事實。情況緊迫、為了制敵機先或避免因事先曝光而危及軍事行動，外界會對總統統帥權採取寬鬆的解釋，意即總統有權「先斬後奏」。總統仍會事後知會國會領袖，與國會進行必要的溝通。舉例而言，川普任內兩次（二〇一七年四月與二〇一八年四月）對敘利亞動武。兩次均為空中精準打擊、無涉地面部隊派遣，白宮在軍事行動後給國會的書面報告中，除提及動武的宗旨與必要性之外，均強調動武是基於國家安全利益的考量。且依據美國憲法所賦予之權力（身為三軍統帥與對外關係掌舵者），報告也均提及他對於國會的說明符合「戰爭權力法」的相關規範。

美國外交政策的傳統

冷戰與兩極體系的結束，標誌美國的綜合國力與威望臻於頂峰。美國推動國家利益，無論外交、經貿與軍事均爲重要工具。美國外交政策的工具箱裡有大棒與胡蘿蔔。另一方面，美國地大物博、資源豐盛，沒有接壤的外患，本土因此相對安全。美國因此有其特殊的外交傳統。

孤立主義與國際主義之間的擺盪

邁入二十一世紀以來，美中兩大強權進入長期戰略競爭，或稱新冷戰。美國在結盟體系、國防軍事、科技創新、以及軟實力等諸多綜合國力指標上，仍有優勢。美國仍居國際主導地位。儘管如此，孤立主義仍是美國外交思維中的獨特傳統。自一七七六年脫離英國獨立以來，美國的立國精神標榜民主、自由、和平、與平等。在意識形態上，站在與歐陸階級觀念、權力政治與封建制度的對立面。這個政治心理，反映在外交思維上，即以自身的國力發展爲最高優先，將戰略重心聚焦美洲大陸，避免承擔外交與軍事結盟義務。美國國父華盛頓確立了孤立主義原則，強調美國在推展海外經貿關係之際，應盡量降低與他國的政治牽連，避免捲入海外衝突。第五任總統門羅曾於一八二三年對國會的國情咨文中提出對美國外交政策影響深遠的門羅主義，揭櫫美國不干涉歐洲任何國家的內政，但亦堅決反對歐洲帝國主義列強插手美洲新大陸的事務。隨後美國排除英、法等老牌歐洲殖民勢力，使拉丁美洲成爲美國的後院。一九〇四年，老羅斯福總統提出對原始門羅主義的補充，即「羅斯福推論」，強調美國擁有介入拉丁美洲國家內部事務的特權。這是美國孤立主義的由來。

一九一四年第一次世界大戰爆發，美國起初無意捲入歐陸衝突，直到德國實施無限制潛水艇政策，擊沉美國商船，才正式參戰。戰後美國國內保守的氣氛，把美國重新推回孤立主義的軌道。第二次世界大戰爆發，小羅斯福總統一開始不想介入，但最後還是選擇於歐洲與遠東參戰。一九四五年成立聯合國，代表美國對國際事務眞正的參與。第二次世界大戰結束後，國際社會又面臨冷戰，美蘇兩大核子強權陷入意識形態、地緣政治、以及勢力範圍的鬥爭。面對莫斯科在歐洲與全球的擴張主義，華府將蘇聯集團界定爲對自由世界與民主體制的直接威脅，採取防範與壓制爲主軸的圍堵策略。一九八〇年代日本興起，但美國霸權不墜。一九八九年柏林圍牆倒塌，德國再統一，蘇聯以及東歐共黨集團瓦解。美國勝出冷戰。二十一世紀到來，中國開始崛起，但美國迄今仍是國際秩序的建立者與維護者，美國無意自我退卻，將全球領導地位拱手讓人。

二〇〇一年的九一一事件，對美國的戰略產生深遠影響。小布希除檢視與各主要區域主要國家的合作關係外，更力圖籌組以美國爲首的全球反恐聯盟。二〇〇一年十月，美國對阿富汗發動戰爭，目標爲剷除包庇賓拉登的塔利班政權。二〇〇三年三月，小布希鎖定被列爲邪惡軸心的伊拉克海珊政權，聯合英國與澳洲等志同道合國家發動伊拉克戰爭。在全球反恐戰爭期間，美國調整了戰略優先順序，投注更大資源，重整國安與情報體系，以避免重蹈覆轍，又遭受恐怖攻擊。美國並未返回孤立主義道路，反而以更強勢的姿態對國際社會宣告，基於維護國家利益，不惜先發制人，以預防性戰爭實現目標。二〇一七年川普上台，想減少美國的全球領導角色，在對外政策上奉行單邊主義，不再重視傳統的盟國體系與夥伴網絡。美國不僅在中東地區採取戰略收縮，更以實際行動退出若干具指標意義的國際組織，美國重返孤立主義。拜登政府則一改川普政策，美國重返國際主義。這種在孤立主義與國際主義之間擺盪的情形，美國學者約翰．斯班尼爾（John Spanier）稱之爲鐘擺模式。

理想主義與現實主義互爲表裡

美國近代外交政策的理想主義傳統始於威爾遜，現實主義則奠基於小羅斯福。其實美國在外交政策上的意識形態分歧，並不如想像的那麼嚴重。美國在第二次世界大戰後的外交戰略，仍是以現實主義爲基礎，再增添理想主義的成分，其比例是隨著總統的價值觀與信仰、國安團隊對於國家利益的認知、以及世界局勢的客觀變化而有所不同。理想主義與現實主義可互爲表裡，以手段與目標而交互運用。季辛吉是公認的現實主義者，但他指出理想主義一直是外交傳統中的重要成分，強調美國外交政策固然有現實主義的一面，在本質上仍受到理想主義的深遠影響。美國的外交政策中，國家利益與道德訴求併行。當然，現實與理想也定會出現層次上無法自圓其說的情形。這是美國外交政策的特徵。

後冷戰時期的美國外交戰略

老布希總統執政期間（一九八九－一九九三），正值冷戰結束。當時有關美國外交戰略路線的辯論上，有四大選項。包括：一、新孤立主義，此派觀點貼近防禦性現實主義，視北美地區爲美國國家利益的重中之重，美國應藉由離岸平衡維持理想的國際秩序，並避免捲入他國爭端。反對動輒以民主或人道爲由介入海外紛爭。至於武力準備上，強調維持基本自衛能力即可。二、選擇性介入，此派觀點貼近傳統現實主義。這派認爲理想的國際秩序的維持，取決於大國間的權力平衡。歐亞大國應爲美國關注的重心，主張在權衡輕重後，有選擇地介入區域衝突。武力準備方面，則強調視情況而定。三、合作性安全。此派觀點承襲自由主義的傳統，強調和平不可分割，理想的國際秩序必須仰賴各國間的互賴。主張應積極介入區域衝突。在武力準備上，則強調必須維持超越本土防衛能力。四、優勢戰略。此派觀點源自於攻勢的現實主義，重視歐亞大國與潛在競爭者的崛起，理想的國際秩序必須依賴美國的霸權領導，主張在權衡輕重後，選擇介入海外爭端。武力準備方面，則強調必須保持冷戰期間的規模。

一九九三年柯林頓總統上台後，在外交上奉行交往與擴大的基本方針，在亞太政策方面是採取「深化同盟」與「全面交往」並重的策略。前者重視美國在此區域的同盟體系；後者則強調與北京發展建設性戰略夥伴關係。整體觀之，柯林頓主政的八年期間在亞太政策上的基本作爲包括：維持美國在此區域內的駐軍與安全承諾、強化美國與區域內盟友的緊密軍事聯盟關係、進行與北京及俄羅斯的交往、支持區域內的安全多元性主義、推廣民主與經濟自由化，以及管制大規模毀滅性武器的擴散等。至於在中國政策方面的重點包括：進行與北京的高階政治對話、拓展與中國全方位經貿關係、展開與中國的軍事交流與合作、嚇阻中國在亞太與台海地區的軍事擴張與戰略躁進、以及敦促北京更進一步鑲嵌於全球化與國際體系的運作等。

小布希總統於二〇〇一年繼任之初，不僅在國際事務上奉行單邊主義的美國優勢主導，更視對中政策爲美國亞太政策下的一環，強調其位階不應凌駕於美國亞太戰略的總體考量。小布希政府一反民主黨人「以交往促成改變」與「和平演變」的浪漫期待，對北京的態度和柯林頓明顯不同。小布希總統認爲美國沒有必要爲求顧全大局，而事事委曲求全。在美中關係定位上，不再稱雙方爲建設性戰略夥伴，而改以戰略競爭者代之。中、美軍機於二〇〇一年四月在海南島上空發生擦撞事件，小布希政府才將美、中關係的基調，調整爲較不敏感的「建設性合作關係」。九一一事件後，美、中雙方面都深切體認到，兩國在維持朝鮮半島局勢穩定，以及應對恐怖主義的議題方面，享有可觀的共同利益。北京也開始更重視雙方關係的定位，從實際作爲來判斷美國眞正的戰略意圖。中國要了解美國是否已排除對中國的敵意與警戒，不再視中國爲潛在的假想敵，轉而視合作、體諒與互利爲兩國交往的基調。

歐巴馬兩任期間，以帶領美國擺脫經濟困局，作爲施政的最優先目標。當時歐洲整體實力下滑，對於世界事務自顧不暇。俄羅斯虎視眈眈，意圖恢復昔日大國地位。而美國自九一一事件所進行的漫長全球反恐戰爭，儘管邁入收尾階段，但阿富汗、伊拉克、敘利亞、利比亞與克里米亞等地的局勢動盪不安，導致歐巴馬無法將戰略重心聚焦於亞洲，反觀中國已快速崛起，造成美中綜合國力的一消一長。且值此從胡錦濤過渡至習近平期間，北京當局陸續拋出中國夢、強軍夢以及一帶一路等倡議。歐巴馬則採取重返亞洲與亞太再平衡戰略，宣示美國的戰略重心、資源與注意力回防此重要區域。美國藉由與亞太地區的各國，雙邊與多邊機制，想要確保其在亞洲的領導地位。

川普時代迄今的美國外交路線：變遷與延續

二〇一七年一月，川普就任美國總統，開啓美國外交政策的新章。他的特色是反建制、政策即興、與民粹主義。川普很少論述意識形態，但立場旗幟鮮明，其政策主軸爲標榜「讓美國再度偉大」。他的外交政策作爲以美國的本位角度出發，展現濃厚的單邊主義色彩。川普主張美國軍力從中東地區轉移，對伊拉克與阿富汗進行戰略收縮，並反對夥伴與盟友在安全上搭美國便車。川普「美國優先」的外交政策，包括以下數項關鍵要素：首先是以實力獲致和平，其次是強調必須擊敗包括伊斯蘭國在內的極端伊斯蘭勢力，再次則是重振美國軍力，第四是追求美國國家利益至上的外交政策，最後則是提出劍指北京的印太戰略。川普不按牌理出牌的行事風格，再加上他對盟國錙銖必較，導致華府的外交路線出現高度不確定性，引發各界疑慮。川普對於美國利益的界定與美國的國際地位認知，與第二次世界大戰後的美國歷任總統都不同。他認爲既有的國際秩序與現狀，對美國不公平，美國何必要承擔領導世界的重任。

川普施壓東京與首爾當局，強調日本與韓國不應仰賴美國的安全承諾，並指出在駐日美軍與駐韓美軍基地經費分擔方面不合理。其次，川普直言北約組織多數會員國自私自利，國防預算占GDP的百分之二目標者寥寥無幾，輕忽自身安全，普遍存在僥倖心態。

此思維邏輯導致川普在對外政策上，刻意展現強硬。他要重新檢討美國所參與的雙邊與多邊機制，並採取若干退群作爲。諸如撤出聯合國人權理事會、「伊朗核協議/聯合全面行動計畫」、「跨太平洋夥伴協定」、「巴黎協定」、「中程飛彈條約」以及以「美墨加協定」取代「北美自由貿易協定」。他還抨擊聯合國成效、抵制世界貿易組織秘書長人選，以及續對日韓等盟邦施壓。

相較於川普，拜登自二〇二一年一月上任以來，將美國外交政策重新帶回原軌。他重申道德與價值在美國傳統外交政策中的重要地位，強調美國必須以外交途徑，恢復美國全球威信。拜登政府重視修補盟邦關係。拜登強調，在確保自身最大利益的前提下，仍會與其競爭對手與挑戰者打交道，並希望藉由鞏固盟國體系重拾美國於國際組織中的影響力。拜登重回美國主控下的多邊主義，期能恢復國際社會對於美國領導的信賴。

在中國政策上，拜登延續川普時期的強硬立場，將中俄兩國定位爲美國的首要戰略競爭者。拜登並未停歇川普時期對中貿易戰，增加了科技封鎖力道。拜登政府清楚界定中國爲美國最嚴峻的競爭者，視北京爲二十一世紀地緣政治的最重大考驗，判定中國爲當今世界唯一具備綜合國力改變既有國際秩序的國家。拜登政府重申美國必須於安全、經貿、科技、人權、以及整體戰略競爭等各項場域，有效反制北京的強勢作爲。但仍強調應就特定領域與北京保持溝通，尤其在氣候變遷、反擴散、全球公共安全（例如能源與糧食）、以及部分區域議題保有協調與對話的空間。美中互動中，競爭遠超過合作。

結論

美國從二十世紀初以來，就是世界上最重要的國家。它的外交作爲影響國際社會的各層面。本章分析了美國外交政策的多個面向。對我國而言，美國對中國的外交政策我們必須有更深入的了解。

第十八章　兵者，國之大事：美國的國防政策

楊念祖

二〇一二年十月初，我參加美台國防工業會議之後，逕赴美國國防部五角大廈，會晤時任國防部副部長的艾許頓・卡特（Ashton B. Carter）博士。卡特博士又推薦我去見國防部淨評估辦公室主任安卓・馬歇爾（Andrew Marshall）先生。馬歇爾先生是美國國防部長近身首席智囊，他的同事給他一個外號叫大師，是電影魔戒中的智者。馬歇爾服務於國防部長辦公室近三十年，現已過世。馬歇爾先生對我詳細說明了美國國防政策。

美國在第二次世界大戰之後，經國會立法，才有了處理國家安全的組織機構。例如國家安全會議、中央情報局、以及國防部等。那時五角大廈剛剛落成，成爲國防部的辦公場所。在國會立法要求之下，每一次大選之後，新任的總統以及處理國家安全事務的內閣單位，要向國會提出「國家安全戰略報告」、「國防政策報告」、「軍事戰略報告」等，說明新政府守護美國國家安全利益的思維與藍圖。

然而這些報告是近二十年的產物，它們的發展過程非常曲折，是美國經過多次戰爭失敗的教訓，不斷檢討，所累積的產品。國防政策與軍事戰略都要依據國家戰略來制定，數百頁的國防政策報告與軍事戰略報告均是經過各方反覆討論、辯論、腦力激盪的成果。公

開的國防政策報告，洋洋灑灑可以上百頁，文字抽象，論述原則，一般人不容易看得懂，因爲「魔鬼在細節中」。

另外，美國國防政策評估制定的過程中，有數千人次不斷地反覆討論。參與單位從政府到民間都有。政府方面有國安會、國務院、情報單位、與國防部等。民間方面大致有軍工企業、智庫與專家學者。另外還有國會議員、國防委員會資深助理、以及卸任的前國防部資深官員等。美國國防政策是博採眾議的產物。

馬歇爾先生告訴我的這番話是有其背景的。我以下即據以說明美國的國防政策。

美蘇冷戰與軍備競賽

第二次世界大戰結束，各國都期待在聯合國國際組織的架構下，重建世界和平，然而期待落空。代表民主自由的美國與代表共產集權的蘇聯揭開了兩大強權的冷戰對峙。美蘇兩強積極擴張軍事結盟，以美國爲首的北大西洋公約組織以及以蘇聯爲首的華沙公約組織在歐洲形成軍事對峙。另外，美蘇兩強也展開了核子武器軍備競賽。中國內戰（一九四六—一九四九）以及韓戰（一九五〇—一九五三），讓美國警覺到蘇聯想藉由軍事力量以及對第三世界國家積極輸出軍備，擴張共產主義的版圖。

時值劇變，美國在一九五〇年代的國防政策與軍事戰略的規劃倉促而被動。美國在歐洲及東亞採取圍堵政策，需要有龐大又不失精確可行的計畫。剛成立不久的國防部，在權責分工、決策機制、軍文關係、以及組織文化等，都還需要磨合調適，才能逐漸步入正軌。一九五〇年代期間，此時民選總統身爲三軍統帥，必須壓得住局面，以維護其國家安全決策的權威。最顯著的實例，就是韓戰期間，麥克阿瑟將軍身爲盟軍統帥，經常特立獨行，擅自決定戰場的軍事行動構想與操作。美國總統杜魯門並不容忍這種「將在外君命有所不受」的軍事決策，因而將麥帥撤職。

美國解密的國家安全檔案顯示，從一九五〇年到一九七〇年代，在國家安全與國防政策的決策，以總統與其主持的國安會議爲核心。這種訂定政策與決策的機制，有其缺陷。總統及參與國安會議的成員，對於世界各地此起彼落的大小軍事危機，因經驗或資訊不足，其對策與現實常存有落差。例如，一九五八年中國砲轟金門，引發台海危機，美國必須迅速作出決策。如何根據協防條約作出適當的軍事反應，履行對盟邦的軍事承諾，又不致擴大衝突規模，是對國家安全的重要考量。再如一九六二年十月十六日到二十九日的古巴飛彈危機，美蘇面臨核戰邊緣。甘迺迪總統與國安國防團隊必須作出適當的決策與執行方式，既要嚇阻蘇聯，又不致引起核戰（有興趣的讀者可以參看電影《驚爆十三天》得到更多了解）。在世界範圍內，美蘇的全球戰略競爭與軍事對峙，提供美國訂定國安與國防政策一個非常實際的學習機會。美國可以檢視國安政策的制度、人、組織架構、與運作機制。

另外，美蘇軍備競賽刺激了國防部與軍工企業集團的密切合作。爲了因應蘇聯的軍事威脅，國防部對於各軍種武器需求，以及戰略戰術作爲，和軍工企業緊密連結。這種軍民軍工鏈結，在世界上可謂絕無僅有。國防部、軍工企業、民間研發部門，以及大學實驗室專業研究結合在一起，腦力激盪，創新思維，最後美國軍力超越了蘇聯。美國國防部與軍工企業提供了大學專業實驗室與民間研發單位的充裕研發經費，也培養了專業人才。退役的軍職人員受僱於軍工企業或民間研發單位，又讓軍事專業和科學專業進一步結合，這是美國軍事研發的巧門。

越戰：美國的傷痛與國防軍事改革

美國協助南越抵抗北越與越共接近八年，付出的代價，前所未見。美國與北越在一九七三年簽訂巴黎和約後，美國從越南撤軍，南越則落入北越共黨之手。越戰不僅撕裂了美國社會，更使美國民眾失去了對政府與軍隊的信心，許多美國家庭失去了丈夫與子弟，這種傷痛難以撫平。國防部與美軍痛定思痛，開始推動改革。早些美國所以能夠和北越與越共達成和平協定並完成撤軍，受到當時地緣政治的影響。

當時地緣政治變動包括幾項發展。第一，中國與蘇聯交惡，並引發兩國在黑龍江邊界的軍事衝突。美國抓住機會，向中國伸出友誼之手，以聯中抗蘇。中國也給予正面回應，促成了尼克森總統於一九七二年二月訪問北京，隨後展開雙邊關係正常化的一連串交涉。第二，尼克森的國安顧問季辛吉建議向蘇聯提出和解政策，並與蘇聯進行裁減核武的談判，冷卻美蘇雙方的核武軍備競賽。此舉使得世界面臨核戰的冷戰格局，喘了一口氣。第三，美國開始了國防軍事改革，這可從紐約時報連載的「五角大廈報告」略窺端倪。這份機密報告是由五角大廈的吹哨者提供給紐約時報刊登的。其重點如次：一、國防部的決策者對於越南戰場的情勢嚴重誤判；二、國防部長與參謀本部決策粗糙；三、戰場的指揮鏈錯誤百出；四、徵兵制度必須更替；五、年輕入伍的新兵，訓練與經驗嚴重不足，匆忙投入越戰戰場造成大量傷亡。報告建議美國的國防軍事必須大破大立，才能恢復民眾對國防軍事的信心。「五角大廈報告」引發社會與國會的熱烈討論與辯論，並要求國防部開大門讓社會與專家共同參與國防改革。全面性的國防改革工程既要遠景，也要細節。國防部回應輿論與國會的呼籲，成立專案小組，並邀請民間專家與國會成員參與。福特與卡特兩位總統的時代，國防改革只是在起步階段，直到雷根總統時才穩步前進。

雷根總統是電影明星出身，只擔任過加州州長，但是他具有特殊的人格特質與領導統御的手腕。他非常知人善任，內閣國安成員，例如國安顧問史考克羅（Brent Scowcorft）將軍、國務卿舒茲（George Shuitz）、國防部長貝克（James Baker）、中情局長伍爾西（James Woolsey）等均是一時之選，他們的團隊也是人才濟濟。另外，雷根總統的另一向特質是權力下放，由內閣主官決策，最後由他拍板。有個有趣的傳言，雷根總統每天起床後，要求國安顧問給他只有一頁的重要資料讓他簽署決定。其決策機制是對於重大問題均經過跨部會協調，形成共識後再呈總統定案。雷根總統在任內大力支持國防轉型與現代化軍備建設，並且積極遊說國會提供充分的國防預算，即使舉債也在所不惜。雷根任內另一項支持國防改革的里程碑，就是國會通過共和黨重量級參議員高華德（Barry Goldwater）與民主黨重量級眾議員尼可拉斯（William Flynt Nichols）的國防改革法案（俗稱高尼法案），使得國防改革獲得了法律支持。無論兵役制度、政策擬定、戰略與戰術發展、準則條例的發展、軍人待遇與福利等重要的改革都有法律根據。高尼法案的貢獻使得美國國防部的運作得以進一步制度化。有了預算及法律的充分支持，美軍得以脫胎換骨，重整信心與士氣。在與蘇聯軍備競賽方面，雷根總統與他的內閣團隊亦有所創新。例如，在裁減核武談判方面增加談判籌碼、主張在北約境內部署先進的中程核導彈、同時提出「星戰計畫」。經濟困頓的蘇聯根本無力與美國進行軍備競賽，只好在裁減核武問題上妥協。蘇聯的困境最終也導致蘇聯與華沙公約集團瓦解，結束了冷戰，這是後話。雷根時代，重整的美軍初試啼聲，對巴拿馬的軍事行動非常順利，走出了越戰失敗的陰影，也重振了美軍信心與美國民眾對美軍的信任。一九九一年老布希總統打了第一次波灣戰爭。在戰爭中，美軍使用了最新的軍事科技與裝備，展現聯合作戰爲核心的新戰術與戰法，迅速擊敗伊拉克，把伊拉克趕出科威特。在媒體實況報導之下，全世界都看見了不一樣的美軍。加上蘇聯集團的瓦解，美國成爲世界唯一超級強權，開始引導後冷戰時代的新秩序及安全架構。

柯林頓總統時期的預防性國防政策

美國從第一次波灣戰爭中吸取了不少教訓。第一，未來戰爭不只是傳統的正規戰，也包括了應付各種不同敵對勢力的非正規戰爭。美國必須針對這些新型態的威脅做好軍事準備。第二，美國發現預警是發揮軍事力量與完成任務的重要支柱。第三，根據實戰經驗，改良武器系統、精準彈藥、採取聯合作戰的戰術與戰法、調整作戰部隊的編整與指揮鏈等。這些成爲老布希總統時期，美國國防部推動「軍事事務革命」的重要項目。

繼任的柯林頓總統亦持續支持軍事事務革命，同時也任用富有經驗的人才，例如培里（William Perry）博士、柯亨（William Cohen）先後擔任國防部長。部長之下的重要幕僚亦是一時之選，例如本文一開始提到的卡特博士。另外有坎博（Kurt Campbell）博士（現任拜登政府副國務卿）。柯林頓總統時期，美國的國防政策在培里的規劃下，提出了「預防性國防」的政策藍圖。預防性國防的主軸概念爲，在遇到傷害美國利益（包含海外）的敵對軍事危機的同時，美國必須作出立即迅速且有效的研判，並同步展現優勢軍力，嚇阻敵方勢力，讓其不敢或不願跨越紅線。其次，結合外交與國安，降低緊張並化解危機。其實就是「不戰而屈人之兵」。美國預防性國防政策，在一九九五年到一九九六年的台海軍事危機中，發揮得淋漓盡致。一九九五年十月起，解放軍就開始在台海頻繁舉行軍演，企圖阻擾台灣第一次總統直選。一九九六年三月，美國政府允許李前總統赴康乃爾大學演講，惹怒了中國。中國立即在台灣南北近海發射數枚東風導彈，並準備兩棲作戰，企圖奪取外島。中國的強勢軍事作爲，引發柯林頓政府的高度關注。美國立即派遣兩支航母戰鬥群赴台海周邊警戒待命。同一時間美國國安會亦立即啓動應變機制，照會台北國安會與中國中央，各派高層代表赴美與美國國安顧問與副顧問進行對話。此時中國外交部已有高官在華府訪問，中國中央責成其爲代表，我方則任命國家安全會秘書長赴美國紐約與美國國安會副國家安全顧問對話。美中台三方高層對話之後，美方再與北京聯繫，由國安會顧問與國務卿領命赴北京面見中國國家主席，傳達柯林頓總統的口信。台海軍事危機在美、中、台三方的折衝努力下，免除了軍事衝突。美國的軍事與外交作爲是台海和平最主要的影響因素。

小布希總統與歐巴馬總統時代的國防軍事作為：反恐為先

二〇〇一年九月十一日，恐怖組織蓋達攻擊了美國本土，造成三千多人死傷。小布希總統立即宣布進入緊急狀態，美國進入「反恐戰爭」。同年下半年，美國對藏匿恐怖份子賓拉登的阿富汗開戰。二〇〇三年美國又指責伊拉克支持恐怖主義活動，以及擁有大規模毀滅性武器，積極遊說聯合國安理會作出決議，允許美國攻打伊拉克，摧毀大規模毀滅性武器。於是美國對伊拉克戰爭時，美軍迅速地打敗伊拉克，擊斃伊拉克總統海珊，達到了政權更替的政治目標。但美國並沒有發現任何大規模毀滅性武器的證據。在阿富汗戰事方面，雖然在強勢的軍事行動攻擊之下，美軍並未能消滅以賓拉登爲首的恐怖組織。美國對阿富汗與伊拉克的軍事行動，並未達到當初設定的政治與軍事目標。但美國的「反恐戰爭」是五角大廈主要政策，此一政策延續到今天拜登政府也沒有正式結束。美國傾全國之力，動用政治、經濟、軍事、外交綜合手段進行反恐戰爭，耗費數兆美元，所獲得的成效乏善可陳，何以致此？從軍事的角度而言，有如下原因：第一，恐怖攻擊並非傳統正規作戰，恐怖份子的自殺攻擊亦非傳統的軍事對抗，也不受國際戰爭法的約束。第二，恐怖份子來無影，去無蹤，無法只靠純軍事手段將之消滅。第三，阿富汗與伊拉克存在著特殊的宗教文化，山頭林立的派系武裝勢力。加上地理環境特殊，以及語言習俗，在在都是美國軍事行動的挑戰。川普政府後期決定撤出駐阿富汗美軍。拜登政府完成了撤軍，但是撤得像是倉皇而逃。反恐戰爭暫時告一段落。美國反恐戰爭的軍事政策著重「消除反叛行動」，靠的是精準的情報蒐整、鼓勵在地人合作與協助、搭配訓練有素的小股特種部隊，一點一滴地消除恐怖組織的力量，這也是前所未見的政策與軍事行動。但是碰到本土化的恐怖主義，效用仍然大打折扣。

中國的崛起如何影響美國的政策

中國與美國在一九七九年一月一日建交，同一時間美國與中華民國斷交。美國國會在同年四月通過「台灣關係法」，成為美國與台灣之間維持非正式關係的基本法律。美國與中國建立正式外交關係，雙方各有期待，雖然在「台灣問題」上，存在巨大的差距，但是中國推動「改革」、「開放」需要依賴美國的強勢經濟、貿易、投資與科技合作，同時美國也期待中國發展經濟能帶動社會與政治的改革，改變共產體制。美國當初對中國的期待，今天看來都成明日黃花，全部落空。中國大陸在過去二十年來經濟突飛猛進，軍事與科技力量快速上升，國際外交的影響力日益壯大，使得美國不得不警惕中國的快速崛起，對美國利益的衝擊與影響。美國對崛起的中國，在歐巴馬時期已有高度警覺，國安團隊已著手研究如何因應中國崛起。歐巴馬與習近平於二〇一三年下旬在加州碰面時，習近平當著歐巴馬的面表示「太平洋夠大，容得下美中兩個大國」。歐巴馬政府更加確定中國將其綜合國力投入太平洋，瓜分美國長期獨占的利益。不久之後，歐巴馬宣布，美國將採取「支撐亞洲政策」，將美國的國家安全重心轉向亞洲。自二〇一四年起，中國在南海造人工島，刺激了美國加強與西太平洋盟邦（日本、菲律賓等）的關係。美國除了在外交上不斷警告中國，更加強海軍在南海周邊的海空巡弋，並嚴密監控中國建造的人工島。美國增加了與盟邦雙邊與多邊的海空軍事演習，並以「航行自由」為名，貼近中國構築的人工島礁進行海空巡航。菲律賓亦在美國的大力支持下，向國際仲裁法庭提出訴願，不承認南海有島嶼的存在。國際仲裁法庭於二〇一六年中旬作出裁決，認定南海不存在島嶼，中國拒絕接受此一裁決，並持續經營南海島礁軍事化，同時強化對南海地區的海空活動。美中之間的猜疑與矛盾的持續升溫，美國認為中國違反國際規範，美國境內不論民意、媒體、以及跨黨派的國會開始全面反中。川普上任後，立即制裁對中國的經濟、貿易、科技、教育，且不斷加碼。川普於二〇一八年中旬發表第一份上任以來的「國家安全戰略報告」，開宗明義直指中國與俄羅斯為美國主要戰略競爭者。緊接著出版的「國防政策報告」順著國安報告的邏輯，將中國列爲美國軍事的首要競爭者。美國在軍事戰略與軍事作爲上展開大幅調整，以因應中國解放軍海、空、火箭軍、兩棲登陸能力，以及拒止/反介入的實力等。美國國防部也積極委託美國權威智庫進行研究與兵推，更於二〇一九年六月初公布「印太戰略報告」。此一報告針對中國軍力快速成長與威脅，作出因應對策。不久後美國即作出針對性的組織調整，例如設置國防部印太助理部長、太平洋司令部更改名爲印太司令部等。除此之外，加強印太地區盟邦的軍事合作關係、強化雙邊與多邊軍事演訓、修正準則、條例與前沿軍事部屬、與南太平洋島嶼國建交軍事合作關係、推動北約與歐洲支持印太戰略並採取行動等。這些均爲川普與拜登時期在國防軍事上的具體作爲。另外，在反中的氛圍下，美國國會亦予國防部充分的預算支持，金額高達八千多億美元。

中國已成爲美國國安與國防政策的重中之重。二〇二四年美國將舉行總統大選，並更替新一屆國會。然而，不論誰繼任，以中國爲潛在假想敵的美國國防與軍事政策，不會改絃易轍。

第十九章 *Si vis pacem, para bellum*：美國軍隊的現況

丁樹範

依據英國倫敦國際戰略研究所出版的《軍力平衡》（*The Military Balance 2023*）資訊，包括陸、海、空、海軍陸戰隊、太空軍，和海岸防衛隊在內的美軍現役軍人有一百三十五萬九千多名。相對於全球現役兵員最多的中國大陸的二百零三萬五千現役人員，美國現役兵員數目不是世界規模最大，但卻是全球軍事力量最強大的國家。問題是：在中國崛起，並致力進行軍事現代化背景下，美國作爲全球最強大軍事強國地位能維持多久？

任何公共政策都沒有簡單的答案，上述問題也沒有簡單答案。造就美國成爲全球最強大的軍事強國因素甚多。本文以下就美國獨特的軍事歷史、美國龐大的經濟規模、科技與國防的結合、新武器載台與戰術、作戰和組織調整、以及全募兵制的優缺點，討論這些因素。

獨特的軍事歷史

美國應該是全球對戰爭最敏感的國家。這或許和它自一七七六年立國以來就經常介入

各種戰爭的歷史有關係。

美國自立國以來迄今經常處於戰爭中，其戰爭的經驗橫跨了近三個世紀，涵蓋了全球許多地區，及不同戰爭型態。而且，還因戰爭目標和不同國家建立策略聯盟關係。美國立國初期因爲各種原因介入許多衝突和戰爭，這包括：早期歐洲移民和美洲原住民爲了爭奪土地而有各種衝突、脫離英國殖民的獨立戰爭、美、法短暫衝突、一八一二年的第二次獨立戰爭、美墨戰爭、南北戰爭、美西戰爭、美菲戰爭、及兩次世界大戰。

第二次世界大戰結束後，美國以超級大國之姿和其盟友介入全球各地區的戰爭，而且有些戰爭拖延甚久。這包括韓戰、越戰、入侵柬埔寨、入侵格瑞那達、入侵巴拿馬、第一次和第二次波斯灣戰爭、科索沃戰爭、及阿富汗戰爭等。這沒有計入許多小規模短暫的衝突和戰爭。美國這種高頻率的介入戰爭使得保羅・艾德伍（Paul Atwood）教授稱「戰爭是美國人的生活方式」。

如何詮釋美國自立國初期迄今經常介入各種戰爭和衝突言人人殊。然而，經常介入戰爭對美軍有正面影響，這包括可以測試美軍全球作戰指揮控制能力、發展的武器裝備的性能，和武器裝備相應的戰略戰術是否適宜、組織編制是否合理、及後勤補給能否暢通等。甚至，政治領導和軍事運作間的關係也能被測試。透過作戰的實際測試可以作爲日後改革調整的基礎。當然，頻繁過多介入規模大且持久的戰爭，例如阿富汗戰爭和第二次波斯灣戰爭，也必然消耗國力。

龐大的經濟規模

國防和經濟有密不可分的關係。特別是作爲全球第一軍事大國，具有全球軍事投射能力，需要強大的經濟規模，及經濟規模反映的科技能力的支撐。

會計年度	預算總額
2017	5,430億美元
2018	6,264億美元
2019	6,390億美元
2020	6,226億美元
2021	6,364億美元
2022	7,400億美元
2023	8,167億美元
2024	8,420億美元

美國國防預算在過去幾年大幅度擴張，特別是拜登總統就任後增加速度很快。上表，除二〇二四年度外，是以國會通過國防授權法案的各會計年度預算。

以上不包括額外的補充項目，例如給烏克蘭的軍援、災難救助、全球反恐戰爭、海外應變運作、及和能源部合作的核武項目等。

美國國防預算總額高居全球第一，而且其基礎預算總額比全球國防預算排名第二名到第十名的總和都高，但是只占美國國內生產毛額的百分之三左右。這反映的是，美國經濟的強大。

科技和國防的結合

上述美國國防預算金額涵蓋新武器裝備的研究、發展、測試和評估、科學技術和基礎研究、及國防產業投資。問題是怎麼把科技整合到國防，以科技帶動整體戰力成長，影響戰術和作戰組織，甚至，主導戰爭的進程。

美國國防部有專門的組織擔任連接科技和國防的橋梁角色。其一是直屬國防部長的「國防創新小組」（亦見第二三三頁）。該小組的任務是加速把主要商業技術應用於整個軍隊，以及提升國安創新基礎。該小組目前集中於六個關鍵技術領域，包括太空、網路和通訊、能源、人工智慧、自動化和人力資源。

該小組有幾個值得注意之處。首先，該小組主要成員全來自民間，而不是現役軍官，雖然他們以前曾在美國軍隊服役。例如，該小組負責人道格・貝克（Doug Beck）在進入國防部之前曾在蘋果公司擔任全球業務發展的副總裁，而在進入蘋果公司以前則在有名的嘉信理財集團和麥肯錫顧問公司任職，同時他也是海軍備役上校。把社會專長用在國防上是充分的軍民結合。

其次，該小組主要成員依照分工在美國不同地方工作，而不是如傳統官僚模式在國防部的五角大廈集中上班。例如，小組負責人、人工智慧、網路和通訊、能源、太空、資訊、自動化，和人力資源的主管全都在加州的山景市（Mountain View）上班，反而只有小組副主任、主秘，和國會聯絡室在華府的五角大廈上班。其他上班地方還包括波士頓、德州奧斯汀和芝加哥等地方。山景市在加州矽谷附近，是各種新技術發展重鎮。就近在山景市上班可以追蹤最新技術發展，和相關業者密切合作，把最新商業技術整合到國防部門。

第三，該小組扮演國防、技術廠商，和資金的協調角色。該小組網站說，該組的專家團隊直接和創投基金業者及商業技術創新系統接觸。這個說法有點語焉不詳，似乎是在強調該小組媒合創投基金業者和商業技術創新業者。因爲很多商業技術創新業者是新創事業，在創業過程缺乏資金贊助，該小組則透過創投基金協助新創技術業者。

值得注意的是，美國國防部部長辦公室設有「小企業計畫辦公室」。在諸多任務中，排列第一的是管理師徒計畫以發展國防部優先需要的國防產業，包括網路安全。具體作法是幫小企業尋找可以協助小企業發展的導師企業。

第四是快速建立原型產品。新興商業技術日新月異，如果仍依循過去建案模式，恐對軍力發展緩不濟急。該小組在法律授權範圍內得以快速採購原型產品，並在一段驗證期間後決定後續訂單與否。

除了國防創新小組外，美國國防部另有「國防先進研究計畫局」（亦見第二三三頁）負責發展全新革命性技術。該局的重點和國防創新小組不同。後者主要利用現有商業技術，而前者則是尋找並培養具有革命性的新技術。該局的規模不大，約二百多人，但有約一百個計畫經理人監督約二百五十個研究和發展計畫。

該局過去成功發展出的革命性技術包括：網路、隱形、自動語音辨認和語言翻譯、精準武器、全球定位系統接收器等。當前，該局革命性科技發展重點包括：分子學、可調光學材料、社會工程國防、環境防禦工具等。雖然這些研究發展未必全部會成功，但只要幾項成功便會帶來革命性改變。

新武器載台和戰術

美國文化強調創新而不強調東方式的蕭規曹隨，特別是各種新興技術如雨後春筍大量出現，許多新武器載台和相關的戰術逐漸被構思，而可能影響未來戰爭型態。

例如，美國空軍正在構想並發展下一世代新戰機，及配合此新戰機要發展的戰術和組織等。美國空軍部長法蘭克．坎達爾（Frank Kendall）於二〇二三年三月七日在科羅拉多州的「空中和太空兵力協會的戰爭會議」演講指出，空軍將訂購低成本一千架無人戰機作爲作戰協同機，配合有人戰機的指揮，建立起次世代制空權計畫。然而，整個計畫尚需摸索和測試以了解整個體系如何運作、組織和後勤支持。

一千架作戰協同機有其計算方式。美國預計二〇三〇年部署兩百架次世代制空權戰機以取代F-22戰機，此次世代戰機每機搭配兩架無人戰機，因爲預計部署兩百架次世代戰機，共需四百架無人戰機。另外，美國還有三百架F-35戰機，共需六百架無人戰機。因此，共需採購一千架無人戰機。

坎達爾說，無人戰機是有人戰機兵力結構的補充和強化，提升有人駕駛戰機的作戰表現，並大幅降低戰機駕駛員執行任務時的風險。無人駕駛戰機可以執行目標攻擊、情報蒐集、偵察和監測或電子戰等任務。在具體運作構想上，無人戰機視任務需要，裝上各種飛彈和其他武器，可能飛在有人駕駛戰機之前，利用具備的各種感測器以執行偵蒐任務，或執行電子戰任務。

坎達爾還指出美國空軍的上述決定是有所本的，該決定參考了國防先進研究計畫局的一個專案——「空中作戰演化」計畫。他也徵詢了科學顧問委員會的技術專家，了解有關作戰協同機技術成熟度的議題。

爲了實際發展需要，美國空軍在二〇二四會計年度的預算案中，提案撥出近五千萬美元（約十五億台幣），向組建無人機網邁開大步。其構想是，在六架F-16戰機上安裝人工智慧主導的自主軟體，探索有人駕駛與無人駕駛機搭檔的戰術，此專案稱爲毒蛇實驗與下世代作戰模型。

最新的媒體報導，前述無人F-16戰機計畫已開始試驗，而且取得初步成功。媒體報導，洛克希德馬丁公司出名的臭鼬工廠、美國空軍實驗室、空軍試飛員學校、和凱斯班（Calspan）工業集團近期在愛德華空軍基地舉行兩週實驗，展示了有人／無人飛機的協同飛行能力，而且一架自主化F-16無人機能在空對地攻擊任務中，自主化地針對動態威脅作出反應。這被視爲是科技開發的重大突破。

媒體報導指出突破的三個方向。第一，自主化無人機可以依據任務優先順序和可用的資源，自主化地計畫，並執行空對地打擊任務。第二，自主化無人機可以在動態威脅環境中不斷應變，不僅可以盡量避免任務失敗，且也能在航道偏差，或失去通信的情況下進行作戰。第三，自主化無人機採用了開放式任務系統軟體整合環境，並可以迅速整合由各供應商提供的軟體組件。

前述的整合商業科技、發展革命性技術、及軍種因應新科技和新挑戰的作爲，都凸顯出美國軍方努力整合運用新興科技，並企圖在戰術和組織上改變，以維持美軍在軍事上的主導能力。

作戰和組織調整

美軍不只是追求新技術衍生出的新武器載台和裝備，它也同時追求作戰和組織的改變。在這方面，最典型的例子是其海軍陸戰隊。

隨著美軍在反恐、伊拉克和阿富汗戰爭任務的結束，其海軍陸戰隊就開始規劃未來的調適。前述的反恐、伊拉克和阿富汗戰爭基本上是陸地戰爭，和海軍陸戰隊傳統配合海軍的作戰任務相差甚遠。隨著任務改變，特別是中國成爲主要對手國，海軍陸戰隊必須配合美國海軍和海岸巡防部隊在印太海上作戰的趨勢越來越明確，因此海軍陸戰隊必須作出重大調整。當然，美國海軍陸戰隊也需配合美國國防戰略調整，把焦點放在主要戰略競爭對手，也就是中國和俄羅斯。

爲此，海軍陸戰隊在司令大衛・柏格（David Berger）將軍領導下擬定了「兵力規劃二〇三〇」。該規劃正式於二〇二〇年三月推出，但會因應各種實驗和演訓採取每年滾動式調整計畫內容，期待用十年時間徹底調整海軍陸戰隊的兵力結構，包括作戰和戰術、武器裝備、部隊編制和人力體制。具體而言，美國海軍陸戰隊未來是和美國海軍更密切配合而更兩棲化，在現代化武器載台裝備下，更趨近輕型打擊力量。預期它將是一支靈活、機動、和快速的部隊。此規劃的作戰概念是針對未來的近海作戰環境，以及遠征前進基地作戰環境。

在海軍陸戰隊的諸多調整中，令人矚目的是完全捨棄原來的七個坦克營，包括放棄所有的坦克車。他們把這七個坦克營的預算轉移到增加三個輕武裝偵察連，使輕武裝偵察連的總數增加到十二個。這表示他們能放棄既有軍種利益而重新歸零思考他們的新需求。在此思維下，他們也將取消部分重型運輸和輕型攻擊直升機編制，但會增加空中加油和無人機編制。爲了增加海上的機動性、靈活性、及生存能力，他們將發展名爲「輕型兩棲艦隻」的新水上載具，而不倚賴海軍傳統大型兩棲艦隻。經過大調整後，美國海軍陸戰隊預計將減少約一萬二千個員額。

配合「兵力規劃二〇三〇」的調整，海軍陸戰隊也規劃了「訓練和教育二〇三〇」計畫，包括海軍陸戰隊的基礎訓練、升造教育、單位和軍種訓練。在人力培養方面，海軍陸戰隊也做了重大人力晉用調整。最重要的是建立「平行進入」制度，也就是在某些重要技術工程領域，新進用人員可以不經過基本軍事訓練，也不必經歷傳統晉升過程，而直接以士官任用。但是，經過這程序進用的人員在合約期間內只能在這個領域任職，不能以任何理由離開。

爲了驗證轉型計畫，海軍陸戰隊也舉行了各種演習。一個例子是美國海軍陸戰隊、美國海軍、和日本海上自衛隊於二〇二二年二月在菲律賓和東海海域舉行「高貴融合」演習，以測試海軍陸戰隊新提出的島嶼占領概念。海軍陸戰隊指揮官麥克・拿康尼茲尼

（Michael Nakonieczny）上校指出，高貴融合演習是展示兩軍種的相互操作性和測試「兵力規劃二〇三〇」，並爲以後更大規模兵力規模演習做準備。海軍指揮官格雷・貝克（Greg Baker）上校說，海軍和海軍陸戰隊研究如何在岸邊和海上，以獨特的方式運用兩者兵力和武器裝備。

此外，海軍陸戰隊也在加州基地透過實兵演練測試並創新作戰概念。海軍陸戰隊把在夏威夷的第三近海旅運到加州基地，和海軍陸戰隊第七旅實兵對抗以發展新戰術。他們要參加的演訓的次數是一般步兵單位的四到五倍之多。他們也要參加和印太國家盟友的演習，例如和菲律賓共同舉行的巴利卡坦（Balikatan）演習。訓練和使用的裝備器材都是以中國爲假想。

以上的說明指出，美國國防體系在諸多因素作用下，保持了全球第一大軍事大國於不墜。這包括：龐大的經濟規模和充分的國防經費、強大的科學和技術基礎、國防和科技有效整合、及因應局勢而調整軍種任務、組織、訓練和武器裝備等。然而，上述的條件需要充分的兵員和軍官幹部來維持，使整個系統運作順暢。因此，我們有需要了解美軍人力層面的發展。

募兵制人力

一九七三年一月開始，美軍走向全募兵制，放棄原來的義務役徵兵制。迄二〇二三年一月底止，募兵制已實施整整五十年。美國國防部副部長凱瑟琳・希克斯（Kathleen H. Hicks）在「全募兵五十年：軍民的挑戰和機會」的演說指出，募兵制對美軍和美國是正確的決策，是美國軍隊最好的模式。她說，在實施募兵制的五十年裡，美國共招募了超過一千一百萬兵員，到現在仍有約一百五十萬兵員在各軍種服務。

然而，美軍招募在過去三年面臨諸多困難。曾擔任美軍歐洲司令兼盟軍最高指揮官的前海軍上將詹姆士・斯塔萊迪斯（James George Stavridis）曾在彭博新聞專欄指出，美軍招募員額不足，尤其是陸軍更嚴重。美國陸軍部長克莉絲汀・渥姆斯（Christine Wormuth）接受媒體訪問時指出，二〇二二年美國陸軍招募不足額是一萬五千人，以美國陸軍四十六萬四千九百人的規模而言，等於是缺了百分之三的員額。美國海軍水面作戰單位缺水兵總量約九千人（這不包括岸上和水下工作人員）。空軍需甄補約二萬六千八百人，但到二〇二三年三月只能新聘約一萬一千二百人，尚不到需要總數的一半。

兵員不足的原因很多，近因或和新冠疫情有直接關係。二〇二〇年到二〇二二年的三年疫情期間，學校和許多機構關閉，針對疫情實施的各種社會隔絕和保持距離措施，使美軍招募人員無法進入學校和社區進行宣傳和招募，特別是無法向有意從軍者親自解釋他們的諸多疑問。這必然形成招募的空隙，特別是那些在疫情期間合約到期而可能退伍者，使人力銜接至少產生短期的困難。

除了上述近期原因外，中、長期因素亦影響招募工作。斯塔萊迪斯將軍語重心長地指出，招募不足的最重要原因是，退伍、現役軍人、或軍人家屬子女從軍人數下降。根據二〇二一年公布由軍人家庭顧問網絡協會支持的名為「軍人家庭支持計畫問卷」研究指出，二〇一九年回答問卷的現役人員、退役人員、軍人眷屬和榮民中，百分之七十五支持或鼓勵他們認識的人從軍。但是，到二〇二一年這個數據掉到百分之六十三。從二〇一四年起，該問卷每年執行以了解軍人家庭面臨的困難，包括心理和財務、健康、債務、房舍等，以期作出相關政策建議，和提出改善生活品質的計畫。回答問卷人數共八千六百三十八人。上述數據顯示，很多人從軍是受到家庭或親友因素影響，這使得整個美國軍隊幾乎變成一個大家庭，其中從軍人員中近乎百分之三十的雙親也是軍人。此外，許多士兵來自南方各州。非洲裔美國人從軍的比例也較高。美國著名的皮猶研究中心的研究也顯示類似的結論。美國軍人，特別是入伍士兵間，可能有社會分殊化的現象，也就是大部分兵員來自全國少數幾個地區，而許多地方幾乎沒人從軍。

值得注意的是，「軍人家庭支持計畫問卷」研究發現，入伍士兵和其家屬比軍官和軍官家屬較不鼓勵他們認識的人從軍，主要的原因和收入有關。約百分之四十受訪者稱，他們的家戶收入在二萬五千美元和七萬五千美元之間，二萬五千美元在美國被列為低收入戶。許多人稱存款不足五百美元，不足以因應緊急需要。更有相當多人有負債，這特別是入伍士兵家庭。這或許表示，社會低階入伍士兵對收入不滿意，因而不鼓勵他們認識的人從軍，因此影響招募工作。

新冠疫情結束後美國社會人力有大量需求，而不可避免和軍隊競爭人力。研究指出許多因素導致人力缺乏，包括出生率逐漸下降、人口逐漸老化、疫情影響移民、國內反移民傾向影響新移民數量、及新冠疫情患者使許多人離開就業市場等。凡此導致社會人力大量不足，這反過來使人力工資快速上升，失業率達到歷史的新低點。另一方面，美國聯邦儲備理事會打通貨膨脹已有初步績效，美國工資水準已逐漸超過通貨膨脹率。這使年輕被招募對象有更多的就業選擇機會，除非軍方提供更好的待遇，包括薪資、福利和就醫保險。更何況，在社會就業可以照顧家庭，和親友保持感情聯繫，及不必在戰場上冒生命危險。對招募的好消息則是美國國會同意於二〇二四會計年度給美軍加薪百分之五。

美國政治分裂也可能影響未來的招募。美國是移民國家，移民帶來各種不同族群和宗教團體，再加上原有的種族議題，使得種族、族群、宗教、性別、和性傾向等成為政治議題。性傾向在軍隊的競爭的環境裡更衍生出另外的政治議題。

性傾向多樣性、平等、包容等議題（或稱之為覺醒議題），在過去幾年中因為多次出現警察和種族衝突而加速發酵，終而上升成政治議題。自由派人士和民主黨主張要在包括軍隊內推廣覺醒議題，部分保守派人士和共和黨菁英則反對軍隊內的覺醒行動。上述亦涉及女性和其他族裔軍人的人事議題，包括招募、晉升等相關方面。政治保守人士抨擊貫徹覺醒議題招募的女性軍人對美軍戰備有不利影響，反對大量招募女性從軍。這勢必影響女性和其他族裔人士從軍意願，也可能眞正影響美軍的戰備，因爲隨著美軍開放女性從軍，女性軍人在美軍的占比逐漸升高。例如，到二〇二三年三月三十一日女性在空軍現役人員的比例是百分之二十一點四。到二〇二一年十二月三十一日女性在美國海軍（含現役）的比例是百分之二十一點六八。這都顯示女性在美國軍隊比例對美軍戰備有不可取代性。

上述的相互指控也上升到對美國外交政策的批評。全力主張覺醒議題的左派人士甚至指控，美國在阿富汗和伊拉克的任務是帝國主義冒進行爲。這種指控不可避免會影響美軍在海外出任務的信心和信念，進而影響他們對派赴海外執行任務的接受度，甚至引發從軍決定的正確與否的懷疑。

上述自由派和保守派的相互指控當然影響士兵來源的全國平均性。例如，在東西兩岸大城市裡自由派觀點盛行，生長在大城市的年輕人不免受生長環境的影響，其結果是美軍的宣傳和招募不受歡迎。這反過來使美軍爲了補足兵員需求更只能在中、西部、或南部地區招募新兵，而使美軍在政治傾向上更趨於保守，及美軍無法更平均地在全國招募新兵。

上述的政治分裂現象也在墮胎議題出現，可能影響美軍的士氣、招募、和運作。美國最高法院大法官於二〇二二年六月二十四日推翻自一九七三年通過的柔伊案憲法判決。簡而言之，一九七三年的判決允許婦女有墮胎權，而新的判決取消婦女的墮胎權，把墮胎權下放到由各州自己決定。保守傾向重的州就通過限制墮胎的法律。

美國國防部爲了協助所屬軍人和他們的家屬，針對新憲法判決做了因應協助措施。特別是針對必須到別州墮胎的軍人和家屬給予最多三週的行政假期，這是因爲不少保守的州有美軍基地和設施，包括德州、阿拉巴馬州、和奧克拉荷馬州。然而，美國國防部的決定惹火了部分國會議員，這些國會議員以軍方高層人士聽證任命爲籌碼對國防部施壓，這使整個國防系統被捲入政治衝突中。

斯塔萊迪斯將軍擔心美國的政治分裂會使年輕人對美國喪失信心，進而影響全募兵制。美國的民調指出，美國人對美軍的信任程度是所有政府機構中最高的，在二〇一八年時信任度高達百分之七十。但是，這個信任度在二〇二二年下跌到百分之四十八。對招募影響最大的是在十八歲到二十九歲受訪民眾中，只有百分之十三高度願意從軍。百分之八十九受訪者認爲美軍的作戰實力仍是最好的，或最好國家之一。但是，百分之六十二的受訪者認爲美軍高階領導層變得越來越政治化。

其他大環境的變化也可能影響招募，例如發生在二〇〇一年的九一一恐怖攻擊是個轉折點，許多美國人基於愛國情操而從軍。但長期戰爭有損士氣。在一九六〇年代到一九七〇年代的越南戰爭，二十多年的長期衝突耗損了美國人的愛國情操，使美國軍人反思軍旅生活造成對家庭的負擔和困頓的生活外，他們獲得了什麼。主張覺醒運動的左派人士指控美國外交帝國主義冒進可能使許多軍人省思從軍的目標，這一大群人對下一代從軍與否的決定有很大的影響力。

如果上述的發現是對的，美國軍隊有潛在危機。募兵制使軍隊和社會大多數人隔絕，因爲絕大多數人不需服役。大多數人不了解美國軍隊，也不了解戰爭問題，雖然知道美軍是全世界實力最強大的軍隊。文人領導人可能把強大的軍隊視爲理所當然更傾向在全球使用美軍兵力。另一方面，前述的諸多因素可能降低年輕人從軍意願，形成美國的國家安全危機，因爲當需要美軍介入長期衝突時，美國卻缺乏足夠兵員。

第二十章　「攻」欲善其事，必先利其器：

美國軍工產業

陳永康、袁念熹

美國軍工產業是美軍成爲世界超強的支撐。軍工產業（軍事工業、國防工業）是指軍事裝備研究、開發生產、與服務的產業。軍工產業在美國以其特有的「軍工複合體」形式存在。成型於一次大戰期間。「軍工複合體」是指「軍隊」本身、「武器承包商」、以及「國會」之間的結合，又稱之爲「軍工鐵三角」。一路演進，現在智庫、媒體乃至影視業，也是這個複合體的一部分。

二〇〇一年美國發動全球反恐戰爭以來，國防預算屢創新高，總計逾十四兆美元（約新台幣三百九十五兆六百億元）。其中，近一半預算流向美國軍工企業。而洛克希德・馬丁（Lockheed Martin）、雷神（Raytheon）、通用動力（General Dynamics）、波音（Boeing）和諾斯洛普・格魯曼（Northrop Grumman）這五大美國軍工巨頭公司，就獲得美國國防部三分之一的軍備合約。二〇二三年美國國防預算共八千五百七十九億美元，若以三分之一計算，大約有二千八百五十億美元流向了這五大軍工企業，總額比

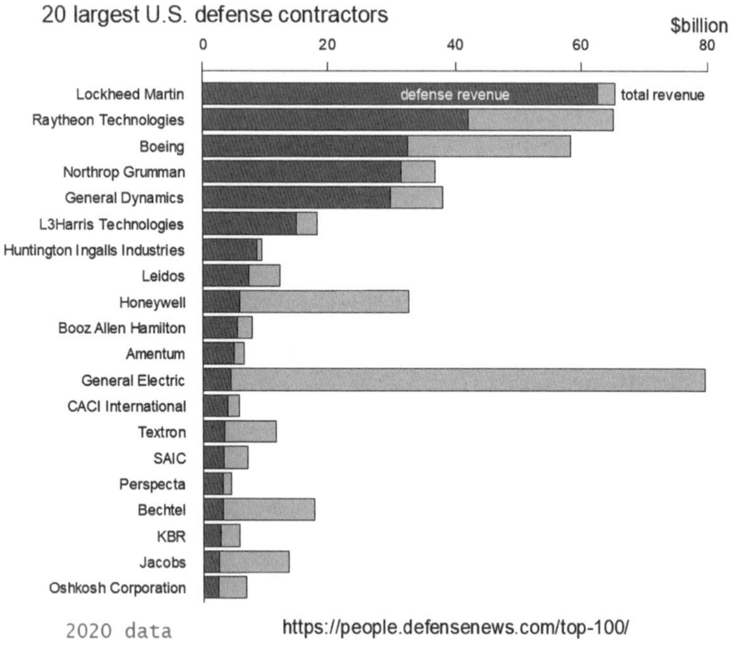

圖20-1　美國前二十大軍事承包商

二〇二三年中國大陸國防預算二千二百五十億美元還高出了六百億。

美國軍工複合體產生的背景

一八六五年，南北戰爭結束，美國開始加速工業化。出現了「標準石油」這樣的托拉斯，以「大工廠、大企業」爲代表的壟斷式資本主義在美國出現。十九世紀末期，因應國內過剩生產力，急需開拓海外市場，美國從孤立主義向「門戶開放」轉變。一八九八年美西戰爭之後，美國便向海外擴張，菲律賓、夏威夷、關島相繼成爲美國的管轄地。

軍事裝備「高端化」、「專業化」此時也相應而生，尤其是海軍。生產蒸汽動力鐵甲炮艦必須交由專業的重工企業，並非製造左輪手槍的工廠所能承接。在美國，這些大部頭專案便落到那些實力強勁的私人企業手裡。一八八七年，美國海軍將六艘鐵甲艦的訂單交給了貝恩海姆鑄鐵（BIW）公司，便是最早的例子。

之後，因爲較晚參加第一次世界大戰，美國在戰後沒撈到半點好處。又因死傷慘重，美國重返孤立主義。

倉促決定參與第一次世界大戰時，美國只有少數軍種所屬的軍工企業，產能遠遠無法滿足戰事所需。美國在參戰後，才開始大舉動員民營產業生產軍需產品。從此，軍工生產和民營產業有了結構性的連結，成爲「軍工複合體」的雛形。

在第一次世界大戰結束後，美國即迅速斷定，沒有必要維持大規模常備武力，戰爭期間一度需求暴增的軍工生產也因此迅速消退。同時，孤立主義主宰了當時美國一九二〇、一九三〇年代的政治氣氛。第一次世界大戰中參與軍工的民營企業，成爲眾矢之的。軍工複合體被斥責爲了利潤，利用手段，將美國推入一場不必要的戰爭。當時的輿論擔憂，有個巨大隱祕的力量，在操弄美國的內外政策。舉例而言，一九三四年下半至一九三六年上半年，美國國會成立調查軍火工業的專門委員會，結論認爲政府和民營部門之間、軍事部門和民用部門之間的固有界限已被侵蝕，對美國是不祥之兆。更直指把美國推入第一次世界大戰的罪魁禍首便是軍火商和銀行家，他們只顧賺錢不顧國家利益和國際道義。

二次世界大戰，讓軍工複合體復活。就規模而言，其戰費可以打九次第一次世界大戰。以GDP爲基準，二十世紀初國防開支僅占美國GDP的百分之一，在三〇年代增長至百分之三，而在二次世界大戰期間則高漲至百分之四十。同時，由於美國軍事機構的權力大幅增加，可以直接制定美國在戰後的行動策略。也因此，私人軍工集團和美國政府的關係水漲船高。

二次世界大戰後，讓美國躍升爲全球事務的領導地位。其後，與共產陣營對抗的冷戰，又給了軍工複合體再一春。到了一九五〇年代末期，軍工複合體已經能夠影響美國的對外政策。從韓戰、古巴導彈危機、越南戰爭、乃至雷根政府的星戰計畫等，冷戰讓美國在和平時期合理地保持天量的「國防支出」，軍費連年上升。八年越戰一共耗費一千三百四十七億美元。到了一九七〇年代，全國共有十三萬家軍火承包商和轉包商。一九八〇年代，軍工企業的利潤增長率是其他行業的二點五倍。

另外，周邊產業也應運而生。媒體在美國實施對外軍事行動時，引導社會輿論，以讓美國的對外政策獲得支持。而由美國的大型軍工集團創立或資助的智庫，則是藉著出版戰略研究報告，在高層論壇或者權威媒體上宣揚，足以影響決策者思路。另外，科研機構負責推出高端技術，遊說集團則負責在各個權力之間勸說利害。各項作爲綿密結合，就是要確保軍工集團能取得訂單。

一九六一年一月十七日，艾森豪總統在其告別演說中，首次提出了「軍工複合體」這個概念來做演說總結。他說：「在政府層面，我們必須嚴防，軍工複合體有意無意、圖謀不明的影響力。權力被災難性誤用的可能性確實存在，並將長期存在。」

他強調軍事組織和軍火公司在政治和經濟上已經驗證了，「這種發展具有無法迴避的需求」，現在他們已經成爲一個獨立的力量。在美國制定內、外政策的時候，他們占據有利地位，所以必須有所警惕。而何謂「這種發展具有無法迴避的需求」？簡單來說，就是用軍事霸權爲美國搜刮更多利益。以當今局勢來看，艾森豪確實有先見之明。

「軍工複合體」與美國政治、軍事、經濟的關係

美國自一七七六年建國，二百四十七年來僅有十六年是未對外參戰的和平時期。而自一九四五年第二次世界大戰結束後至二〇〇一年，全世界共有一百五十三個地區發生二百四十八場武裝軍事衝突，美國參與了二百零一場，占了百分之八十一。這麼多場戰爭後面，都有軍工產業透過軍工複合體對華府決策圈的影響力。經統計，二〇一四年至

二〇一九年，拜旋轉門制度（軍事機構的成員退休或離職之後，可以去軍火公司擔任職務，而軍火公司領導人可以到國防部或者政府擔任高級職務）之賜，美國國防部共有一千七百一十八位高級官員進入軍工產業。其中，曾任川普政府國防部部長的詹姆士・麥提斯（James Mattis）在通用動力公司當顧問。拜登政府現任國防部部長勞埃・奧斯丁（Lloyd Austin），二〇一六年退役時在雷神公司擔任董事，二〇二一年又回到五角大廈。國務卿布林肯（Antony Blinken），曾是戰略顧問公司的合夥人，專司遊說。如此綿密的政、經人脈關係，構成了軍工產業透過軍工複合體對政策決策圈的深層介入，以下是一些具體案例。

在二〇一六及二〇二〇兩個選舉週期中，公關公司（其實就是遊說公司）僱用了八百二十名遊說者，其中超過三分之二的遊說者從國防部或國會經由旋轉門而來。遊說活動花費超過二點四七億美元，爲軍火工業遊說。而在二〇一六及二〇二〇選舉中，軍火工業的政治捐贈超過八千三百萬美元，最多的是洛克希德・馬丁公司的九百一十萬美元，其次是雷神公司的八百萬美元，以及諾斯羅普・格魯曼公司的七百七十萬美元。

「新美國安全中心」和全球排名第一的智庫「戰略與國際研究中心」，每年都從這些國防承包商那裡獲得數百萬美元經費。美國企業研究所學者更針對二〇二三年五角大廈近乎歷史最高的預算提出批評，聲稱該預算「遠低於通貨膨脹」，並應增加對「AGM-158C

遠程反艦導彈」、「B-21轟炸機」和「LGM-35哨兵洲際彈道飛彈」等武器系統的預算。而主流媒體不成比例地依賴這些智庫專家的評論，作出新聞報導。據昆西研究所的報告發現，紐約時報、華盛頓郵報、和華爾街日報在關於俄烏戰爭文章常引用智庫的意見，有軍火公司資助的智庫超過無軍火公司資助的智庫，達四倍之多。

二〇二二年的大片「捍衛戰士II：獨行俠」由於廣受好評，獲得了奧斯卡最佳影片提名。五角大廈配合拍攝，提供了設備——包括噴射機、航空母艦、人員和技術專長。洛克希德·馬丁公司則與該片合作，將尖端的、未來的技術搬上大銀幕。雖然該片是軍事娛樂，但它也是好萊塢軍事宣傳的最新力作。觀眾（納稅人）很少意識到，電影是在政府補貼下，表達了社會對五角大廈的感謝。

二〇二二年五月九日，拜登簽署了二〇二二年對烏克蘭租借法案，同意三百三十億援助，除核武器以外，幾乎所有武器裝備都可提供。俄烏開打後一個月，洛克希德·馬丁公司的股票上漲了百分之二十八，雷神公司的股票則上漲了百分之二十。

美國的軍工產業也延伸到台灣。二〇二三年五月一日至五日，二十五家美國一級軍備大廠組團訪台，這次主題不是賣武器給台灣，而是在台灣尋求供應鏈合作廠商，洽談方向從台廠生產的零附件採購、在地維修、代工生產（OEM）、資安維護到合作設計（ODM）等。許多美商都對台廠的技術能力感到高度興趣，表達出與台廠合作的意願。

同時也對台灣工業系統表達相當的「信任」，這是未來成為「合作夥伴」的關鍵要素。

我國國防部二〇二三年五月立法院報告，向美採購的六十六架F-16V戰機，原定二〇二三年下半年第一批交機，受疫情影響，美方通知將延至二〇二四年第三季。另美方二〇二三年八月二十三日宣布，售台F-16V所使用的「紅外線搜索追蹤系統」（IRST），該系統將使F-16戰機具備偵測匿蹤戰機（中國「殲20」）、小型無人機等目標功能。而台灣的航太龍頭漢翔公司，是全球第一個在使用國當地執行該型機性能提升的公司。

除了軍售，美國總統拜登二〇二三年七月二十八日動用「總統撥款權」，提供台灣三點四五億美元軍備，其後，也在八月三十日，提供台灣八千萬美元外國軍事融資。我國國防部則在八月三十一日送至立法院的「五年兵力整建及施政計畫報告」中，為因應中共軍事威脅，以對美軍購強化戰力。美方亦透過軍事援助等舉措協助我國。另為統一對外軍購事權，二〇二三年八月起，軍購案改由戰規司負責，自主建案，軍購由軍備局督管。我國國防部並藉「多元軍購籌獲體系」，針對無法如期交運的武器裝備，建請美方主動洽詢其他供應商或盟邦，供售類同裝備給我國。

美國的軍火工業有一個重要邏輯，也就是軍事衝突越大越久，美國軍工複合體所能獲得的利潤就越高。軍工鐵三角要能密切合作，軍工產業要能不斷擴充並擴大國際市場，就需要敵人，有敵人才能維持其正當性。有了敵人，就會有軍事衝突。美國可以在戰場上用掉即將或已過時的武器、裝備、及屆壽限彈藥。消耗掉的武器、裝備、及彈藥則可運用自身及他國經費，更新換代，以保持優勢。

另一方面，儘管在歷史上美國軍方產出了許多先進技術，但近年來，軍火工業在技術開發投資上落後大型商業公司。在3D列印、雲端計算、網路安全、奈米技術、機器人等新一代技術，軍火公司已落後民間大型科技公司。美國軍火公司因此開始擴大其供應鏈，以確保尖端武器的發展生產。

美國軍工產業現況及發展趨勢

美國軍費開支是聯邦預算中僅次於社會保障的第二大撥款。其國防開支高於其次九個國家（中國、沙烏地阿拉伯、俄羅斯、英國、印度、法國、日本、德國和韓國）的加總額。

美國軍工產業按武裝部隊（陸軍、海軍和空軍）和類型（定翼飛機、旋翼機、地面車輛、海軍艦艇、C4ISR、武器和彈藥、保護和訓練設備以及無人系統）進行細分。預估市場規模，將從二〇二三年的六千一百三十一點八億美元增長到二〇三一年的六千四百六十八點三億美元，年增率百分之零點六七。

由於更換老化戰鬥機和新型無人機的各種採購計畫，預計空軍部門將在美國國防市場有重大增長。目前，美國空軍由現役、預備役、和退役機隊所組成，共有一萬三千二百四十七架飛機。美國空軍是世界上最強大的空軍，配備了最先進的技術，在戰場及其周圍，為陸軍和海軍部隊提供空中支援。

美國與日本和印太周邊等國的外交和軍事關係使美國推動大量投資，藉增加機隊，以能有效應對中國的挑戰。此外，美國捲入中東地區的軍事衝突，主要推動採購攻擊機和運輸機。空軍二〇二三年編列一千九百四十億美元的預算，比二〇二二年預算增加了二百零二億美元（百分之十一點七）。而這筆預算的很大一部分用於採購新飛機和研發有助於採取軍事行動的新技術。

台灣必須了解軍工複合體的運作，因勢利導採購我國需要的武器種類、數量、以及價格。我國也可以選擇性地學習美軍的觀念、作法、經驗、管理、準則教範、乃至軍工產業的合作研製與發展，改善與精進我國的軍事準備。

第二十一章　三軍之事，莫密於間：美國情報體系

李克成

美國為維護其國家安全，保障其核心利益，實現全球性的戰略構想與目標，建構了全世界規模最龐大的情報組織體系。其專業的分工、大量資源的投入、尖端科技的應用，堪稱世界之最。

美國聯邦情報體系執行各項工作，是總統、聯邦政府、軍事統帥下達決心、作出決策、擬定戰略、分配資源、以及各級政府官員與軍隊戰場指揮官執行命令所依賴的工具。其中，情報工作是國家安全的「矛」，也是「盾」。在這個體系下的所有機關，不只是執行情報工作，也同時執行反情報工作。

美國情報體系建構與監督協作機制

美國「情報體系」這個名詞，指的是情報組織的集合體。在這個體系下的所有機關，其建置、運作和監督機制，是由法律、法規和行政命令確立的，如「國家安全法」、「國

家情報法」、「情報改革與恐怖主義防制法」、「外國情報監視法」、「國土安全法」、「美國公法」、「美國聯邦刑法典」、參議院情報委員會的法律案及人事任命案、以及總統行政命令等。這些法令確立了各情報機關及首長的地位和職責，也確保其運作須接受國會的監督及上級領導單位的管理。

當前，美國的國家情報體系是由十八個聯邦機關所組成，分別是：一、中央情報局；二、國防部「國家安全局」；三、國防部「國防情報局」；四、司法部「聯邦調查局」；五、國務院「情報及研究局」；六、能源部「情報與反情報辦公室」；七、國土安全部「情報與分析辦公室」；八、司法部緝毒署「國家安全情報辦公室」；九、商務部「國家遙感和地理空間情報局」；十、國家偵察辦公室；十一、情報總監辦公室「國家反恐中心」；十二、海軍情報辦公室；十三、空軍情報監視偵察局；十四、陸軍情報與安全指揮部；十五、國土安全部海岸防衛隊「海岸巡防情報辦公室」；十六、海軍陸戰隊情報部；十七、財政部「情報與分析辦公室」；十八、司法部「情報與分析辦公室」。

這十八個情報機關，彼此平行，互不隸屬，各有其專業地位與職掌。其中，中央情報局及國家偵察辦公室係屬獨立的情報機關，不隸屬聯邦任何部門。其餘十六個機關，分別隸屬於國務院、國防部、司法部、國土安全部、能源部、財政部、商務部、及情報總監辦公室，係屬二級機關。又因為情報體系不只是執行情報工作，也同時執行反情報工作，需要司法部門及執法機關的參與，因此司法部及聯邦調查局在情報體系當中，具有特殊的地位。

在實際的執行面上，美國的情報與反情報工作，並不限於上述情報體系的十八個情報機關。美國聯邦政府各部門根據其法定職掌，多設有涉及國家安全、具備「準情報與反情報」工作條件的單位。這些機關或組織，並不是專業或專職的情報或反情報機關，但仍然能在其專業的領域內，執行部分的情報或反情報工作。

這些機關包括了美國情報總監辦公室的「國家反情報和安全中心」；國務院「外交安全局」；國土安全部的「運輸安全局」、「網路安全及基礎設施安全局」、「聯邦應急管理局」、「科學與技術局」、「海關與邊境保護局」、「移民與海關執法局」；司法部的「菸酒槍炮及爆裂物管理局」、「國家毒品情報中心」、「聯邦法警局」；能源部的「國家核武安全管理局」、「核武材料運輸安全局」、「高等技術研究計畫局」、「國家實驗室與技術中心」（下轄十七個國家級的核能設施及核武材料實驗室）；運輸部的「管道和危險物資運輸安全局」、「國家運輸應急反應局」、「美國海事管理局」；財政部的「秘勤局」、「國稅局」、「恐怖主義及金融情報辦公室」、「經濟犯罪網絡稽查局」、「金融犯罪執法局」；商務部的「國際貿易管理局」、「國家標準與技術研究所」、「美國專利和商標辦公室」、「國家海洋和大氣管理局」、「國家海洋和大氣管理軍官團」、「工業和安全局」；衛生及公共服務部的「美國疾病管制和預防中心」、「公共衛生服務軍官團」；聯邦獨立機關「美國郵政管理局」、「國家航空暨太空總署」；直屬總統的「國家安全會議」、「白宮情報辦公室」、「白宮戰情室」、「國土安全事務辦公室」、及「白宮法律顧問辦公室」；以及由情報總監辦公室、中情局、聯邦調查局等十多個聯邦機關合組而成的「國內安全威脅特別工作組」等。

此外，還有國防部負責資安防衛戰略的「國防資訊系統局」、國防情報局派駐全球各使領館的「國防武官體系」、由陸、海、空軍及海軍陸戰隊四大網路指揮部組成的「網戰司令部」、美國戰略司令部轄下的「情監偵聯合作業指揮部」、特種作戰司令部的「情報處」、第五軍種國民警衛局的「情報處」、第六軍種太空司令部的「太空情報處」、以及參謀首長聯席會議整合七大軍種情報部門的「情報處」等。

在地方層級，美國五十個州、特區與領地的國民警衛隊、州警調查部門、或州級調查局，亦具有相關職權，得配合中央情報局、聯邦調查局、秘勤局等機關，執行地方的情報或反情報工作。

在反情報工作方面，有關機密維護、實體安全防護、關鍵基礎設施保護、網路安全、以及首長的人身安全等。美國聯邦及州郡各級政府，甚至民間企業或社會組織，也都有執行的責任。

美國情報體系的監督與合作機制

九一一事件發生後，美國警覺到以中情局爲首的情報體系，已無法適應新世紀非傳統安全的威脅。中情局在協調、整合國家安全情報方面，出現了漏洞而成爲眾矢之的。隨後，美國情報體系進行一連串的組織改革，除成立國土安全部，把一些性質相近的機關，如「海關與邊境保護局」、「移民與海關執法局」等併入這個部門之外，最重要的就是成立一個綜攬情報工作全局的部門——「情報總監辦公室」。中情局把過去協調、整合情報體系各機關的工作，全部移交「情報總監辦公室」，自己則回歸專職、專業的情報機關身分。

「情報總監辦公室」、「國家安全會議」及「參謀首長聯席會議」是總統掌握國家情報工作、安全事務及軍事戰略決策的三大核心支柱。

情報總監辦公室

情報總監辦公室負責情報機關之間的協調和整合，向總統、國家安全會議、參謀首長聯席會議、國會參眾兩院領導人及聯邦政府高層，提供威脅國家安全的整體情報圖像，而不是分散、零碎的片段。它負責執行國家級的情報評估與分析，推動國際情報合作，並定期提出各類情報報告，供聯邦政府高層及軍事部門制定政策或決策。此外，它推動體系內的資訊共享，去除藩籬，不讓「情報孤島」的現象發生。

情報總監辦公室也負責擬定情報體系的國家情報工作戰略，以及短、中、長期的工作計畫。它有權協調聯邦政府各部會的情報工作，包括國務院的外交情報、國防部的軍事情報、司法部的執法情報、財政部的金融情報、以及能源部的核能情報等。它還要爭取、分配及監督各機關的預算，以確保有足夠的資源履行任務。

在運作上，情報總監辦公室透過內部各個委員會，掌握情報體系的各項工作，如「國家情報協調會議」、「國家情報日報會議」、「國家情報管理人會議」、「情報評估會議」、「情報需求和報告會議」、「國家情報優先事項框架會議」、以及「情報規劃和預算審查會議」等。

情報總監辦公室必須定期彙編各項書面報告或簡報，如「國家情報戰略報告」、「情報計畫」、「國家情報評估報告」、「情報體系年度工作報告」、「國家情報優先事項報告」、「情報支援方案」、以及針對新興的安全威脅、危機或重大國際事件的「特別情報報告」，製作情報簡報，適時向總統、國安會、參謀首長聯席會議、國會領袖及聯邦政府高層進行彙報。其中，「國家情報戰略報告」每四年編制一次，詳列情報體系長期的目標及優先蒐集事項，以確保情報工作能符合國安情勢及國防軍事需求。

國家情報總監是情報體系的領導人，是總統的情報幕僚。其任命需經總統提名，由參院情報委員會及參院全體審查、表決後任用。情報總監是高階的業務官，擁有指導和協調各情報機關的權力。他可以下令中情局及軍情機關執行特定的情報任務，或向總統推薦各情報機關首長的人選，也可以參加總統在白宮主持的早餐會報，彙報機密的「每日情報簡報」。

國家安全會議

美國「國家安全會議」（以下簡稱國安會）隸屬白宮，與聯邦政府、情報總監辦公室是各自獨立的實體，沒有上、下領導的關係。國安會由聯邦政府高層官員及各領域專家所組成，是一個常設機關，負責協調、制定、監督和執行有關國家安全和外交政策，向總統提出建議。

國安會由總統指揮，成員包括總統、副總統、國務卿、國家安全顧問、情報總監、國防部長、國土安全部長、財政部長、能源部長、以及各情報機關首長。其他各部會首長及國會兩黨領袖，端視國家安全情勢與任務需要，受邀參加會議。

國安會設有多個委員會，如「重大議題委員會」、「副首長級委員會」、「跨部會政策委員會」、「政策協調委員會」、以及「跨部會工作組」等。這些委員會或工作組，定期或不定期召開會議。其中「重大議題委員會」的會議，慣例由總統親自主持，各部會首長及情報總監參加，針對重大的國安議題擬定政策或決策。

國安會應對的安全議題，涵蓋國防和軍事、國際政治和外交；亞太、中東、拉丁美洲及非洲事務；情報、反恐、經貿、國安威脅、網路安全、能源供應、生態環境、氣候變化、武器軍售、核武擴散、以及非傳統安全威脅等。

循國安會體系，情報總監辦公室必須提供相關的情報及分析，以確保總統及聯邦政府能夠適時針對不同的安全威脅作出回應。

國家安全顧問綜理國安會例行事務，係屬高階政務官，其職務隸屬白宮「總統行政辦公室」，是總統的重要親信及國安幕僚。國安顧問得就國安事宜，向聯邦政府各部門或機關，包括情報總監辦公室及各情報機關，發出政策指示，要求執行特定的方針，而不是直接下達命令。

參謀首長聯席會議

「參謀首長聯席會議」是美國國防部的組成部分，也是最高層級的軍政機關。其成員由主席、副主席、陸軍、空軍、太空軍參謀長、海軍部部長、海軍陸戰隊司令、國民警衛局局長等六個軍種的首長所組成。其職責是針對國家安全事務、軍事戰略與計畫，以及政策制定等問題，向總統及國防部提供專業的意見與軍事建議，並協助聯邦政府制定決策。

聯參會議必須與情報總監辦公室及情報體系合作，取得情報及反情報行動的支援，執行一些具有軍事強制力的任務。例如，反恐、反毒、反海盜護航、人質拯救、關鍵基礎設施防護、總統及重要官員人身保護、種族暴力、國際人道救援、自然災害應急、及國內社會動亂等。

美國參眾議院情報委員會的監督

美國參眾兩院擁有監督、審查、立法、及監察聯邦政府及情報體系是否依法正常運作的權力。兩院設立的「情報委員會」是其中要角，它不允許情報機關及工作人員逾越法律許可的範圍，侵犯到美國國會的立法權、問責權、及法律尊嚴。

參院情報委員會與眾院情報委員會對情報總監辦公室及情報體系的監督，主要是透過聽證會與閉門會議，審查各情報機關的活動是否具備法律的合規性及有效性，並審批其預算，確保預算編列的合理性及效益性。其次是監督情報機關的情報品質，確保其對政策和決策的制定具有正面的意義。再就是監察各情報機關及人員是否正常履行職務，要有明確的當責性。此外，情報機關的祕密活動必須接受監督，以了解其是否符合法律規範，未侵犯民眾的權利和人身自由。必要時，情報委員會得公開情報機關的活動，以滿足民眾的知情權。情報委員會得提出法律案，協助或限制情報機關的活動，並審查情報機關簽署有關情報共享的國際合作條約。

對於總統提名情報總監、中情局局長、聯邦調查局局長等情報機關首長的人選，僅參院情報委員會擁有審查的權力，再由參議院同意後任命。

美國情報與反情報工作內涵與運作

美國情報體系各機關執行情報及反情報工作，大抵是依循科學管理的四大要素——計畫、組織、領導、控制進行的。

擬定情報工作戰略及執行計畫

情報體系執行各項活動，首要的工作就是制定計畫。情報總監辦公室負責擬定最高層級的「國家情報工作戰略」，並制定短、中、長期的工作計畫。

情報總監辦公室根據總統的指示、國安會的政策和決策、聯參會的軍事及國安議題、以及聯邦政府各部門及情報體系的情報，每四年編製一份「國家情報戰略報告」。該報告是情報體系運作的綱領，內容涵蓋國內、外各項威脅評估、各機關的情報蒐集和分析能力、國安威脅的主要目標和優先執行的項目、以及情報經費和資源的需求等。

二〇二三年三月，情報總監辦公室提出「美國情報體系年度威脅評估報告」，就是根據情報戰略報告而來的一項工作，指出「中國仍位居首要關切焦點且威脅持續擴大」、「中國試圖從政治、經濟、軍事、外交等各層面挑戰美國的地位」。它點明了美國情報體系必須把中國列爲首要目標，應把精力投注到這方面去。

在制定短、中、長期工作計畫方面，「短期計畫」通常是指一至兩年的計畫，重點置於應對當前或偶突發的安全威脅與挑戰。「中期計畫」則是以三到五年爲期限，針對發展中的威脅和機會，規劃情蒐能力、技術研發和資源利用。至於「長期計畫」，期限爲五年以上，以更長遠的國安威脅、更高的技術創新、更廣泛的國際合作、以及更強勁的敵對勢力爲目標。

情報蒐集的範圍及種類

情報蒐集是美國情報工作的核心，其領域及範圍涵蓋了國內外的政治、外交、軍事、經濟、社會、文化、金融、科技、太空、極地、海洋、氣象等。凡是涉及美國發展的機會、利益、衝突、競爭及危機，都是情報蒐集的範圍。

美國情報體系根據情報蒐集的手段、技術、目標、對象、或特定的工作領域，分類歸納出一些情報類型。例如，「人力蒐集情報」是指透過專業的情報人員，以對話、訪談、吸收招募等方式，針對特定的對象或組織進行部署，蒐集敏感的情報。「反情報」是針對敵國或敵對組織的情報滲透或破壞活動蒐集情報，而後透過調查、干預和打擊的手段，進行反諜報工作，以保護本國的情報組織、敏感資訊、總統和重要官員人身安全、關鍵基礎設施等。至於「訊號情報」，是指利用監聽、截收或解碼等電子設施，截獲和解讀電子通訊、無線電通訊、雷達訊號等，以蒐集相關情報。

美國情報體系蒐集的情報類型多達數十種，部分如下：政治情報、軍事情報、競爭情報、經濟情報、金融情報、社交情報、社會情報、文化情報、貿易情報、心理情報、調查情報、預警情報、犯罪情報、外交情報、人物誌情報、開源情報、行動情報、即時情報、特種行動情報、內線祕密情報、網路攻擊情報、宣傳情報、及醫事情報等。

經由科技設施蒐集的情報，計有：圖像情報、測量和標記情報、通訊情報、攝像情報、密碼情報、聲學情報、能源情報、可見光學情報、紅外線情報、雷射情報、雷達情報、輻射情報、地震情報、遙測情報、核能情報、及科學技術情報等。

從以上這些情報的類型，可以約略看出美國情報體系的蒐情範圍、投入的資源、和工作實力。

組織特性與管控機制

美國情報體系各機關及人員，在組織文化和行爲模式上，與一般聯邦機關有很大的差異。因爲任務的機密性，其機關組織、工作內容及人員身分，均對外保密，不輕易公開。其辦公場所多選擇專屬、獨立的建物，絕少和其他文職機關合署辦公。這等作法就是避免橫向的接觸，以減少曝光。

這些機關招募人員，均經嚴格的背景調查。從招募、訓練到任用，一路追蹤核查。進用服務之後，隨著國內外異動，會有專人定期進行心理測謊，密查其私人銀行帳戶、調閱出入他國紀錄、檢查私人交往關係，並監控其使用內部各類系統查詢資料的情況。

以中情局及聯邦調查局爲例，其機關內部各單位不設業務名稱掛牌，保持封閉、隔離的狀態。即使是機關內部人員，若無業務上的接觸，亦難知悉這個辦公室到底在做什麼。凡外界人士進出中情局，不論是一般訪客或高層貴賓，一定要有專人陪同，且門口警衛有權留置其身上所攜帶的手機及電磁物品。外人停放車輛，也要經過檢查，以防攜帶爆裂物等危險物品。執行特種任務的人員更是紀律嚴明，其身分永遠保持機密，不使用眞名，也不會主動與不同單位的人進餐或攀談。工作時，即使面對自己人，也隨時保持「不問」及「不說」的習慣。

中情局及聯邦調查局執行情報與反情報的單位，在內控上多採「垂直管理」及「權威管理」，講求的是縱向指揮，令出必行，具有極高的強制及威權色彩。聯邦調查局內部常聽到：「這件事你若搞砸了，就調你去阿拉斯加」、「這是命令，不是請求」等，是眞實存在的場景，而不是說著玩的笑話。

情報機關內部一旦發現洩密、人員身分曝光、情報網絡被突破，就立即協調聯邦調查局反情報處及相關機關，進行反諜報的調查工作，務求在最短的時間內找出叛徒，查明原因，進行補破網的工作。

情報協作的環境與國際合作

美國各情報機關深知情報的蒐集與分析，需要廣泛的科技，如果不能長期保持優勢，終有被淘汰的一天。這些科技涵蓋了衛星監測、無人機技術、通訊監聽、數位通訊、駭侵檢測、數位鑑識、網路安全防護、地理空間資訊、可視化數據、無線電頻譜偵測、電子訊號截收、標準化數據交換、大數據分析、數位探勘、機器學習、人工智慧、訊號分析、資料庫管理等。如何擷取及分析海量的結構化和非結構化數據，了解敵方的行爲模式、工作趨勢、以及行動之間的關聯性，是未來科技發展的重心。

在反情報行動偵蒐方面，也需要一些精確、快速、有效的工具，如加解密技術、僞裝技術、隱藏式監控器材、無線電及電話、網路通訊截收、通訊指揮、特種武器裝備、以及特殊交通工具等。

因此，美國各情報部門積極爭取國內外的學術機構、科研單位、民間科技業者、以及友邦國家情報機關進行合作，以在職培訓、專業課程、研究計畫、協助訓練、研討會議、及聯合行動等方式，提升自己的專業能力。

美國一些知名大學及科研機構，如國家情報大學、麻省理工學院、喬治華盛頓大學、約翰霍普金斯大學、波士頓大學、以及能源部的洛斯阿拉莫斯實驗室、愛達荷國家實驗室、勞倫斯利佛摩國家實驗室等，都是情報機關爭取合作的對象。

這些學術及科研機構提供的技術與工具，包括超級電腦的高性能運算（可模擬和分析複雜的情報問題）、特殊武器裝備材料、預測及動態模擬、電戰及網路通信安全防護、大數據分析、數據資料庫管理、人工智慧、機器學習、加解密技術、訊號監測技術、網路安全保護、數位鑑識、以及視覺化數據工具等。

民間科技企業，如微軟、谷歌、及亞馬遜的雲端計算供應商、帕蘭特科技（Palantir Technologies）、IBM的華生（Watson）部門、及其他大數據和AI人工智慧公司、火眼公司（FireEye）、群攻公司（CrowdStrike）、帕拉奧圖網路公司（Palo Alto Networks）等網路安全技術公司、以及太空X（SpaceX）、洛克希德・馬丁、諾斯洛普、波音等衛星科技公司，均提供專業的軟硬體技術服務。

此外，美國知名的智庫，如蘭德公司、布魯金斯研究院、哈德遜研究所、戰略與國際研究中心、美國傳統基金會等，均與情報部門有長期的合作關係。它們分別就專業的領域，如國際事務、外交政策、公共政策、國際安全等，提供政策性的建議。

爲了擴大情蒐網絡，建構更強大的情報穿透力，美國情報部門透過「五眼聯盟」的協議，與英國、加拿大、澳洲及紐西蘭這四個主要英語國家，維持長期、穩固的合作關係。此外，一些具有情報實力的國家，如日本、韓國、印度、以色列、德國、法國、西班牙、土耳其等，亦有密切的合作關係。

國內外因素的挑戰

隨著時代的變遷，美國內外的環境發生了一些變化，使情報體系的運作面臨了嚴峻的挑戰。

首先是社會和政治日益分歧，產生極化的現象。這種分歧與極化具體表現在政黨政治、價值觀、意識形態和社會關注的議題上。美國原本就有種族、移民的文化衝突，再加上宗教自由、墮胎權利、槍枝及毒品氾濫、財富分配、貧富差距擴大等問題，使社會諸多問題變得更加複雜。又因爲新聞媒體及網路社交自媒體大量出現，國外特定國家透過網路平台，大量散播虛假資訊，使訊息的傳播更加分裂和極端化。美國民眾在資訊碎片化和極端化的環境下，如果只選擇與自己觀點相符的資訊，而捨棄傳統平衡與理性的價值，其投票行爲當然會受到影響。在這種環境下選出來的總統及兩黨國會議員，其等行爲及言詞，極可能變得更加特立獨行，無法預測。

美國情報體系進行情報分析及危險評估，極可能因此而趨向政治化，被迫迎合不同政治立場的總統或國會議員。政黨之間的不信任，以及國會與總統之間的齟齬，會直接影響情報機關情報蒐集的重點，以及情報分享的取捨態度。不僅如此，各情報機關的資源分配及首長人選，也會因爲政治立場的歧異，受到政治化的干預。

在國際方面，美國情報體系仍然面臨國際恐怖主義、網路攻擊、機密資訊外洩、跨境犯罪，以及氣象變化、公共衛生危機等非傳統安全的威脅。但最大的威脅，仍是來自特定國家的競爭和對抗。特別是，如何在民主、開放的制度下，應對來自中國黨、政、軍、警、情、僑、群、媒、企、研、學等人海戰術般的情報活動威脅。

美國情報體系與國防軍事部門，分別代表美國總統及聯邦政府的軟硬實力，是維繫其超級強權地位的兩大核心骨。該情報體系能夠發揮強大的力量，主要是依賴統一領導的組織架構、立法與司法的監督機制、剛柔並濟的指揮與協調、嚴格的內控與紀律、明確的戰略指導與計畫、不斷檢討改進的傳統、大量資源與科技的投入、營造合作發展的空間、以及接受更嚴厲挑戰的心態。雖然面臨一些內、外因素的挑戰，美國情報機構仍是世界頂尖的情報組織體系。

第二十二章　注定一戰？美中關係

林坤達

一九四九年到一九五〇年東亞的冷戰格局

一九四九年前，中國共產黨和其主要競爭對手中國國民黨，都想找到中國現代化的方法。他們競爭的背景是百年國恥，他們的爭論在於何種國家體制才能實現中國現代化。國民黨選擇的是西方資產階級民主治理，共產黨則選擇了蘇聯的社會主義無產階級專政。從中共菁英的角度來看，在中華民國時代，資產階級民主治理曾經在中國嘗試過兩次，並且都失敗了。一次是從一九一一年中華民國成立到一九三七年對日抗戰爆發，另一次則是在一九四五年對日抗戰結束之後。因此，他們認爲只有蘇聯模式才能使中國強大。因爲以蘇聯爲師，共產黨治下的中國需要仰賴蘇聯的建議和援助。

隨著中共在中國內戰中取得優勢，美國對中國的政策傾向於與中共，以及後來新成立的中華人民共和國。美國希望與中國建立外交關係，以打破中國與蘇聯的聯盟。美國認爲蘇中的利益衝突遠超出美中的利益衝突，畢竟蘇聯在中國東北和新疆地區保持了俄國在滿清積弱時取得的特殊權益。美國的中國政策因此是「靜待塵埃落定」。這意味著美國退出中國內戰，撤出對蔣介石、國民黨政權以及國民黨新據點——台灣——的支持。美國要避免成爲新中國的敵人，並爭取一些時間，等待中蘇矛盾浮現。

美國與新中國建立外交關係，或者緩和局勢的目標直到一九六〇年代末期都未能實現。對中共而言，美國是資本主義陣營的頭目，是壓迫中國還有其他國家的帝國主義者。爲了抵禦美國對共產革命的破壞或對新中國的侵略，蘇聯的支持和支援反而變得更爲重要。爲了取得史達林的信任，並獲得蘇聯援助，毛澤東加倍展示中共對蘇聯的忠誠。一九四九年六月三十日，毛澤東宣布社會主義和共產主義是中國革命的目標——爲了取得並鞏固勝利，新中國必須「一邊倒」，與蘇聯結盟。一九五〇年二月十四日，中蘇簽署友好同盟互助條約。

與此同時，美國的杜魯門政府也被迫放棄懷柔的中國政策。初始，蘇聯侵略西歐的威脅日增，爲了提供巨資幫助重建西歐，杜魯門必須訴諸美國公眾的反共情緒。這迫使杜魯門總統必須反對共產中國並支持反共的國民黨，以向美國公眾傳送完整的反共信息。

一九五〇年六月二十五日韓戰爆發，麥克阿瑟率領美國爲首的聯合國部隊於九月十五日在仁川登陸，介入韓戰。中國人民解放軍則以志願軍的名義在十月十九日渡過鴨綠江參戰，也讓美中兩國在朝鮮半島上兵戎相見。直到一九五三年七月二十七日簽署停戰協定爲止，超過四十萬名中國人民志願軍及超過三萬六千名美軍戰死。中國「一邊倒」政策跟韓戰，確立了接下來二十年東亞的冷戰格局。與共產中國的武裝衝突也協助杜魯門政府成功地激發美國人民對擴大軍事支出的支持，圍堵共產勢力的全球擴張。

一九五一年到一九六九年美國對中國的圍堵

爲了圍堵中國，美國在中國周邊，開始組織以美國爲軸心，輻射到個別盟國的軸輻式軍事聯盟。一九五一年八月，美菲共同防禦條約簽訂；九月，美日安保條約與美澳紐公約簽訂。一九五三年十月，美韓共同防禦條約簽訂。一九五四年九月，美、英、澳、紐、法、菲及巴基斯坦組成東南亞公約組織；十二月，美國與台灣簽署中（中華民國）美共同防禦條約。美國二戰後在東亞建立的安全架構至此成型。以美國爲軸心的防禦條約，給中國帶來極大的安全壓力。尤其是中美共同防禦條約，將台灣納入美國的東亞軍事聯盟中，意味著美國將長久地捲入中國內戰並阻礙統一，對中共政權的安全，產生長期負面的影響。

中蘇關係在一九五九年出現明顯裂痕，蘇聯在一九六〇年七月決定撤回所有駐中國的蘇聯顧問。但以美國爲首的西方當時尚無法確認及利用中蘇的分裂。一九六五年美軍介入越戰，中國認爲美國派兵到其南方門口是爲了完成對中國的包圍，因此積極支援北越。不過基於韓戰的教訓，美中雙方皆採取節制以避免兩國再度兵戎相見。美國的地面部隊不跨過北緯十七度線進入北越，而中國的援越行動，主要在提供後勤、物資以及防空部隊，作戰部隊則在中國境內，採取「彎弓不射箭」的姿態。因此，雖然兩國尖銳敵對，但雙方自制以避免另一次流血衝突。

到了一九六〇年代末，中國面臨的戰略環境產生劇變。首先，蘇聯在一九六八年八月揮兵捷克鎮壓布拉格之春，同時發表所謂的「有限主權原則」，即蘇聯保留以武力干涉任何社會主義國家的權利。這令中國大感不安，擔心自己會成爲下一個捷克。一九六九年三月，珍寶島事件爆發，幾乎將中蘇推向戰爭，也等於公開了中蘇兩國的分裂。同年八月，中蘇在新疆再度爆發邊界衝突，還有謠言指蘇聯可能對中國發動預防性核武攻擊。一時間，中蘇的對抗從意識形態的分裂演變成安全威脅，迫使毛澤東考慮重大的戰略調整。

美國方面，新任的尼克森總統在一九六七年便首度投稿《外交事務》期刊表達與中國改善關係的意願。在一九六九年一月的就職演說中，他再次重申願意與「所有國家」發展關係。中蘇分裂檯面化後，他指示美國駐波蘭大使接觸中國外交官，以恢復兩國自一九五五年開始但在一九六八年中斷的華沙大使級會談，中國迅速同意恢復會談。美中大使級會談於一九七〇年一月恢復進行。一九六九年，尼克森意欲讓美軍逐步撤離中南半島，毛澤東也希望調整對美政策以應付蘇聯的威脅，美中開始和解。

一九七〇年到一九七八年美中和解與日本及台灣議題

一九七〇年及一九七一年，美中採取一系列的「外交小步舞」來互釋和解的意圖。一九七〇年二月，尼克森政府發布「總統外交政策報告」。該報告指出，如果沒有中國的貢獻，穩定的國際秩序無法達成。同時，美國不再將中國和蘇聯視為單一的敵人，而將根據它們各自對美國的政策，分別看待。七月，中國回以善意，釋放了自一九五八年來便被囚禁的美國籍天主教主教華理柱。美國在七月和八月回應中國的舉動，解除了對中國的一些貿易限制。十月一日，毛澤東邀請美國籍記者史諾與他一起站在天安門城樓上共同檢閱中共的國慶閱兵。在十月和十一月，美國透過巴基斯坦和羅馬尼亞管道，表達尼克森派遣高層代表團訪問北京的意願。周恩來對此表示歡迎。十二月，在與史諾的訪談中，毛澤東表示他願意在北京接待尼克森。一九七一年四月，藉由日本名古屋世界桌球錦標賽的機會，中國決定邀請美國桌球隊訪中，尼克森政府也迅速同意，促成戲劇性的「乒乓外交」。在美國桌球隊結束訪問前，尼克森政府宣布全面終止對中國長達二十二年的貿易禁運，美中的政治氣氛從敵對轉成和解。

在成功的「乒乓外交」之後，一九七一年四月二十一日，中國透過巴基斯坦管道以周恩來的名義向美國表明，中國領導人有意「直接討論」改善美中關係，並願意在北京公開接待美國總統的特使或美國國務卿，甚至是美國總統本人。美方在五月十日回覆，表示尼克森接受周恩來的邀請訪問北京以與中國領導人「直接對話」，並建議由季辛吉進行一次祕密的預備之行以安排尼克森的行程。季辛吉於七月九日到十一日祕密訪問北京。一九七二年二月二十一日至二十八日，尼克森訪問中國，實現美中的和解。

美中和解所遭遇到最棘手的地緣政治障礙是日本與台灣議題。一九六九年七月二十五日，尼克森宣布所謂「尼克森主義」，將抑制區域共產主義擴張的主要任務交由亞洲盟友承擔，並要求日本增加其在美日聯盟中承擔的責任。而爲防止日本的自主行動偏離美國的東亞政策（日本國內始終有改善與中國關係的呼聲），一九六九年十二月的美日聯合聲明特別提到南韓和台灣對日本的安全至關重要。值得一提的是，這是美日聯合聲明最後一次提及台灣海峽。台海下一次在美日聯合聲明出現，要等到五十多年後的二〇二一年四月拜登—菅義偉聯合聲明。

從中國的角度來看，一九六九年十二月的美日聯合聲明標誌著美國加快推動日本的再軍事化。中國最大的擔憂是，隨著美國從東亞撤出，日本將再度崛起並支持台灣獨立，將台灣納入日本的勢力範圍。季辛吉爲了緩解中國對美日聯盟的擔憂，聲稱加強美日聯盟不僅是對抗蘇聯的最佳途徑，還能降低日本極端民族主義、軍國主義、和獨立行動的可能性。因爲在美日聯盟下，美國有能力約束日本，包括約束日本不擴張對台灣和南韓的影響力。在聯美抗蘇的考量下，中國兩害相權取其輕接受了美日聯盟。

台灣議題是美中和解更大的障礙。在合作抗蘇的大戰略下，美中在尼克森訪問結束後發表的「上海公報」中，採取了「各說各話」。公報突出了雙方在反對蘇聯霸權上的共同利益，並允許兩國在台灣主權上表達截然不同的觀點。在「上海公報」中，美國表示「認識」到「台海兩岸的中國人都主張台灣是中國的一部分」，而美國對此「不表達異議」。不過，美國並未「承認」中華人民共和國對台灣的主權主張。就美國而言，台灣的法律地位仍未確定（雖然在中方的要求下美方不再公開提及台灣地位未定，而僅以模糊的美國「一個中國政策」帶過），而只要兩岸的分歧能夠和平解決，美國對台灣的最終政治地位不持立場。

一九七九年到一九八八年的建交與交往政策

美中在台灣主權上的歧異阻礙了兩國建立正式外交關係。僵局在一九七八年改變。復出的鄧小平想要推動中國的改革開放，因此需要和平的外在環境。就中國而言，美國既能平衡來自蘇聯的安全壓力，又能提供中國四個現代化所需的資本及技術，因此獲得美國的外交承認以穩固美中關係變得十分重要。鄧小平因而決定在美中建交談判中，要美國與台灣（中華民國）斷交，撤出駐台美軍，並廢止中美共同防禦條約，但暫時不提對台軍售。卡特政府同意斷交、撤軍、廢約的三個條件。一九七八年十二月十五日，兩國宣布於一九七九年一月一日簽署「建交公報」並建立正式外交關係。

美中建交後，卡特政府於一九七九年一月向國會提交了一項立法提案，以維持與台灣的非官方關係。但國會拒絕了這一提案並另外制定「台灣關係法」。「台灣關係法」中特別聲明下列幾項爲美國的政策，包括：「將任何試圖以非和平手段，包括抵制或禁運，決定台灣的未來，視爲對西太平洋地區和平與安全的威脅，且爲美國所嚴重關切」、「向台灣提供防禦性質的武器」、以及「維持美國的能力來抵抗任何使用武力或其他危害台灣人民的安全或社會經濟體系的脅迫」。卡特總統於一九七九年四月十日簽署了「台灣關係法」，也是美國首次使用國內法來規範其對外關係。

中國認爲「台灣關係法」違反了美中「建交公報」，而軍售則損害了中國對台灣的主權。「台灣關係法」同時提到美國決定與中國建交，是「基於台灣的未來將透過和平方式來決定的期望」。而在一九七八年的建交談判期間，中國曾多次拒絕將建交與和平解決台灣問題明確連結。此後，軍售問題成爲美中日益尖銳、幾乎壓垮美中外交關係的矛盾。因此一九八二年八月十七日，美中又針對對台軍售，簽署了美中之間第三份公報「八一七公報」（前兩份是「上海公報」及「建交公報」）。在「八一七公報」中，美國首先表明其理解與稱許中國和平解決台灣問題的政策，隨之聲明美國不尋求實施長期對台軍售，而其對台軍售不會在質量或數量上超過自建交以來幾年提供的水平，並打算逐漸減少對台軍售，以在一段時間內達成最終解決。然而「八一七公報」並未能消弭美中在對台軍售上的歧見——美方強調減少對台軍售與中國和平解決台灣問題的關聯性，中方則強調美國承諾尊重中國的主權並逐漸減少對台軍售。

「八一七公報」未能解決美中歧異，但卻引發台灣的不安。爲了安撫台灣，雷根總統派遣特使向台灣傳遞了「六項保證」，即美國未同意設定結束對中華民國軍售的日期；未同意就對中華民國軍售與中華人民共和國事先磋商；不會在中華人民共和國和中華民國之間扮演調解的角色；不會修改「台灣關係法」；未改變對台灣主權的立場；不會對中華民國施加壓力，迫使其與中華人民共和國進行談判。時至今日，「台灣關係法」、美中三公報、及「六項保證」構成美國「一個中國政策」的基礎。由此，我們同時可以了解，美國的「一個中國政策」與中國的「一個中國原則」，是兩個截然不同的概念。

不過在這段期間，美中仍然成功地避免讓台灣議題影響到雙方對抗蘇聯的戰略合作。以後見之明，美國自一九七二年到一九八八年與中國維持了準盟友的關係，並在一九八九年到二〇一六年左右，大體繼續了對中國「交往」的政策。這讓中國在一九七八年後得以利用以美國爲首的先進國家的資本與技術進行現代化，並取得了驚人的成果，造就了中國的崛起。

一九八九年到二〇一〇年後冷戰美中關係新架構

雖說美國自一九七二年到二〇一六年的中國政策大體是「交往」，但一九八九年天安門事件及柏林圍牆倒塌爲美中關係帶來另一次的質變。在一九八〇年代，美國政經菁英及中國政府，努力在美國人民心中塑造中國正在改變而中共與其他共黨不同的形象，以合理化美國對中國的交往政策。但天安門鎮壓顯示，中共與其他共黨同樣凶殘。另一方面，東歐共產陣營的崩解使得美中結盟的需求不再。美國社會無法再接受天安門事件前維持美中友好的邏輯。

老布希政府因而需要提出新的理由來維持與中國的交往。一九九〇年二月七日，國務卿伊格伯格（Lawrence Eagleburger）在參議院外交委員會作證時，闡述了美國政府的新中國政策。伊格伯格承認對抗蘇聯的需求已經消失，但他主張，與中國保持交往的戰略價值來自中國在應對國際問題方面的重要性，例如導彈及大規模毀滅性武器的擴散，因爲美中兩國在這些議題上的利益經常相左。此一說法爲一九九〇年代及二〇〇〇年代的美國中國政策定調。誠如資深美國記者孟捷慕（James Mann）所言，現在中國對美國的重要性，不是來自它可以提供的幫助，而是因爲它可能造成的傷害。美國的新中國政策製造了一個弔詭的情況：中國可以透過威脅美國利益，展示其對美國的重要性。

除此之外，在美中和解時，尼克森和季辛吉告訴中國，美國只關心中國在國外而非國內的行為。但在天安門事件之後，這種無視中國國內政治的作法不再被美國社會接受。美國政府的新說法是，如果美國持續與中國交往，長久以後，這些努力將帶來中國的自由和民主。換句話說，天安門事件之前，美國人民被告知中國正在進行改革並變得更加寬容。但在天安門事件之後，如果美國繼續與中國交往（也許稍加鞭策），中國將在未來變得更加寬容、自由和民主。然而，每當美國領導人發表這樣的言論時，中國對美國更加疑慮，認為美國試圖透過「和平演變」，以及經濟、教育、和文化交流等以動搖或推翻中共政權。

二〇一〇年後美國中國政策的反轉

二〇〇八年美國發生次貸風暴，並演變成全球金融危機。就中國而言，原本高高在上的「老大」犯錯了，美國模式不再是現代化典範。相對地，中國較世界其他國家更平穩地渡過危機，對自身制度的自信心因而大增，也更願意施展其政軍經實力，來維護或擴張中國的利益。這包括在東海及南海落實其主權主張，挑戰美國對盟友日本、菲律賓、台灣的安全承諾，衝擊美國在東亞的安全架構及主導地位。

中國對外政策轉趨強硬、獨斷並威脅美國利益，引發二〇一〇年代美國反省與辯論其中國政策。主流的結論是，美國對中國的交往政策是一廂情願，徹底失敗。交往政策認爲透過與中國在各種政策議題上的合作，將強化中國內部的改革派或自由派，使中國的思想更接近西方，引導中國的利益與美國趨同，但這並未發生。交往政策亦認爲，中國作爲美國所主導的國際秩序的最大受益者，將有相當大的動機來維護這個秩序。小布希總統的副國務卿佐立克（Robert Zoelick）稱美國希望中國能成爲「負責任的利害關係人」，即是此一想法的產物，但中國想要的是一個服務中國利益的世界秩序。當被問到中國是否會接受其在美國主導的國際秩序中的地位時，新加坡已故總理李光耀斬釘截鐵地告訴哈佛大學教授艾利森（Graham Allison，本章標題「注定一戰」取自其同名著作）：「不會」，因爲「中國就是想要成爲中國，而不是西方的榮譽會員」。交往政策還認爲，中國很脆弱，在國內面臨很多挑戰，因此，對中國施加過多壓力將導致其崩潰並帶來地區的混亂。同時，將中國納入全球市場可以誘使中國經濟自由化並導致政治自由化，但這些都並未發生。相反地，隨著變得富強，中國正走向更集權的國家資本主義。

對交往政策的反思導致美中關係的反轉。二〇一七年十二月，川普政府的「國家安全戰略」明確否定交往政策，並將中國定位爲意圖改變現狀的戰略競爭者。針對中國傾「舉國之力」對美國價値與利益構成的挑戰，川普的「國家安全戰略」提出「全政府」的競爭策略，這些策略並獲得繼任的拜登政府延續，並擴大到結合盟友來採取共同行動。新的「戰略競爭」政策聚焦於與中國的科技競賽。透過美國自身的法規以及與盟國的合作，美國與可信任的夥伴進行貿易來確保科技供應鏈的安全，同時以出口管制排除中國，並限制中國取得先進技術，以保持美國的科技優勢。這些措施首先針對半導體產業，包括美、日、台、韓的Chip 4晶片供應鏈聯盟，以及美、日、荷對半導體製造設備出口中國的共同管制。拜登政府並將類似的限制擴大到人工智慧及量子科技對中國的投資上。「交往」強調將中國整合到自由市場經濟的國際秩序中，新的戰略競爭政策則強調「去風險化」，使得美中關係走向「脫鉤」、「斷鏈」。

針對中國對美國東亞安全架構進行的挑戰，美國除了透過小規模、分散及靈活的前進軍力部署（例如增加美軍在菲律賓的基地數量，但輪替而不常駐部隊），以強化美軍反制中國「反介入/區域拒止」的能力外，目前主要透過提供武器、設備、情報給盟友（如菲律賓）及安全夥伴（如台灣），提升區域國家應對中國威脅的能力。美國並活化美、日、印、澳四方安全對話，建立新的美、英、澳聯盟，敦促日本提高軍事投資與自主，並鼓勵區域盟友彼此合作（例如日韓及越菲情報分享）。

美國的長期全球利益仍是防止任何國家主宰亞洲或歐洲。冷戰時期，防止蘇聯稱霸歐亞的需求將美國推向中國。如今在美中戰略競爭下，新冷戰已然降臨。值得一提的是，戰略競爭政策與交往政策最大的不同是美國心態的轉變。美國不再擔心針鋒相對的政策會引起中國的不滿，而選擇息事寧人。正如國務卿布林肯在二〇二二年公布拜登政府的中國政策時所言，美國在任何可以與中國合作的地方合作，但在必須競爭的地方針鋒相對地競爭，二者之間並不衝突。商務部長吉娜・雷蒙多（Gina Raimondo）二〇二三年訪中時對此心態做了完美的詮釋，她表示美中經貿關係百分之九十九與國家安全無關，所以美國不尋求與中國脫鉤，但在涉及國家安全的部分，美國對中國的經貿管制絕對不會鬆手。

美國中國政策的參與者

從上述美中關係的演進可以看出，美國總統歷來掌握了中國政策的主導權。從杜魯門的「靜待塵埃落定」，到尼克森的「和解」，再到川普否定交往而改採「戰略競爭」政策，掌握行政權的美國總統最能主導國防及外交，因爲他有法定的外交政策制定與執行權、龐大的幕僚及官僚機構、以及單一的決策權（不像國會難以口徑一致）。

自艾森豪總統以降，美國總統透過國家安全會議來掌控外交安全政策，國安會的要角是國家安全顧問。總統與其國安顧問的互動模式，往往影響行政部門中國政策的主控權何在。有些國安顧問獲得總統的充分信任，幾乎成了「代理人」的角色，積極宣揚政策主張，並管控政策建議的傳遞及政策的執行。由於這種國安顧問高度掌握行政部門，他們也主導中國政策。尼克森的國安顧問季辛吉是最典型的例子。有些國安顧問未獲得總統充分信任，因此單純只是「行政管理員」的角色，沒有政策主張，也不監督政策的落實。雷根的國安顧問理察・艾倫（Richard Allen）即是一例。有些國安顧問扮演「策士」的角色，如詹森的國安顧問華特・羅斯托（Walt Whitman Rostow），側重於向總統提供政策意見，但不管行政與政策執行的管理。還有些國安顧問扮演「協調者」的角色，不主張自己的政策，而專注於確保總統在決策時能獲得所有面向的資訊，以及在決策後確保政策的落實，艾森豪的國安顧問羅伯・卡特勒（Robert Cutler）就是這種「誠實掮客」的代表。有許多人認爲，拜登現任國安顧問傑克・蘇利文（Jake Sullivan）也是屬於「誠實掮客」的作風。在後三種國安顧問下，其他行政部會，尤其是負責外交的國務院，往往給人主導中國政策的印象。艾森豪的國務卿杜勒斯、詹森的國務卿魯斯克、雷根的國務卿海格等，因此各成爲美國不同時期中國政策的看板人物。

自從美國的中國政策轉向戰略競爭後，幾個傳統上重要的行政部會先後成立了專責中國的機構，而一些新的部會則在美中關係上的角色變得吃重。國防部首先在二〇一九年成立了專責中國的辦公室，由新設立的負責中國事務的副助理國防部長領銜（二〇二二年將台灣與蒙古納入職權範圍）。這個新單位再上層則是國防政策次卿辦公室。中國辦公室的目的是統合國防部所有單位的對中作爲，特別是蒐集與統整情報，成爲發展對中國政策與戰略的單一窗口，並爲國防部部長在任何與中國相關的事務上提供諮詢。

拜登總統在二〇二一年上任後，在國安會內新設印太事務協調官（許多人暱稱此職位爲國安會「亞洲沙皇」），由曾在歐巴馬任內擔任東亞及太平洋助卿、歐巴馬「轉向亞洲」戰略的構想者坎貝爾出任（坎貝爾同時兼任副國家安全顧問，現改任國務卿）。同時，國安會在原有的東亞暨大洋洲資深主任、南亞資深主任、中國及台灣資深主任之外，增設國安會印太總署總統特別助理，並同時兼任中國及台灣資深主任。其下另有中國及台灣資深副主任。加上原有的東亞事務主任、中國事務主任、東南亞及太平洋群島事務主任等，在新的架構下，印太團隊是國安會最大的區域總署。當初設立印太協調官，即是回應美國盟友對於華府不夠嚴肅看待中國威脅的抱怨，並希望流暢官僚程序，增加國安會各單位間的協調並減少衝突，也彰顯中國及印太政策是國安會的優先事項。

美國中央情報局亦在二〇二一年將原屬於東亞及太平洋任務中心的中國事務獨立出來，成立專責的中國任務中心。曾任中情局局長的潘內達（**Lean Panetta**）曾表示，中國依然非常難滲透，因此建立一個中國任務中心以專注獲取更多關於中國的情報，變得必要。

美國國務院在二〇二三年成立新的中國事務協調辦公室（國務卿布林肯稱之爲「中國

組」），隸屬於政治事務次卿辦公室，由負責中國與台灣事務的副助理國務卿領銜，向負責東亞與太平洋事務的助理國務卿報告。中國事務協調辦公室的成立，將增加二十到三十位專責中國的外交官員，使總數來到約六十位。該辦公室以九一一恐怖攻擊後成立的跨部會反恐協調計畫爲樣板，不僅取代原來的國務院中國科，將原有國務院各科與中國相關的業務整合在一個辦公室，同時也有來自其他部會的官員，以輪調的方式在中國事務協調辦公室工作，成爲跨部會的機制。此跨部會機制尤其強調補強國務院在情報工具上的不足，以應對中國統戰工作在全球滲透所帶來的挑戰。

這些專責中國單位的成立，其原因多是爲了整合部會內跨單位的中國政策，反映出中國事務已經成了美國國家安全及外交上，跨議題及跨區域的挑戰。追根究底，這些新單位反映了中國崛起的範圍及規模，以及其成爲美國在全球體系的頭號對手的地位。在華府，新單位的成立最能凸顯新政策在決策圈中的重要性。然而有些人擔心，這些專責機構會疊床架屋，也可能過度渲染中國的威脅，爲美中關係帶來不必要的緊張。

除了上述部會成立的新單位之外，數個傳統上不負責國安議題的部會，也開始在美中戰略競爭中扮演上升的角色。首先是美國財政部，其轄下的美國外來投資委員會，對外資進行國安審查。自從美中競爭升溫以來，該委員會已經以國家安全爲理由，否決數個中國對美國的重大投資案，特別是在併購美國半導體公司上。最有名的例子便是川普政府在二〇一八年否決博通一千一百七十億美元併購高通的投資案，以避免中國藉此取得先進晶片技術（博通是新加坡公司）。另外，財政部在俄羅斯入侵烏克蘭之後，結合美國盟友對俄國施加大規模經濟制裁，包括凍結俄羅斯的美元資產、限制俄羅斯原油銷售價格、以及將俄國踢出全球銀行交易體系等，使得財政部在美中衝突中可能扮演的角色大爲增加。一般來說，如果中國在南海或台海使用武力，美國是否會以軍事介入難以確定，但對中國施加經濟制裁則無庸置疑。財政部展現的制裁能力可以成爲嚇阻中國的關鍵工具。美國與盟友對俄羅斯的制裁可能成爲對中國制裁的樣本，財政部將扮演協調盟友的吃重角色。

美國商務部則維持一份「實體清單」，對被列入清單的外國實體（個人、機構、企業、政府等）實施出口管制，限制這些實體取得美國產品與技術的能力。任何美國公司要向這些實體出口商品或服務，必須先取得商務部的許可。截至二〇二三年四月，超過六百個中國實體被列入商務部實體清單，其原因包括對俄羅斯侵略烏克蘭提供援助、以及協助解放軍利用軍民通用技術等，這些都違反了美國國家安全或外交利益。另外，在二〇二二年「晶片與科學法」通過後，商務部負責對在美國設立晶片製造廠的公司進行補貼以及對先進晶片、設備、及技術出口中國進行管制。這些限制並已擴大到美國公司之外，而包括任何使用美國晶片技術及人力的實體。商務部同時負責與盟友協調對中國半導體製造設備的出口管制，並在拜登總統下令後，將類似半導體產業的管制擴大到對中國人工智慧及量子科學的投資上。換言之，商務部在美國對中國的科技戰中扮演吃重的角色。

美國這麼多部會在中國政策上扮演要角的現象，反映了當前美中關係的幾個趨勢。首先，美國傾「全政府」之力與中國競爭。其次，財經部會上升的角色顯示美國也開始「安全化」傳統非安全領域。當財經議題變成國安議題，效率與商業利益就不是主要考量，政府干涉與會升高成本的手段也變得合理。最後，這也反映當前主要國家在軍事外交手段之外，也利用跨領域、灰色地帶的政策工具來爭奪國家優勢。

國會的角色

冷戰時期，國會對美中關係著墨不深，唯一的例外是前述的「台灣關係法」。

一九八九年後，美國社會不再接受天安門事件前維持美中友好的理由，國會因而得以影響美中關係。其後十年，國會利用每年是否批准延續中國最惠國待遇的機會，牽制行政部門的對中政策。一九七九年美中建交，國會在一九八〇年首度給予中國最惠國待遇，讓中國產品享有不高於美國最優惠貿易夥伴的關稅。之後十年，國會年年在無需辯論的情況下延續中國的最惠國地位。但在天安門事件之後，情況開始發生變化。一九九〇年，國會提出了一系列的人權條件，要求中國必須符合這些條件才能獲得最惠國待遇。中國的最惠國地位，成了之後十年，年年讓行政部門與國會拉扯，讓美中關係緊張的議題。雖然，在這十年中，中國的人權紀錄並未改善，其最惠國待遇每年仍得到展期。這除了顯示行政部門的主導權外，也反映了商業利益在美國國會的影響力。

這場最惠國地位的大戲最後在二〇〇〇年落幕。因應中國即將在二〇〇一年加入世界貿易組織，美國國會通過給予中國永久最惠國待遇。直到二〇一六年左右，在交往政策的主導下，國會配合美國的商業利益，著重於將中國融合到全球化的國際體系中。

二〇一七年之後，交往政策被戰略競爭政策取代，對中國強硬成了美國國會兩黨共識。國會因此再度積極地監督行政部門的中國政策。眾議院甚至爲此在二〇二三年一月新成立了「美國與中國共產黨戰略競爭特別委員會」。國會的積極可以從法案的數量看出端倪。在二〇一七年的第一一五屆國會之前，國會任期內提到中國的提案每屆不超過一百個，通過的不超過十個。到了第一一六屆跟第一一七屆國會，提到中國的提案暴增到各約三百六十個，通過的都在二十個以上。國會主要透過制定授權法案來建立、延續或修訂行政部門與中國相關的機關及計畫、撥款爲行政部門提供資源、以及監督法案來檢視新立法的效果等程序，以影響美國的中國政策。其中，尤以國會掌控政府荷包的撥款權最爲重要。巧婦難爲無米之炊，所以總統在要求國會撥款支持特定中國政策時，必須考慮國會對該政策的意見。以二〇二二年通過的「晶片與科學法案」爲例，在美中科技戰的背景下，國會與行政部門合作，撥款二千八百億美元，用來資助在美國興建晶片廠與晶片技術的研究，同時限制受資助公司投資中國，以確保美國的科技優勢。

值得一提的是，上述在二〇〇〇年給予中國永久最惠國待遇後，國會於同年成立「美中經濟暨安全審查委員會」，負責監控美中經貿關係對美國國家安全造成的影響。該委員會有十二名委員，由國會兩黨的領袖任命。共和、民主兩黨各任命六位，皆由政府部門之外的人士出任。該委員會每年向國會提交年度報告，內含具體建議事項，例如國會應制定的授權法案、撥款法案、以及監督法案等。

除了立法之外，國會也透過委員會舉辦聽證會，及表達國會意見來提高公眾對中國相關議題的關注。國會的主要委員會，如外交委員會、軍事委員會、撥款委員會、以及上述眾議院「美中戰略競爭特別委員會」和「美中經濟暨安全審查委員會」等，都會利用聽證會，讓重要的中國議題，如解放軍軍力發展、中國在全球不同區域影響力的增加、中國的經貿手段、網絡安全、中國對個資及智慧財產權的侵害、以及中共對民主的威脅等，透過專家討論及媒體報導來引發公眾的重視。「美中戰略競爭特別委員會」還透過兵棋推演，讓美國國會議員及企業了解中國如果侵襲台灣將帶來的風險、成本、及供應鏈韌性的問題，藉此提高議題的能見度。

智庫的角色

除了總統及國會，智庫也會影響美國對中國的政策。美國的智庫屬於民間機構，不像中國的智庫是政府的一部分，獲得政府預算的挹注。美國智庫需要延攬已有政策及學術威望的人士加入，以帶來贊助與經費。美國外交政策官員與國會研究人員不乏學者出身。這些人離任後，經常被延攬到智庫任職，不僅爲智庫帶來知名度、人脈與話語權，同時持續參與公眾政策辯論，或參與二軌或一點五軌的外交對話，維持其影響力。甚至可能再度被延攬到政府任職。因此，美國外交政策智庫，也扮演了美國政府人才庫的角色，相當於維持了一個「旋轉門」，讓學者官員進進出出，形成綿密的人際網絡，也成爲智庫發揮潛在政策影響力的管道。台灣熟知的卜睿哲（Richard Bush），即是自美國在台協會理事主席一職退下後，前往知名智庫布魯金斯學會任職。拜登政府的國家安全顧問蘇利文，是拜登擔任副總統時的國安顧問，後在川普政府時期轉任智庫卡內基國際和平基金會，而在拜登就任總統後，再度回到政府部門服務。另一位台灣熟悉的薛瑞福（Raudy Shriver），在離任川普政府負責印太安全事務的助理國防部長後，自創智庫二〇四九計畫，並同時出任國會轄下的「美中經濟暨安全審查委員會」的委員，繼續在美國的中國政策上發聲。拜登現任的多位國安官員，包括坎貝爾、杜如松（Rush Doshi）、及負責印太安全事務的助理國防部長瑞特納（Ely Ratner），都曾任職於與民主黨關係密切的智庫「新美國安全中心」。

展望未來：決定美中長期競爭的因素

自從川普政府在二〇一七年底將中國定位爲意圖改變現狀的競爭者後，美中關係在政軍經各領域的緊張態勢可謂升級。拜登上台後便預示，美中關係將是「激烈競爭」。美中競爭態勢有增無減，這有如下原因：

首先，美中關係的緊張來自地緣政治上的衝突。中國國力的上升使得中國不僅有意願也有能力主導其周邊環境，以提升安全感。簡單地說，中國需要勢力範圍。美國在十九世紀的「門羅主義」將西半球劃爲其勢力範圍，不允許其他大國軍事干涉。現在中國也在追求其門羅主義，希望將第一島鏈以內劃爲中國內海，排除其他大國的勢力，以確保自麻六甲海峽、南海、台海到東海的主導權，讓中國經貿、能源運輸不受制於任何國家。然而，這些運輸線也是美國條約盟國日本、南韓、以及安全夥伴台灣的生命線。讓中國主宰此區域，等同讓中國扼住這些美國盟國的咽喉，也等同宣示美國全球霸權的終止。於是中國的崛起使得中國更需要主導其周邊，也使得美國更需要履行其安全承諾。只要中國保有挑戰美國的實力，美國就必須保有壓制中國的實力。兩國的競爭將難以僅僅因政府的更替而緩解。

其次，美國相信在國際體系中散播民主與自由的價值，有利於其長遠的國家利益，因爲民主國家是透明、可靠的夥伴。然而中國認爲，美國主張民主與自由的普世性是其推動「顏色革命」的藉口，並威脅到中共的政權安全。雖然兩國現在還未將彼此的價值衝突視爲生存威脅，但隨著中國國力及國際參與擴及全球，中共的政權不安全感亦隨之上升，於是對異議掌控與壓制的行動，也開始擴及海外。二〇二三年爆發的中國海外「秘密警察站」爭議即是一例。據稱中國在超過五十個國家設立一百個以上的秘密警察站，以監控、騷擾及威脅海外異議人士。這不僅牽涉到所在國的主權，更被以美國爲首的民主國家視爲損害它們堅持的言論自由。另外，中國以國家力量在國際社群媒體上散播虛假訊息，以塑造傾中言論、詆毀與中國不同的觀點或散播陰謀論、或以資金暗中挹注競選以培植親中政治人物。這些作者被美國等西方國家視爲威脅其民主制度的正常運作。如美國政治學者陳喜娜（Sheena Greitens）所言，中共越想強固政權安全，越會傾向在海外採取獨斷行動，也就越會引發美國等西方國家的反制，回過頭來更加深中共的不安全感，並促使中國採取更強制的行動。中國對政權安全的偏執，是另一個可能導致美中競爭敵意螺旋上升的因素。

最後，上述區域安全架構以及政治制度競爭的背景，是美中競奪世界秩序的主導權。中國在習近平任內陸續提出了「全球發展倡議」、「全球安全倡議」、以及「全球文明倡議」等主張，這些倡議承諾協助開發中國家發展基礎建設、應對難民、恐怖主義等當代非傳統安全問題、以及維護絕對主權、反對西方國家以普世價值爲名干涉內政等。中國的目的在對內維護政權安全，對外則吸引其他國家的支持與參與。中國也希望改革現有或建立新的國際組織與機制。這些倡議的內容，將中國的主張刻意與所謂美國主導的體系相互對比——雙贏發展而非殖民剝削、共同安全而非集團安全、尊重主權而非干涉內政——無不顯示中國意欲重塑美國主導的國際秩序。而針對中國依此推出的計畫——例如「一帶一路」——美國的回應則是推出替代中國方案的選項，而非著眼互補與合作。例如，在二〇二三年二十國集團峰會上，美國與西歐盟友、印度、沙烏地阿拉伯、及阿拉伯聯合大公國提出「印歐經濟走廊」，即被視為意在與一帶一路競爭。全球秩序的主導權，攸關全球利益分配的優先權，也是美國國家的長期利益。美國要防止任何區域霸權崛起，以免威脅美國全球領導地位。歷史上爭奪主導權就會引起長期緊張，甚至戰爭。這在近代至少就引發了第一次世界大戰、第二次世界大戰、以及冷戰等。美中雙方是否能持續競爭主導權，又要能避免一戰，是當今國際政治最重要的議題。

國家圖書館出版品預行編目資料

解構美國：世界霸權的過去、現在與未來／黎建彬，翁履中，李念祖，陳純一，王德育，高朗，王業立，王宏恩，劉嘉薇，吳崇涵，吳重禮，劉大年，顏慧欣，任中原，馬瑞辰，冷則剛，李河清，李大中，楊念祖，丁樹範，陳永康，袁念熹，李克成，林坤達著；何思因主編. -- 初版. -- 臺北市：五南圖書出版股份有限公司，2024.05
面； 公分
ISBN 978-626-393-266-1（平裝）

1.CST: 美國政府 2.CST: 政治發展

574.52 113004949

1PFC

解構美國：世界霸權的過去、現在與未來

主　　編 — 何思因（49.9）
作　　者 — 黎建彬、翁履中、李念祖、陳純一
王德育、高　朗、王業立、王宏恩
劉嘉薇、吳崇涵、吳重禮、劉大年
顏慧欣、任中原、馬瑞辰、冷則剛
李河清、李大中、楊念祖、丁樹範
陳永康、袁念熹、李克成、林坤達
發 行 人 — 楊榮川
總 經 理 — 楊士清
總 編 輯 — 楊秀麗
副總編輯 — 劉靜芬
責任編輯 — 林佳瑩
封面設計 — 姚孝慈
出 版 者 — 五南圖書出版股份有限公司
地　　址：106台北市大安區和平東路二段339號4樓
電　　話：(02)2705-5066　傳　　真：(02)2706-6100
網　　址：https://www.wunan.com.tw
電子郵件：wunan@wunan.com.tw
劃撥帳號：01068953
戶　　名：五南圖書出版股份有限公司

法律顧問　林勝安律師

出版日期　2024年5月初版一刷
定　　價　新臺幣480元